本书系2025年河南省教师教育课程改革研究项目——"五育融合"背景下河南省教师财经素养教育能力培养模式研究（项目编号：2025-JSJYYB-087）资助项目。

中小学教师财经素养教育

孟玉红 ◎ 主 编　　彭　博 ◎ 副主编

郑州大学出版社

图书在版编目(CIP)数据

中小学教师财经素养教育 / 孟玉红主编；彭博副主编. -- 郑州 : 郑州大学出版社, 2025.7. -- ISBN 978-7-5773-0839-5

Ⅰ. F810

中国国家版本馆 CIP 数据核字第 2024SE3039 号

中小学教师财经素养教育
ZHONGXIAOXUE JIAOSHI CAIJING SUYANG JIAOYU

策划编辑	胥丽光	封面设计	王　微
责任编辑	郜　静	版式设计	苏永生
责任校对	胥丽光	责任监制	朱亚君

出版发行	郑州大学出版社	地　　址	河南省郑州市高新技术开发区
经　　销	全国新华书店		长椿路11号(450001)
发行电话	0371-66966070	网　　址	http://www.zzup.cn
印　　刷	郑州宁昌印务有限公司		
开　　本	787 mm×1 092 mm　1 / 16		
印　　张	11.5	字　　数	247千字
版　　次	2025年7月第1版	印　　次	2025年7月第1次印刷
书　　号	ISBN 978-7-5773-0839-5	定　　价	56.00元

本书如有印装质量问题,请与本社联系调换。

作者名单

主　编　孟玉红
副主编　彭　博
编　委　闫德明　张晓英　朱娅君　李伟杰
　　　　　　文皆尧　王若华　何新华

前 言

自经济合作与发展组织实施全球青少年财经素养测评后,财经素养广受关注。近年来,随着人口老龄化趋势显著、金融服务多样化,各国越来越重视国民财经素养教育,公民财经素养水平成为衡量一个国家经济软实力的重要标尺。河南地处中原腹地,是人口大省、农业大省和交通枢纽,在推进中国式现代化进程中具有重要的战略地位。为全面贯彻、落实党的二十大精神,锚定"两个确保"、实施"十大战略",提升河南人民的财经素养水平势在必行。尤其应通过学校对学生实施财经素养教育,以及尽早培养学生树立正确的劳动观、合理的金钱观和正义的财富观,让学生成为知晓劳动意义、了解经济活动规则、理解财富管理责任的社会人。

2021年,全国人大代表何福胜建议"尽快在学校系统推进财经素养教育,提高国民财经素养水平",该建议获得了教育部的重视,并在答复中指出,将会同有关部门进一步完善大中小学相关课程中财经素养教育内容。2025年,河南省政协委员李学志提案"在大中小学校系统开展财经素养教育",建议在各学段教育课程中有机融入财经素养教育,进一步加大财经素养"进课堂、进教材、进头脑"。鼓励支持有条件的高校面向全体学生开设财经素养类相关课程,结合新生入学教育、日常思政教育等工作,进一步提升教师财经素养,将财经素养教育纳入国培、省培的教学内容。

目前,我国财经素养教育处于探索阶段。中国财经素养教育协同创新中心组织研发了《中国财经素养教育标准框架》和覆盖全学段的"中国财经素养教育系列丛书",为推进财经素养教育奠定了坚实的基础。财经素养教育的受益者是学生,实施者是学校和教师,学校的教育理念和教师的财经素养教育能力直接影响学生财经素养水平。虽然有了标准框架和教材,但大多数学校并没有做好开展该项教育的准备,现有师资队伍的教育背景与财经素养教育的需要不匹配,包括数量和专业结构都不足以开展该项教育,因此,提升教师财经素养教育能力是目前在学校开展财经素养教育亟须解决的关键问题。

河南人口众多,学生数量庞大,教育资源相对有限,推进财经素养教育实践经验匮乏。一些学校非常关注财经素养教育内容,但由于缺少相关政策的依据,探索和研究基本属于自发行为,且会受到学校所在地区的环境因素影响。学校想做但不知从何做起,教师想教却不知从何入手。为此，本书从教师的现状和特点出发，组织高校财经专业教师、基础教育工作者、政府部门管理人员等联合编写本书，为广大教师特别是农村教师普及经济金融知识，推广财经素养教育理念，提升教师财经素养教研能力，进而能够将财经素养有机融入学科教学，拓宽教学内容的广度和深度，拓宽学生视野，提升学生财经素养水平，为实现财经素养教育"进课堂、进教材、进头脑"提供支持和帮助，实现财经素养教育的落地生根。

本书第一章国内外财经素养教育理论和实践，介绍了中国和世界发达国家、地区的财经素养教育经验，既是理论研究梳理汇总，又是实践经验的总结提炼。本章由孟玉红教授（河南财政金融学院）编写。

第二章中国传统文化中的财经素养教育思想，以传统文化教育为线索，深入挖掘中国传统文化中的财经素养教育痕迹，寻找中国理论根基。本章由彭博副教授（河南财政金融学院）编写。

第三章财经素养教育通识，介绍了财经领域的基本知识，包括收入消费、储蓄投资、金融保险、制度环境、财富人生五个维度。第一节、第二节、第三节由文皆尧老师（河南财政金融学院）编写，第四节、第五节由王若华老师（河南省商务厅）编写。

第四章财经素养教育和各学科融合教育，就语文学科、数学学科、英语学科和道德与法治学科，从学科融合的视角进一步探讨和研究教学形式、内容、手段和评价。第一节由张晓英副教授（河南财政金融学院）编写，第二节由闫德明教授（河南财政金融学院）编写，第三节由李伟杰副教授（河南财政金融学院）编写，第四节由何新华教授（河南财政金融学院）编写。

第五章我国财经素养教育的区域学校实践，介绍了全国各地区在探索财经素养教育实践的道路上，结合所在区域经济发展、校园文化特点，所形成的百花齐放的新格局。第一节由朱娅君校长（四川天府新区第七小学）编写，第二节由文皆尧老师编写，第三节、第四节由王若华老师编写，第五节由彭博副教授编写。

希望本书能够为中国财经素养教育理念的传播和推广尽到微薄之力，为提升教师财经素养教学能力搭建实践桥梁，通过丰富多元的教学设计案例、前沿的教学方法解析，帮助教师将抽象的财经知识转化为生动易懂的课堂内容。期望通过本书，推动财经素养教育在校园扎根，让更多学生具备适应现代经济社会发展的财经思维与实践能力，共同培育新时代高素质财经人才。

由于编者水平有限，难免存在不足与疏漏，敬请专家和读者朋友不吝赐教。

本书编写组
2025 年 1 月

目 录

第一章 国内外财经素养教育理论和实践 1
    第一节 国外财经素养教育理论和实践 1
    第二节 中国特色的财经素养教育理论 19

第二章 中国传统文化中的财经素养教育思想 27
    第一节 中国哲学视阈下的财经素养教育思想 27
    第二节 中国古代金融思想萌芽 38
    第三节 中国古代儒商经营和管理 41

第三章 财经素养教育通识 47
    第一节 收入消费与诚实劳动 47
    第二节 储蓄投资与幸福生活 57
    第三节 金融保险与人生规划 65
    第四节 制度环境与合法公灵 72
    第五节 财富人生与社会责任 85

第四章 财经素养教育和各学科融合教育 93
    第一节 语文学科融合财经素养教育 93
    第二节 数学学科融合财经素养教育 102
    第三节 英语学科融合财经素养教育 112
    第四节 道德与法治学科融合财经素养教育 119

第五章 我国财经素养教育的区域学校实践 129
    第一节 四川地区财经素养教育实践 129

第二节　广东地区财经素养教育实践 ·· 135

第三节　江苏地区财经素养教育实践 ·· 142

第四节　广西地区财经素养教育实践 ·· 150

第五节　河南地区财经素养教育实践 ·· 155

附　"小学生财经素养教育"课程二次开发案例 ································ 167

参考文献 ·· 174

第一章

国内外财经素养教育理论和实践

当前,我国正处于社会主义现代化加速发展中,经济建设急需一大批"经济公民",财经素养逐渐成为21世纪"经济公民"的核心素养之一。经济合作与发展组织(经合组织,OECD)发起的国际学生评估项目(PISA),将"财经素养"纳入测试,进一步推动了财经素养概念的普及,扩大了其国际影响力。综合多方观点,并将"财经素养"的概念概括为:一种关于财经概念与风险的知识和理解力,以及运用这些知识和理解力的技能、动机和信心,以便在广泛的财经背景中做出有效决策,参与经济生活,提高个人和社会经济利益。

第一节 国外财经素养教育理论和实践

进入21世纪以来,财经素养的重要性日益凸显。在国际上财经素养教育已被许多发达国家放在重要的位置,倡导财经素养教育已成为许多国家的共识。目前,美国、英国、加拿大、澳大利亚、新西兰等国家都将财经素养教育上升为国家战略,极大地影响着本国的教育领域。归根结底,对财经素养教育的重视源自人们对人口结构变化、金融服务和扩张等问题的担忧,这意味着相比从前,年轻一代需要应对金融风险和做出金融决策。

一、财经素养和财经素养教育

(一)财经素养起源

"财经素养"(financial literacy)指财经方面的素养。在定义财经素养之前,先要说明何谓"财经",何谓"素养"。

"财经"泛指财政和经济,是"财政"和"经济"两个词的组合,意义更为宽泛,能够涵盖包括个体金融活动在内的各类经济与财政活动,关涉财政、金融、经济、会计和企业管理等事物。"financial"一词有两重意思,兼有"财政"和"金融"之意,一般常被译为"金融",所以"financial literacy"也常被翻译为"财经素养"。"财经素养"一词讨论的仅仅是"个体的"财经活动,而非经济学、金融学等专门的财经学科所研究的专业内容。财经素养体现的是个体的财经知识,以及应用这些知识解决个体生活中遇到的财经问题的能力。"财经"是个现代化的词汇,随着近代工业革命的革新、经济社会的发展而产生。"金融"是一个复合词汇,"金"指资金,"融"指融通,金融即资金之融通。金融这个词历史久远,欧洲资本主义萌芽时期,早期的金融市场就是一个简单的资金保管市场,负责保管业务的金匠成为早期的银行家,当出现了资金拆借的信用业务后,资金保管的市场就有了现代金融市场的雏形。由此可见,金融活动是为了解决资源的有效配置问题,这种配置主要通过金融市场进行。广义的金融市场包括证券市场、货币市场、保险市场、各种银行、投资基金等,这些金融市场的参与者包括个体、企业、政府以及各种金融机构。个体参与经济社会的各类财经活动的能力是有差异的,除了这种能力外,个体还有一些日常的财经行为如支出和消费、投资和理财、纳税和保险、财富管理和风险管理等,此外,还涉及财富观、劳动观等价值体系。

中文里的"素养"一词最早见于《汉书·李寻传》:"马不伏历(枥),不可以趋道;士不素养,不可以重国。"其含义是:马不伏枥秣食,就不能驰骋远道;士(士人或君子)不长期修养,就不能委以治国重任。这说明平日的训练和培养非常重要。《现代汉语词典》将"素养"解释为"平日的修养",强调的是后天习得和养成。总之,素养最初指代平日修养的过程,后来演化为指代修养的结果——后天习得和养成的品行、能力或素质。在英语中很难找到与"素养"等同的概念,常用 literacy(文化素养)、competences(胜任力)、abilities(能力)、skills(技能)等概念表达类似"素养"的含义,但它们与中国文化对素养内涵的界定并不完全相同。

(二)财经素养定义

1. 国外学者和机构定义

西方学者 Huston(2010)总结了财经素养的 8 个常用定义,即表 1-1 的前八个定义;表 1-1 中的定义 9 是 2012 年 PISA 调查项目所使用的定义。其中定义 1—3 将财经素养等同于财经知识;定义 4—6 将财经素养定义为一种能力;定义 7 和 8 基本相同,将财经素养界定为知识和能力的组合,同时增加了"结果"特征,即确保财务安全或财经福祉;定义 9 将财经素养定义为一种综合能力,该能力是知识、技能和态度三要素的综合,使用它们的目的是实现财富增值。

表 1-1 财经素养的常用定义[①]

序号	研究者	定义	知识	能力技能	态度价值观	结果
1	Kim,2001	财经素养是人们在现代社会生存必需的一种基本知识	√			

---

① 辛自强、张红川、孙铃、于泳红、辛志勇:《财经素养的内涵与三元结构》,载《心理技术与应用》,2018 年第 6 卷第 8 期,第 450-458 页。

续表 1-1

序号	研究者	定义	知识	能力技能	态度价值观	结果
2	Bowen,2002	财经知识是对日常社会生活所需财经术语和概念的理解	√			
3	Courchane & Zorn,2005	消费者素养是自我评定的金融知识或者客观的知识	√			
4	Noctor et al.,1992	财经素养是在金钱的使用和管理方面做出精明的判断和有效抉择的能力		√		
5	Serv& Kaestner,2008	财经素养是个人理解和运用财经概念的能力		√		
6	Vitt et al.,2000	个人财经素养是对影响物质幸福感的个人财经状况加以理解、分析、管理和交流的能力		√		
7	Jump $ tart Coalition,2007	财经素养是使用知识和技能有效管理财经资源以确保一生财务安全的能力	√	√		√
8	U. S. Financial Literacy and Education Commission,2007	财经素养是使用知识和技能有效管理财经资源以实现一生财经福祉的能力	√	√		√
9	PISA,2012	财经素养是一种关于财经概念与风险的知识和理解力,以及运用这些知识和理解力的技能、动机和信心,它是为了在广泛的财经背景中做出有效决策,提高个人和社会的财经福祉,能够参与经济生活	√	√	√	√

OECD 给予了定义,财经素养是"关于财经概念与风险的知识和理解,是应用该类知识和理解的技能、积极性和信心"。提高财经素养的目的是"使人们能够在各种金融背景下制定有效的决策,提高个人和社会的金融福祉,并能够参与经济生活"。PISA 也给出了定义,认为财经素养是指"一种关于财经概念与风险的知识和理解能力,以及运用这些知识和能力的技能、动机和信心,它可以帮助人们在日渐广泛的财经背景中做出有效决策,在参与经济生活中提高个人和社会经济利益"。澳大利亚证券和投资委员会(ASIC)给出的定义是"根据个人情况做出合理财经决策,用于改善经济状况和金融福祉必要的财经知识、技能、态度和行为的组合"。

2. 国内学者和机构定义

在国内，一些专家学者和研究机构就财经素养和财经素养教育给予了定义。

著名教育学家顾明远先生认为，财经素养是在掌握经济知识、具备理财技巧基础上的一种意识、一种精神。

中国人民大学辛自强教授等学者从多元人性观出发，将经济学的"经济人"假设和心理学的"社会人"假设深度整合，提出财经素养的"三元"结构，并将财经素养界定为个体在应对财经事务、实现财经福祉时所具备的相关财经知识、能力和价值观。（辛自强等，2018）

北京师范大学苏淞等学者认为财经素养涉及财经相关知识、技能、态度和价值观等方面，使个体能够合理分析和判断其面临的财经问题并做出相应决策，以提升个体和家庭的福祉，适应社会发展需要，具有突出的实践连接性、显著的学科融合性、独特的发展外延性。（苏淞等，2019）

南京师范大学庄舒涵教授等依据三维目标，即财经能力与方法、财经知识与信息、财经态度和价值观三个维度，将财经素养要素划分为财经意识、态度、价值观，将财经素养概括为个体在获得财经知识的过程中形成的，以财经意识、态度、价值观为精神内核并形成良好的理财能力、获得有效解决实际问题方法的一种内在涵养。（庄舒涵，何善亮，2016）

中国教育科学研究院中国财经素养教育协同创新中心基于我国学生发展核心素养的关键特质，结合 OECD 对素养的概括，认为个体的财经素养是其处理个体经济生活中财经问题所需的一种综合素质，主要包括基本的财经知识、财经思维方式、合理的理财技能、符合伦理道德的财富创造及财富管理的观念、态度和价值取向，并研制了"五维三标"的财经素养教育标准框架，对各学段学生应具备的财经素养内容进行了较为详细的描述。（张男星等，2018）

财经素养本身是一个偏正短语，也可作为专有名词，是一系列财经综合能力的集合，对这种能力如何进行教育，中国教育科学研究院中国财经素养教育协同创新中心对此有如下较为全面规范的定义：财经素养教育不只是单一或专门化的财商教育、金融教育、消费者教育、财经教育，它是培养个体应对经济生活所必备的财经知识、理财技能、财富观念与人生信念等基础修养总和的活动。财经素养教育以劳动教育为起点和手段，以德育为目标和方向，是劳动教育、生活教育、知识教育、思想教育和情感教育的集合。（张男星，王春春，2019）

3. 国内学术研究现状

2010 年我国颁布了《国家中长期人才发展规划纲要（2010—2020 年）》，金融、财会、国际商务等领域是我国经济重点关注领域。对此，该纲要提出要着力培养这些领域的紧缺急需专门人才。2014 年，《教育部关于全面深化课程改革落实立德树人根本任务的意见》（教基二〔2014〕4 号），明确表达了"核心素养"的教育理念要求，加强培养具备"核心素养""适应社会未来发展"的学生,提出各学段学生发展核心素养体系,明确学生应具备的适应终身发展和社会发展需要的必备品格和关键能力。2019年,中共中央、国务院出台了《关于深化教育教学改革全面提高义务教育质量的意见》,提出了"坚持'五育'并举",强调"突出德育实效""提升智育水平""强化体育锻炼""增强美育熏陶""加强劳动教育"。"五育融合"即"五育并举、融合教育"。"五育融合"和"核心素养"一起构建了新时代的教育体系和教育理念,赋予了教育新的内涵解读。财经素养教育是新时期贯彻国家德智体美劳教育方针、落实学校立德树人根本任务、促进学生核心素养发展的重要内容和途径。

在中国知网上,以"财经素养"和"财经素养教育"为关键词搜索显示,国内从2010年就开始有研究涉及该领域,研究成果一直较少,每年只有1~2篇文章,2015年后呈爆发式增长(见图1-1)。这跟PISA测试在中国推进有很大的关系,学术界的关注和研究增长趋势显著,但就整体而言,国内财经素养和财经素养教育问题的研究仍然滞后,未来的发展空间很大。

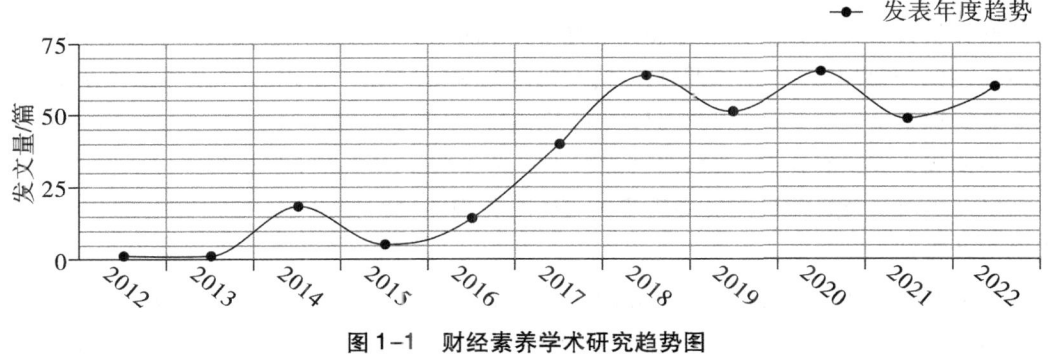

图1-1 财经素养学术研究趋势图

二、国际学生评估项目

2012年,PISA将财经素养测评作为附加项目纳入三大核心领域测评体系一起测评,自2012年起,已实施了四次财经素养测评。《财经素养评估框架》是PISA进行财经素养测评的重要理论依据和实践指导性文件,自2012年首次采用《财经素养评估框架》以来,2015年和2018年测评前均有相应的评估框架发布,但三次评估框架的内容基本未发生太大变化。

(一)定义

PISA是一项由OECD统筹的学生能力国际评估计划。该项目主要测试对象是接近完成基础教育的15岁学生,测试内容为学生们是否掌握参与社会所需要的知识与技能。PISA测试每三年举行一次,2000年首次完成了第一次评估。评估主要在三个领域,分别是阅读素养、数学素养及科学素养,这三项内容组成评估循环核心,每三年一轮的评估周期里,有两年时间对其中一个领域进行深入评估,另两项进行综合评估。

(二)测评维度

许多 15 岁的孩子面临着财务决策,并且已经是金融服务的消费者。随着他们成年,他们可能面临金融市场日益增长的复杂性和风险。财经知识现在被全球公认为一项基本的生活技能,对金融概念和风险的更好了解和理解有助于改善成年人和年轻人的财经决策。财经素养测评试题参考 OECD 发起的 PISA 框架标准,测试能力大纲由内容、过程、情境三个维度构成。

1. 内容维度

内容维度包含为了完成特定任务而必须汲取的知识和理解能力。PISA 财经素养内容维度具体包括四方面内容:货币与交易、规划与理财、风险与回报、金融环境。

(1)货币与交易。货币与交易方面关注与个人经济生活密切相关的各类内容,如每日消费、银行卡、支票、日常交易、银行账户及现金等。该主题内容旨在考查学生是否了解真实经济生活中的各种经济现象和经济概念,是否能区分易模糊的概念。PISA 公开测试题目(以下简称"试题")中的"在市场",要求对两种购买方式进行选择,一是市场里散装西红柿售价 2.75 Zed/kg,二是整筐售价 2.2 Zed/kg。比较结果是,买一整筐西红柿比买散装西红柿要划算,这就满足了消费合算度的基本概念。Zed 为虚拟货币计量单位。商品采购通常被归类为货币与交易的内容领域。为了获得此项分数,学生们必须对两种西红柿购买方式进行比较:散装西红柿的价格为 2.75 Zed/kg,而整装西红柿的价格为 2.2 Zed/kg,10 kg 的散装西红柿将花费 27.50 Zed,因此,购买一整筐西红柿时,每 Zed 可获得更多的番茄。

(2)规划与理财。规划与理财方面关注学生是否会对自己的财富进行短期和长期的规划与管理。该内容主要对学生掌握收入和支出的知识与能力进行评价。具体包括确定和计量各种类型的收入(例如津贴、工资、佣金、福利、小时工资以及总收入和净收入),制订预算,计划常规支出和储蓄;运用长期和短期收入、其他可用资源改善财务状况的知识和能力;了解各种预算支出要素的控制,包括识别不符合计划的优先支出事项,寻找减少支出或增加收入并提高储蓄水平的项目,评估不同支出计划的影响,确定短期和长期的优先支出事项、计划未来预先支付的费用等。例如,计算每月需要节省多少费用以实现特定购买、了解获得信贷的目的和通过借款或储蓄可以随时间的推移支付等额年金的方式、了解复利对储蓄的影响以及投资产品的利弊、了解储蓄的好处、了解政府税收和福利政策、如何影响规划和管理财务。"试题"中的"消费选择",要求学生在预算范围内评估家庭消费支出优先级,以区分想要和需要。该题属于规划和管理财务的内容范围。"旅费"中提供了规划和管理财务内容类别中的另一个示例,要求学生在未来要支付的费用中进行支出和储蓄规划。

(3)风险与回报。风险与回报是财经素养的关键领域,主要关注识别管理、平衡和覆盖风险的方式的能力,以及对各种财务环境中潜在的财务收益或损失的理解。在此领域中,有两种特别重要的风险。一是个人无法承受的财务损失,例如由灾难性或重复发生的事项造成的损失;二是金融产品固有的风险,例如具有可变利率的信贷协议或投资产品。"试题"中的"摩托车保险"就属于风险与回报的内容范围,因为保险是专门设计用于保护个人免受无法承受的风险和财务损失的产品。这个问题取决于学生的理解,也就是说,就可衡量的标准而言,他们承受的风险越高,购买合适保险的成本就越高。"试题"中的"股份"和"乐器"提供了有关风险与回报的另一种说明,要求学生熟悉潜在风险产品的作用方式。

(4) 金融环境。此内容与金融的特征和特性有关。关注消费者在金融市场和一般金融环境中的权利和责任,以及金融合同的主要含义。信息资源和法律法规也是相关主题。从最广泛的意义上讲,金融环境还包括对社会经济背景和公共政策变化的后果理解,例如国债利率、货币发行量、通货膨胀、税收或其他等变化。"试题"中的"银行的失误"提到互联网银行是更广泛的金融情境的一部分,无论是现在还是不久的将来,学生都可能会参与其中,且可能会遭受金融诈骗。该题考查了学生是否掌握如何采取适当的预防措施,要求学生对金融诈骗电子邮件做出适当回应,对选项进行评估,并指出其中唯一可以被认为是好的建议。

2. 过程维度

过程维度即认知过程,在经济领域中,用以描述学生的认知能力和应用经济技能解决相关问题的能力,包括理解、分析、推理、评估和提出解决对策的能力。在经合组织的PISA测评项目中,过程维度包括:识别财经信息、分析财经信息、评估财经问题、运用财经知识和理解力。

(1) 识别财经信息。识别财经信息是指查询个人财务信息来源,并识别信息之间的相关性。在PISA测试中,信息以印刷文本的形式出现,例如合同、广告、图表和说明。如要求学生识别购买发票的特征,或在银行对账单上识别余额。一项更难的试题可能涉及搜索使用了复杂法律语言的合同,以查找能够解释拖欠还款后果的信息。此过程还反映在涉及识别经济术语的试题中,例如将"通货膨胀"这一专业经济学术语识别为用来描述价格随时间推移而上涨的经济术语。如"试题"中"工资单"要求学生在简单的工资单中识别财经信息。

(2) 分析财经信息。此过程包括了市场交易环境中的系列活动,如根据真实市场的具体信息进行解释、对比、综合和推断,从而得出经济结论。从本质上讲,它涉及识别一些不明确的内容,并在市场环境中确定问题的基本假设或含义。例如,可能涉及比较不同移动电话套餐提供的条款,或者弄清贷款广告是否可能包含未声明的条件。如"试题"中的"股票"要求学生通过考虑有关投资产品折线图中的信息来分析资本市场环境中的信息,题目中的图表显示了股价在一年中的变化情况。问题有两部分,第一部分评估学生的理解,即价格低时应购买股票;第二部分评估学生是否可以正确识别股价上涨并计算随时间变化的百分比。

(3) 评估财经问题。该过程的重点是在特定情况下,运用财经知识,理解、认识或构建财务理由和解释。它涉及诸如解释、评估和概括等认知活动。学生必须利用知识和批判性思维方式,通过合理且有逻辑的推理,理解和形成与财务相关问题的观点。如"试题"中的"共享单车",解决此题所需的信息在试题的完成过程中部分提供,学生需要将此类信息与自己先前的财务知识和理解联系起来。

(4)运用财经知识和理解力。在真实的市场交易环境中,对金融产品和背景知识有一定程度的认知,并通过对金融概念的理解和运用,在市场环境中采取有效的行动。相关试题涉及计算和问题的解决,并通常会考虑多个条件,例如计算两年内的贷款利息;或需要依据特定上下文中先验知识的相关性,如要求学生了解当价格以给定速度变化时,购买力随着时间的推移是下降还是增加。

3. 情境维度

财经问题的决策不仅取决于个人的知识或能力,更与其所处的具体情境密切相关。不同的环境、角色和现实条件会显著影响人们的财务选择和行为方式。PISA 财经素养测评通过设置多样化的生活场景,呈现了个人可能会做出的决策的各种情境。情境维度一般包括教育与工作、居家与家庭、个人与社会三个方面。具体而言,教育与工作情境聚焦个体在学习与职业发展过程中的财务决策,如怎样规划教育贷款、选择兼职工作以平衡收支。居家与家庭情境强调个人在家庭生活中的经济行为,通常需要兼顾多方需求,如在日常管理中学会制订家庭预算,区分日常支出和临时支出,为未来养老做好准备等,该情境考查责任意识与跨期决策能力。个人与社会情境关注个体在更广泛社会关系中的财经角色,如应对突发失业、投资理财或防范金融诈骗,及汇率波动对跨境消费的影响。此情境考查对社会伦理与系统性风险的认知情况。PISA 通过这三类情境,揭示财经素养的"实践性",相同的知识在不同场景下可能导向不同决策。

(三)评价标准

PISA 测试实施后,根据测试成绩给予评价标准。其中,1 级是最低水平,该阶段的学生仅具备最基本的财经知识和技能;5 级是最高等级,难度最大也最具挑战性,需要学生具有较宽阔的财经视野,能在较为复杂的经济情形下分析和理解财经问题,能够解决非常规的财经问题,较少学生能达到这个标准;2 级是及格线,该阶段的要求是学生能够识别常见的金融产品、金融术语和概念,具备基本的金融知识。每一级的具体评价标准见表1-2。

表 1-2 财经素养五级评价标准①(作者自译)

评级	财经素养水平分级描述
1 级	学生可以识别常见的金融产品和术语,并解释与基本金融概念有关的信息。他们可以识别想要和需求之间的差异,并可以对日常支出做出简单的决定。他们可以识别日常财务单据(例如发票)的目的,并在自己可能经历过的财务环境中应用单个和基本的数字运算(加,减或乘)

---

① OECD. PISA 2015 Results(Volume IV):Students' Financial Literacy. Paris:OECD Publishing,2017:106.

续表1-2

评级	财经素养水平分级描述
2级（及格线）	学生开始运用常见金融产品的知识以及常用的金融术语和概念。他们可以使用给定的信息在与他们直接相关的情况下做出财务决策。他们可以认识到简单预算的价值，并可以解释日常财务文件的突出特征。他们可以应用单个基本数字运算（包括除法）来回答财务问题。他们显示出对不同财务要素之间关系的理解，例如使用量和产生的成本
3级	学生可以将对常用财务概念、术语和产品的理解应用于与其相关的情境。他们开始考虑财务决策的后果，并且可以在熟悉的环境中制订简单的财务计划。他们可以直接理解一系列财务单据，并可以应用一系列基本的数字运算，包括计算百分比。他们可以选择解决相对常见的金融知识背景下的例行问题所需的数字运算，例如预算
4级	学生可以将对不太常见的财务概念和术语的理解应用于与他们成年后相关的情境，例如银行账户管理和对储蓄复利计息。他们可以解释和评估一系列详细的财务单据（例如银行对账单），并解释不太常用的金融产品的功能。他们可以在考虑到长期回报的基础上做出财务决策，例如了解偿还长期贷款的总成本含义，并且可以在不太常见的财务环境中解决常规问题
5级	学生可以将对更宽泛的财务术语和概念的理解应用于可能仅与长期生活息息相关的环境。他们可以分析复杂的金融产品，并可以考虑重要但未声明或不能立即发现的财务单据的特征（例如交易成本）。他们可以高度准确地工作并解决非常规财务问题，并且可以描述财务决策的潜在结果，表明他们对更广泛的财务状况（例如所得税）有所了解

（四）PISA2022财经素养测评及结果

1. 测评现状

PISA2022是国际财经素养评估的第四轮，有来自81个经合组织成员国和伙伴经济体的近70万名学生，接受了国际学生评估计划测试，其中，来自20个经合组织成员国和合作伙伴经济体的近10万名学生参加了财经素养评估，占测评总人数的七分之一，测试成员国中有8个国家首次参加。

PISA2022是第一个收集新冠疫情前后学生表现、幸福感和公平性数据的大规模研究。首先，教师的支持特别重要，包括为教师提供额外的教学和动机支持；其次，父母在学生学习中的参与积极性会对孩子产生决定性的作用；最后，财经素养教育与6～15岁学生累计支出高达7.5万美元（PFP）的平均表现之间存在正相关关系。对于经合组织国家来说，脱贫和学生表现之间没有关系。

2. 测评内容

PISA2022测试中的财经素养不仅测试学生的财务知识、态度、行为和技能，还包含了更广泛的测评方面，包括对15岁学生的财务决策和行为的影响。PISA财经素养评估已经成为定义、评估和改善全球年轻人财经能力的参考点,甚至在没有参加 PISA 测试的国家中也是如此。例如,定义儿童和青年应该拥有的财务能力的框架,由 OECD 和欧洲委员会开发的儿童和青年欧盟金融能力框架,以儿童财经素养分析和评估框架为起点。PISA 财经素养评估的结果影响了财经教育政策,并促使许多国家改进了他们向学生传授财经素养的方式。

3. 测评对象

20 个国家和经济体参与了 2022 年财经素养评估,包括 14 个 OECD(奥地利、比利时、加拿大、哥斯达黎加、捷克、丹麦、匈牙利、意大利、荷兰、挪威、波兰、葡萄牙、西班牙和美国)和 6 个伙伴国家(巴西、保加利亚、马来西亚、秘鲁、沙特阿拉伯和阿拉伯联合酋长国)。

4. 部分测评结论

(1)学生在 PISA2022 年财经素养方面的表现差距较大。奥地利、比利时的佛兰德社区、加拿大各省、捷克、丹麦、荷兰和波兰在财经素养方面的表现高于 OECD 的平均水平。

在 OECD 国家和经济体中,平均有 11% 的学生在财经素养方面表现最好,一般来说他们已达到了 5 级水平。这些学生可以分析复杂的财务产品和日常的财务问题。在荷兰和比利时的佛兰德社区中,超过 15% 的学生在财经素养方面表现最好,而在马来西亚和沙特阿拉伯,不到 1% 的学生表现较好。在 OECD 国家和经济体中,平均有 18% 的学生表现在 1 级或低于 1 级。这些学生最多可以认识到需求和需求的区别,对日常支出做出简单的决定,并认识到日常财务文件的目的,比如发票。巴西、马来西亚和沙特阿拉伯超过 45% 的学生表现在 1 级或低于 1 级,而丹麦的这一比例为 11%。

(2)各国和经济体中学生财经素养表现的差异明显。在 OECD 中,社会经济优势学生在 2022 年经济水平评估中平均提高了 87 个百分点,超过了熟练水平。在奥地利、哥斯达黎加、丹麦、匈牙利、意大利和葡萄牙,男孩的表现更好,而在保加利亚、马来西亚、挪威和阿拉伯联合酋长国,女孩的表现则优于男孩。在其他 10 个参与国和经济体中,没有显著的性别差异。在 OECD 国家,表现不佳和优秀的男孩多于女孩。

(3)学生的支出和储蓄行为以及态度。在 OECD 中,平均 93% 的学生在过去 12 个月里至少存了一次钱(从沙特阿拉伯的 85% 到捷克、荷兰和美国的 95%)。在 OECD 中,74% 的学生报告说他们在购买商品之前比较不同商店的价格(从沙特阿拉伯的 60% 到丹麦和葡萄牙的 80%)。在 OECD 中,平均 60% 的学生认为购买东西是因为朋友买的(从哥斯达黎加的 36% 到保加利亚、捷克和挪威的 69%)。学生表现在 4 级或 5 级财经素养占 50%,相比那些得分在 1 级或以下的学生,他们在商店购物之前会比较价格的不同。

(4)学生与父母关于金钱问题的互动。大多数学生和父母谈论金钱问题。64% 的学生每周或每月与父母谈论自己的支出决定(从秘鲁和沙特阿拉伯的 52% 到挪威的 71% 不等)。在 OECD 中,考虑了学生特点情况下,那些每周或每月讨论自己支出决定的学生在财经素养方面比那些从未讨论过这些决定的学生高 12 分。

大多数学生认为,他们可以独立决定自己的花费:OECD 国家平均占 83%(从秘鲁的 64% 到丹麦和匈牙利的 92%)。OECD 成员国的调研结果表明,这些学生在财经素养评估中比没有报告的学生高出约 30 分。

(5)学生对金钱问题的态度。在 OECD 中,平均有 50% 的学生认为他们喜欢谈论金钱问题,但现在对于 36% 的学生而言,金钱问题无关紧要。在 OECD 中,享受谈论金钱问题与更高的财经教育水平有关。平均 80% 的学生对自己管理资金的能力有信心(从巴西的 63% 到葡萄牙的 86%)。64% 的低水平学生对自己的财务技能有信心(从保加利亚的 45% 到葡萄牙的 74% 不等)。

(五)新框架主要内容及变化

早在 2019 年 4 月,OECD 发布了用于 2021 年财经素养测评的新框架。新框架包括:背景、序言、定义财经素养、组织域、评估财经素养、财经素养和其他领域知识与技能的相互作用、报告财经素养、参考文献、附件(见表 1-3)。

表 1-3 《PISA2021 财经素养分析和评估框架》目录和内容描述

序号	目录	主要内容描述
1	背景	财经素养评估发展、新框架主要变化
2	序言	世界财经状况变化、财经素养与教育
3	定义财经素养	7 个定义域、重要变化
4	组织域	内容、过程、情境及非认识因素
5	评估财经素养	结构、回答格式和代码、得分点分布
6	财经素养和其他领域知识与技能的相互作用	财经素养与数学素养的区别和联系
7	报告财经素养	测度范围、熟练水平、资料组
8	参考文献	引用 89 个文献
9	附件	2 表、1 图、2 框,散布于文本中

《PISA2021 财经素养分析和评估框架》的主要变化体现在以下两个方面。

一是财经素养概念的变化。从新框架定义财经素养部分可以知道,OECD 于 2002 年针对政府治理中低水平的财经认知所导致的问题发起了一个影响深远的财经素养教育项目,并于 2005 年通过发布《财经教育和认知的原则及良好实践的建议》对财经教育进行了概念化定义,2012 年在《PISA2012 财经素养分析和评估框架》中定义了财经素养。可以说,国际经合组织对财经素养的研究和关注推进了全球财经教育的实践,世界范围内的研究和实践充分表明财经素养与财经教育密切相连,财经素养教育对于提高个体财经素养水平有着举足轻重的作用。国际经合组织在 2012 年对财经素养进行了定义,此后在 2015 年的测评中均采用该定义。《PISA2021 财经素养分析和评估框架》认为原框架对财经素养的定义仍是相关和合适的,仅进行了略微的变化和修订。在实践中,考虑到广义的"态度"与财经素养的认知特征相关,以及"态度"对于财经行为的重要性,因此用"态度"代替原来的"动机和信心"。新框架将财经素养的定义修订为:财经素养是关于财经概念与风险的知识和理解,以及运用这种知识和理解的技能和态度,从而能够在各种财经背景下做出有效决策,增进个人和社会的财富健康,并能够参与经济生活。《PISA2021财经素养分析和评估框架》对财经素养的定义同样分为两个层面:①认知层面,包括知识和理解、技能和态度;②目标层面,包括有效经济决策、增进财富健康、参与经济生活(OECD,2021)。

二是所有得分分布情况。新框架与原框架采用相同的评估方法和逻辑,同样将财经素养评估内容分为三个维度,每个维度包括四个内容域。但针对原框架中三次测评使用过的内容和过程两个维度,新框架将内容域的得分点分布进行了微调,情境维度各内容域的得分点没有变化(见表1-4)。其中,内容维度的四个内容域的得分点分布均有调整,将金钱与交易、财务计划与管理两个内容域得分点各下调5%,将风险和回报、财务情境两个内容域得分点各上调5%;过程维度中的分析财务信息和情境得分点上调10%,应用财经知识和理解得分点下调10%。从调整后各维度各项内容分数变化可以看出,《PISA2021财经素养分析和评估框架》增加了一些内容域的权重如财务情境和财务风险等,相应减少一些内容域的权重,如某些客观知识的理解和应用。即便如此,《PISA2021财经素养分析和评估框架》中对于历史测评中占有高分量的内容如金钱和交易、财务计划和管理、风险和回报等内容仍然保留了较高的权重,表明了这些内容在测评中的重要性。

表1-4 《PISA2021财经素养分析和评估框架》测评维度和内容域得分点分布

维度	框架	内容域及得分点分布			
内容	内容域	金钱与交易	财务计划与管理	风险与回报	财务情境
	原框架	30%~40%	25%~35%	15%~25%	10%~20%
	新框架	25%~35%(-5%)	20%~30%(-5%)	20%~30%(+5%)	15%~25%(+5%)
过程	内容域	区分财务信息	分析财务信息和情境*	评估财务问题	应用财经知识和理解
	原框架	15%~25%	15%~25%	25%~35%	25%~35%
	新框架	15%~25%	25%~35%(+10%)	25%~35%	15%~25%(-10%)
情境	内容域	教育和工作	家和家庭	个人	社会
	原框架	10%~20%	30%~40%	35%~45%	5%~15%
	新框架	10%~20%	30%~40%	35%~45%	5%~15%

* 原框架该内容域为"财务情境中分析信息",新框架修订为"分析财务信息与情境"。

三、财经素养教育的国际经验和发展趋势

为了提高公民的财经素养水平,增强应对风险危机的意识,助力国家经济发展,许多遭遇过经济危机的国家从各个方面积极推动财经素养教育,比如从战略层面上重视和提高国民财经素养水平,设置专门机构推进财经素养教育,发动多方力量提升国民财经素养水平,已经形成了较为丰富的国际实践经验。下面从三个方面来总结财经素养教育的世界趋势和国际经验,希望能够为我们今后开展财经素养教育提供启示。

(一)从国家战略层面重视国民财经素养水平

目前,一些主要的发达国家非常重视国民的财经素养教育,通过顶层设计自上而下地实施教育实践,制定促进财经素养教育发展和公民财经素养提升的国家战略(见表1-5),并以提升全民财经素养水平为根本目标,细化目标分类,形成多个子目标。

表1-5 主要发达国家财经素养教育概况

国家	发布机构	国家战略	时间	愿景
美国	美国财经素养教育委员会	《促进美国经济的成功:财经素养国家战略》	2011	为美国个体和家庭提供可持续的金融保障
澳大利亚	澳大利亚证券和投资委员会	《财经能力国家战略2018》	2015	通过提高人们的财经素养来提高国民的金融福祉
加拿大	国家财经素养指导委员会	《加拿大财经素养国家战略——全民加入》	2015	改善加拿大人的财经状况

2006年,美国制定首个财经素养国家战略《掌管未来:财经素养提高之国家战略》,2011年,美国将其修改并上升至新的国家战略《促进美国经济的成功:财经素养国家战略》,2016年和2020年,财经素养教育委员会先后更新了财经素养国家战略。美国财经素养国家战略提出"为美国个体和家庭提供可持续的金融保障"的愿景,确立了四大目标:提高财经教育意识并提供有效的财经教育,确定并整合核心的财经能力,完善财经教育基础设施,确定、推动并分享有效的实践。

澳大利亚先后发布了《财经素养国家战略》、修订后的《2014—2017年财经素养国家战略》及最新的《财经能力国家战略2018》。最新的战略指出,财经能力是确保所有澳大利亚人民拥有过上最佳生活所需要的财务能力,并且支持政府优先发展经济。此外,最新战略认识到单一项目或以一次性干预并不能实现公民长期行为改变的目标,只有越来越多合作发展资源网络,支持公民在日常生活中更好地管理资金并做出明智的决策,才能逐步实现让所有澳大利亚公民掌握自己的财务状况并为未来做好计划的愿景。

加拿大于2015年发布了《加拿大财经素养国家战略——全民加入》,这一战略提出

了改善加拿大人和家庭"金融状况"的愿景,并提出将动员并吸引共有、私营和非营利机构来提升加拿大人的财经素养,使他们能够事先明智地管理资产和债务、为将来计划存款并预防金融欺诈。加拿大国家战略为社会各阶层的机构、教育工作者、教育系统提供了共同合作的机会。

(二)设置专门机构推进财经素养教育实施

一些国家在推进财经素养教育的过程中,形成了相对成熟系统的组织机构。目前,国际上比较常见的组织形式是由国家出面,一个牵头部门和几个协同部门共同推进,如美国、新加坡、韩国等均采取这种形式;一部分国家不设牵头部门,由多个部门相互配合共同推进,如加拿大、马来西亚等国家采取这种形式。

美国主推机构主要有财经素养教育委员会和消费者金融保护局。消费者金融保护局隶属于美国联邦储蓄系统即美联储,相当于我国的人民银行。消费者金融保护局配合财经素养教育委员会来推进财经素养教育实践活动的实施,提高公民的财经素养水平。

新加坡依靠金融管理局、中央公积金局和教育部等机构共同保障财经素养教育的实施。新加坡金融管理局是该国的人民银行,也是政府开展金融业务的机构,中央公积金局是进行公积金管理的政府部门,教育部是新加坡财经素养教育的核心执行者,这三个部门联合起来共同推动和提升新加坡的公民财经素养水平。

(三)发布财经素养有关标准

为了有效推进财经素养教育,切实提升公民财经素养水平,一些国家发布了财经素养教育的有关标准,为教育的实施提供标准依据。

美国经济教育委员会发布了《K-12国家财经素养教育标准》,此后不断进行完善和修订,目前已更新至第六版。规定学生应在六个方面达到基本要求:赚取收入、购买商品与服务、储蓄、使用信用卡、金融投资、财产保护和保险。经济教育委员会希望这一标准能够指导学校管理者、教师、课程开发者以及其他利益相关者实施财经素养教育。

马来西亚财经素养教育的对象分为学校的财经素养教育和成人的财经能力项目两类。马来西亚国家银行作为推动财经素养教育的主导部门,制定了关于国家财经素养教育的内容,该框架包括六个因素,包括金钱收入来源和职业选择、财务者责任和决策、资金管理和策划、储蓄投资信贷和债务管理、风险管理、财富保护和保险,这一框架为学校和成人的财经素养教育规定了内容标准。

四、国外财经素养教育实践经验

(一)美国财经素养教育的实践经验

作为世界第一经济强国,美国早在20世纪90年代就将财经素养教育视为公民教育的重要内容,伴随着美国经济的发展,财经素养教育也飞速发展,取得了理论研究和实践的成果,成为世界各国争先学习的榜样。下面我们以美国在高等教育领域开展的财经素养教育实践为例进行解读。

1. 交互式网络课程模式

交互式网络课程模式(Interactive Online Programs)通过提供丰富的网络课程资源实现财经教育的目标。网络课程资源通常依托专门设计的网站来提供个人财经教育信息。"现金课程"(Cash Course.org)"善待你的资金"(love your money.org)和"我的资金"(My Money.gov)等网站提供了庞大的在线课程资源。其他相关网络资源包括财经意识和大学生消费者培训、财经知识101、财经教育和咨询、财经教育和专业发展协会、学生财经教育计划和美国生活技能基金等内容。例如：威斯康星大学拉克罗斯分校建立专门的网站取名为"它赚了一分钱"(It Make ¢ Cents)，得克萨斯大学圣安东尼奥分校的专门网站取名为"吵闹的美分"(Rowdy Cents)。①

网络课程资源包括财经预算工作表、财经知识视频短片、财务提示、财经新闻、债务计算器、价格计算器、录播视频等。高校为学生提供在线教育视频，主题涵盖预算、阅读信用报告、设定财经目标、投资、支出和偿还贷款等各类问题。部分高校专门拍摄具有学校特色的个人财经视频与学生分享，如萨姆休斯敦州立大学学生资金管理中心通过学生和辅导员来呈现在线研讨内容，提供包括1~3分钟有关支出、信贷等财务管理主题的短视频。一些大学使用录播的视频，如明尼苏达州立大学在其财经素养网页上展示"财务援助视频"(Financial Aid TV)。这些视频以问答形式呈现，涉及财经援助、学生贷款、银行、盗窃、货币基础知识、保险等财经问题。还有一些大学利用预先录播的在线课程模块作为大学生财经教育的资源。在大学生中最受欢迎的财经教育课程是现金课程。现金课程是由全美财经教育基金会(National Endowment for Financial Education)免费提供给大学的网络课程，包含一系列关于信用卡和借记卡使用的指导、储蓄、支付大学学费等财经素养相关专题课程。②

2. 项目本位模式

项目本位模式(Event-Based Programs)通过具体的项目进行财经素养培训，包括财经素养计划和财经服务的专项活动。多数高校把具体项目与课程相结合，通过课程教学的形式进行财经素养教育，或将专项活动作为课程的某些组成部分；有的高校则通过专题工作坊的形式进行财经素养教育；还有的高校通过新生定向指导活动、学生典礼等开展财经素养教育。具体项目包括以下几类：

（1）将财经素养教育融入新生研讨会、第一年体验(First-Year Experience，简称FYE)课程。一些大学要求教师在FYE研讨会中设置1~2项的个人财经专题。个人财经专题包括预算、使用大学财经资源、债务管理、储蓄、信贷管理、住房问题和防止银行账户身份被盗窃等。教师也可使用其他资源来提供个人财经课程。例如：拉马尔大学在FYE课程中使用了6段10~15分钟的视频进行财经素养教育；珀切斯学院利用课堂教学时间向新

---

① 黄孔雀、许明：《美国大学生财经素养教育：背景、模式与特征》，载《复旦教育论坛》，2020年第4期，第108页。
② 黄孔雀、许明：《美国大学生财经素养教育：背景、模式与特征》，载《复旦教育论坛》，2020年第4期，第108页。

生介绍"现金课程"。①

（2）与财经机构合作开展的财经素养教育项目。大学与金融机构合作，共同在校园内开展财经素养教育。金融机构在大学校园内建立并运营财经素养中心或财经教育中心。例如，2013 年北阿拉巴马大学与利斯特希尔信用联盟（Listerhill Credit Union）达成合作协议，允许利斯特希尔信用联盟在校园内设立财经素养中心（Center for Financial Literacy），为北阿拉巴马大学学生提供专项资金运作等银行业务。金融机构的作用还体现在举办财经素养研讨会，向学生介绍资金管理，并资助大学实施财经教育计划。

（3）财经素养研讨会。财经素养研讨会一般由高校的学生资金管理中心、财政援助部门、学生服务部门、学术部门或商学院召开。研讨会既有面向学生举办的，也有面向教职员工举办的。研讨会主讲人包括大学的教职员工和金融机构的发言人。比较有代表性的是国际大学生组织"创行"（ENACTUS，前身为 SIFE，成立于 1975 年）项目团队举办的财经素养研讨会。例如：在北佐治亚大学，创行团队启动研讨会并邀请大学生参加，研讨会主题囊括了预算、投资技巧、资本市场问题、银行账户管理、信贷使用、贷款管理和税收等；在北卡罗来纳大学彭布罗克分校，创行团队利用新生研讨会的财经板块为新生开设财经素养教育课程。研讨会的出勤率有高有低，组织者通过别样的宣传方法和激励措施来提高参与率，如一些大学为参与者提供午餐，还有一些大学为参与者提供奖学金或优惠券等奖励。②

3. 财经素养教育月模式

美国各高校的财经素养教育内容和方法有所差异，但最终目标都是指向改善大学生财经行为。一些大学在财经素养教育月或财经素养教育周的背景下开展财经游戏、互动活动、时装秀和厨艺展示等专项活动，一般由学生服务部门、财务援助办公室或学生资金管理中心安排或组织。专项活动会使用一些吸引人的名字，例如：休斯敦州立大学使用的"检查您的信用日"（Check Your Credit Day）和"健康膳食"（Healthy Meals on a Dime）；威斯康星拉克罗斯大学主办的"节俭之旅：节俭商店竞赛和时装秀"（Get Your Frugal On: Thrift Shop Contest and Fashion Show）和"价格合适的游戏之夜"（Price is Right Game Night）；加州州立大学北岭分校财务援助和入学部门组织的斗牛士美元日（Matador Dollar Day）专项活动。

4. 游戏本位教育模式

游戏本位教育模式（Game-Based Education）包含仿真游戏、竞赛游戏、棋类游戏、纸牌游戏、电子游戏和各种形式混合的财经游戏，可在 i Grad、Money Topia 和 Money U 等门户网站找到范例。这一模式体现了以学生为中心的学习方式，让学生成为学习过程的一部分，而不是学习材料和课堂的旁观者。财经游戏中包含了多种生活场景和仿真情境，通过营造合作和竞争的环境来推动人际交往，有助于提升财经教育的实效性。

---

① 黄孔雀、许明：《美国大学生财经素养教育：背景、模式与特征》，载《复旦教育论坛》，2020 年第 4 期，第 108 页。
② 黄孔雀、许明：《美国大学生财经素养教育：背景、模式与特征》，载《复旦教育论坛》，2020 年第 4 期，第 108 页。

5. 个体咨询模式

个体咨询模式（Individual Counseling）一般由专业人员或朋辈通过面谈、电话、网络沟通等方式为学生管理个人钱财提供咨询指导。根据咨询实施主体的不同，个体咨询可分为两类：①一对一的专业财经咨询服务。专业咨询人员包括长期在校工作的教师和临时聘请的专业人员。此类个体咨询能最大限度地发挥财经咨询教师在学历、专业等方面的优势，长期指导学生管理个人财务和处理财务问题。②朋辈咨询与辅导（Peer Counseling and Peer Mentoring）。高校聘请朋辈导师为学生提供个性化的财经咨询与辅导。朋辈咨询的优势是给予学生个性化的财经辅导，为学生提供可供学习的财经管理经验，让学生互相教授个人财经知识，有助于朋辈导师将课堂所学知识运用到咨询实践中，同时促进朋辈之间的学习。

（二）俄罗斯财经素养教育的实践经验

根据PISA财经素养调查结果，俄罗斯青少年的财经素养水平高于其他参与国家。近年来，在俄罗斯联邦政府的持续推动下，俄罗斯财经素养教育不断发展。

1. 国家层面的具体举措

（1）制定国家级教材。2019年6月21日，俄罗斯教育部官方网站发布新闻称，俄罗斯教育部和俄罗斯银行联合为中小学生制订了数学习题集《财经素养基础》，共有100名教育者参与该习题集项目，他们着重强调，这些习题不仅可以提高学生的数学知识技能，还能使学生开阔眼界，鼓励他们独立探寻财经素养的根本。

（2）开设财经素养网课。俄罗斯联邦各大金融组织积极响应战略政策，俄罗斯联邦储蓄银行扩大了俄罗斯联邦中央银行青少年"财经素养网课"项目的参与度。

（3）设立慈善基金"未来贡献"。俄罗斯联邦储蓄银行2018年年度报告中称，慈善基金"未来贡献"为提升公民财经素养做出了重要贡献。2017年6月，俄罗斯联邦储蓄银行在该基金的教育方向框架内启动了"财经素养"计划，该计划通过组建教师团队，创造新的教学法基础，搭建实现沟通、交换教育资料、教育实践平台的方式，普及公民财经素养教育。[①]

（4）开发虚拟软件。为提高青少年对财经素养的兴趣，俄联邦储蓄银行在俄罗斯社交软件VKontakte中专为青少年开发了聊天机器人，以长篇幅阅读、测验、游戏、表格的新形式试运行，已有1200万人进入机器人聊天室。银行还为儿童及家长开发了软件，旨在让其了解财经素养基本概念，使用银行产品，软件用户已超过5000人。

（5）发行报纸杂志和组织培训。俄罗斯邮政储蓄银行积极实施提高俄罗斯联邦公民财经素养的措施，该银行与俄罗斯联邦财政部联合发行了一份关于财经素养的报纸；在全俄范围内举办教育大师班，银行的专家在教育机构、孤儿院、社会机构中开展讲座和研讨会活动，并组织中小学生参观银行客户中心。

[①] 刘文权、李恬：《俄罗斯财经素养教育实践分析》，载《大学周刊（B版）》，2020年第1期，第30—35页

2. 基层财经素养教育举措

从高校的角度分析,高校与政府设立财经素养中心的主要目的是提升居民财经素养,加深金融文化底蕴。与此同时,高校能够提供专业化、独立的财经素养教育。迈科普国立技术大学的财经素养中心自成立以来一直积极参与制定提升阿迪格共和国居民的财经素养措施,为此迈科普国立技术大学经济系和财经素养中心共同开设了财经素养知识课,课程以金融小游戏、公开课、游戏培训的形式开展。尽管该中心是在高校基础上建立的,但该中心的工作是面向阿迪格共和国所有居民的。

中心工作人员积极参与针对少年儿童举办的传统"全俄财经素养周",以及针对成年人的"储蓄周"。中心解答金融服务用户(成年人)的财经知识问题,并且为退休老人定期举办专业讲座。2018年夏天,迈科普国立技术大学财经素养中心参加了国家金融研究机构(NAFI)开展的全俄公民财经素养水平调查,定量研究"测量阿迪格共和国居民财经素养水平"。此次调研采访了俄罗斯42个地区的140个居民点,受访者均为18岁及以上,共1600人,统计误差低于3.4%,这些数据很具代表性。[1]

(三)日本财经素养教育的实践经验

2005年,日本金融厅发布了财经素养教育议程,这是日本首次将财经素养教育作为国家战略来推进,2005年也被认为是日本财经素养教育元年。[2] 经过十多年的发展,日本公民财经素养水平得到了较大的提升。

1. 政府主导、多方参与,共同推进财经素养教育

日本在推进财经素养教育的进程中,形成了相对成熟的、系统的组织机构及保障制度。日本财经素养教育的主导机构是日本金融厅和金融服务信息中央委员会。日本金融厅是日本金融监管的最高行政机构。金融服务信息中央委员会由金融组织(包括日本银行家协会)、产业组织(包括日本经济团体联合会)、其他组织(包括日本广播协会、消费者协会)等组织机构的代表和相关领域的专家构成,其秘书处设在日本银行公共关系部。除主导机构外,金融产业集团、消费者事务中心、日本理财规划师协会、社区中心、学校等机构也积极参与,形成合力,从不同的方面积极推进财经素养教育的发展。[3]

2. 制定标准,引导财经素养教育规范发展

日本金融厅和金融服务信息中央委员会在2005年、2007年、2013年、2015年从不同的角度制定和修订了财经素养教育相关战略或标准。日本金融厅2005年发布了财经素养教育议程,这是日本首次将财经素养教育作为国家战略来推进。2013年修订了2005年发布的财经素养教育议程,并发布了财经素养水平最低标准,2015年又对财经素养水平最低标准进行了修订。金融服务信息中央委员会于2007年发布了分年龄段财经素养

---

[1] 刘文权、李恬:《俄罗斯财经素养教育实践分析》,载《大学周刊(B版)》,2020年第1期,第33页。
[2] 岳昌君:《财经素养教育何以变得更重要》,载《全球教育展望》,2018年第1期,第56-67页。
[3] 楚晓琳:《日本财经素养教育实践及启示》,载《大学周刊(B版)》,2019年第10期,第49页。

教育内容,2015年又对2007年的分年龄段财经素养教育内容进行修订。

3. 形式多样,形成优势互补的财经素养教育方式

日本的政府主导机构、学校、社会组织通过不同方式推动财经素养教育的发展,形成体系化的财经素养教育。政府主导机构从全国层面起到引导规范的作用,学校主要是针对在校学生,社会机构主要是针对成年人。主导机构通过制定财经素养教育国家战略,加强全民对财经素养教育的重视;通过协调,鼓励金融机构、政府部门、行业企业、媒体等不同部门参与财经素养教育活动;通过成立专门网站,提供会议、报告,加强与经合组织、其他国家财经素养教育相关机构的联络等,为财经素养教育搭建发展平台。

学校通过使用专门的财经素养教育相关指导用书,开展财经素养教育课程,如《成立学生公司——通过模拟创业了解经济运行》及指导用书、《你有钱吗?——预防陷入多重债务》及指导用书;学校将财经素养教育与生活环境研究、道德教育、社会研究、家庭经济学、公民教育等其他科目进行融合并形成新的科目;学校通过举办财经素养教育相关的竞赛,以赛促学,推动财经素养教育,如日本已于2004—2018年举办了15届"财经素养教育论文与实践活动报告竞赛"[1];学校通过教师参加财经素养教育公开课、研讨会等活动,不断提高教学水平,为学校更好地开展财经素养教育贡献力量。

金融产业集团包括日本银行家协会、日本证券交易商协会、日本投资信托协会、日本人寿保险协会和日本综合保险协会等为财经素养教育提供了各种各样的机会,如对金融产品(例如存款、股票、投资信托和保险)进行解释,举办资产管理和优化投资方面的研讨会、讲座等活动;消费者事务中心的活动主要是提醒消费者注意多重债务问题,并提高防范欺诈性销售或其他犯罪行为的意识;日本理财规划师协会提供各种学习机会,包括对财经素养标准的解释,举办与理财相关的研讨会等;社区中心提供有关金融、保险、税务和消费者事务的讲座等。[2]

第二节 中国特色的财经素养教育理论

从定义和内涵来看,如果说道德教育是以学校为起点进行的专门的教育内容,那么财经素养教育就是提升学生核心素养的财经通识教育。提高财经素养的目的是使人们能够在复杂的金融背景下,制定科学有效的应对决策,提高个人和社会的金融福祉,并使人们能够参与经济生活。通过财经素养教育,引导个体从关系角度,认知与了解财经活动的常识,从中学会理解和处理人与人、人与国家、人与社会的经济关系及道德关系,财富与个人的幸福生活、个体的国家社会责任共同形成我国优秀文化底蕴和符合国家现代

---

[1] 楚晓琳:《日本财经素养教育实践及启示》,载《大学周刊(B版)》,2019年第10期,第50页。
[2] 楚晓琳:《日本财经素养教育实践及启示》,载《大学周刊(B版)》,2019年第10期,第51页。

化要求的财经素养结构,优化与提升个体的综合素质。①

目前,国内关注财经素养教育的学者和研究机构较多,有两个比较有影响力的理论:一个是中国财经素养教育协同创新中心研发的《中国财经素养教育标准框架》即"五维三标",以及财经素养教育目标"三九五体系";另一个是中国人民大学心理学系研发的财经素养"三元"结构理论和"公民财经素养指数"。这两个财经素养教育理论框架分别从不同的学科角度出发,最终指向的都是"素养教育",这和我国"立德树人"的育人方针是一致的。

一、中国财经素养教育"五维三标"框架标准

中国财经素养教育协同创新中心张男星教授科研团队携手全国众多知名学者专家于2018年1月正式发布了覆盖幼儿园、小学、初中、高中、大学各学段的《中国财经素养教育标准框架》,被有关专家认为"具有世界视野、中国特色""填补了国内这一领域的空白""在中国财经素养教育发展史上具有重要的里程碑意义"。《中国财经素养教育标准框架》在国内属于首创,对于规范教育内容,指导具体实践,明确教育理念,提高教育质量,实现培养目标具有指导意义,进而提升我国公民的财经素养。

《中国财经素养教育标准框架》的研制依据主要包括学生发展水平、学科知识要素、国家发展重点、社会经济现象、传统文化积淀、国际推进趋势等。研制原则是坚持经济生活与学生发展规律的统一,坚持传统与现代价值取向的融合,坚持个体与社会、国家经济活动的联系。《中国财经素养教育标准框架》内容包括"五维三标"体系:"五维"即收入与消费、储蓄与投资、风险与保险、制度与环境、财富与人生,"三标"即了解知识与事实、获取方法与技能、形成观念与态度(见表1-6)。从事物、制度再到财富人生不断螺旋上升,不同维度及目标要素引导学生财经素养的不断提升。②

表1-6 中国财经素养教育各学段通用标准框架

维度	目标		
	了解知识与事实	获取方法与技能	形成观念与态度
收入与消费			
储蓄与投资			
风险与保险			
制度与环境			
财富与人生			

《中国财经素养教育标准框架》依循个体融入社会、参与经济的路径进行设计,将我

---

① 张男星、岳昌君:《〈中国财经素养教育标准框架〉解读》,科学出版社,2020年版,总序第4页。
② 张男星、岳昌君:《〈中国财经素养教育标准框架〉解读》,科学出版社,2020年版,总序第6页。

国学生所应该达到的财经素养教育标准分成了五个维度,每个维度又分别对应支撑三个具体的目标,即认知、技能、态度,从而形成了中国财经素养教育的"五维三标"框架体系。①

1."五维"引领学生逐级攀登

"五维"财经素养教育体系,犹如一座精心设计的阶梯,引领着学生逐步攀登,从基础认知到深刻理解,再到人生境界的升华。这一体系层层递进,为学生搭建起一座通往财经智慧与人生幸福的桥梁。

首先,从基础认知出发,引导学生正确认识劳动与经济事务。通过生动有趣的案例和实践活动,让学生亲身体验劳动的价值,理解经济活动的本质与规律。同时,培养学生的观察力、思考力和判断力,使他们对劳动与经济事务有初步但全面的认识。

其次,深化理解经济规则与制度。通过系统学习经济学基本原理、法律法规和道德规范,让学生明白经济活动并非无序的,而是受到一系列规则与制度的约束。这些规则与制度不仅保障了经济活动的有序进行,也维护了社会的公平与正义。引导学生尊重规则、遵守制度,为未来的经济生活奠定坚实的基础。

再次,在此基础上,进一步引导学生形成关于劳动、金钱、财富与人生幸福关系的正确思想。通过讨论、分析和反思,让学生认识到劳动是创造财富和实现人生价值的根本途径;金钱是生活的必需品,但并非生活的全部;财富应该用于实现个人梦想和社会责任;而人生幸福则源于内心的满足与和谐的人际关系。

最后,提升学生的人生境界。通过财经素养教育,不仅要让学生掌握实用的经济知识和技能,更要培养他们的高尚品德和人文精神。引导学生树立正确的价值观、人生观和世界观,关注社会公益、关注环境保护、关注人类命运共同体。让学生在追求个人财富与幸福的同时,也能为社会进步和人类文明的发展贡献自己的力量。

总之,"五维"财经素养教育体系以递进的方式层层升华,为学生搭建起一个清晰的财经素养体系。这一体系不仅关注学生的经济素养培育,更关注学生的全面发展与人生幸福。通过这一体系的引导与培育,相信学生能够成为具有高尚品德、丰富知识和卓越能力的未来财经精英和社会栋梁。

2."三标"引导教育层层递进

"三标"作为财经素养教育目标的递进路径,深刻揭示了从知识积累到技能掌握,再到观念与态度形成的全过程。这一路径不仅体现了教育的层次性与深度,更彰显了财经素养教育对于个体全面发展的深远影响。

在"三标"的框架中,"了解知识与事实"是起点,它为学生打下了坚实的理论基础。通过系统的学习,学生能够掌握财经领域的基本概念、原理与事实,为后续的深入学习与实践奠定基础。

---

① 张男星、岳昌君:《〈中国财经素养教育标准框架〉解读》,科学出版社,2020年版,总序第16页。

"获取方法与技能"则是知识与事实向实践转化的关键步骤。在这一阶段,学生将学习如何运用所学知识解决实际问题,掌握财经分析、决策与管理的技能。这些方法与技能将成为他们未来经济生活中不可或缺的工具。

而"形成观念与态度"则是"三标"中的最高境界。它要求学生在掌握知识与技能的基础上,进一步形成正确的财经观念与态度。这些观念与态度不仅针对具体的财经活动,更涉及个体对于劳动、金钱、财富与人生幸福的深刻理解与价值取向。在"财富与人生"这一维度上,观念与态度的形成尤为重要。它超越了具体的知识范畴,引导学生从更广阔的视角审视经济活动与人生发展的关系,追求更高的思想境界与人生价值。

因此,"三标"中的"形成观念与态度"目标不仅是对学生个体财经素养的全面提升,更是对他们未来人生道路的重要指引。通过这一目标的实现,学生将能够树立正确的财经观念,形成积极的人生态度,为实现个人梦想与社会责任奠定坚实的基础。

与国际组织和国外财经素养教育标准或框架相比,《中国财经素养教育标准框架》具有以下五个特点:①更加重视财经价值观的引导。②更加突出个体与社会、国家的经济关联。③更加彰显"三标"以了解知识与事实为起点,演进到获取方法与技能,再深化为形成观念与态度。其中"形成观念与态度"这一目标主要是针对不同维度内容中应该形成的、知识范畴针对性的特定观念与态度;而"财富与人生"维度则超越具体知识范畴,从整个经济活动及其与人生发展关系的角度而言,指向应该获得的基本思想与境界,彰显传统文化中的优秀经济思想。④更加强调劳动创造财富的观念。⑤更加强调对制度、规则的理解与遵守。①

二、中国财经素养教育"三九五体系"

(一)教育理念

教育要面向现代化、面向世界、面向未来,财经素养教育的目标构建依据的是其重大的时代意义,培养学生立足当下,适应未来。中国财经素养教育协同创新中心构建的教育目标以学生为本、家国为重为基础,以促进个体进步、维护国家发展为根本目的。"学生为本"是为了体现学生发展需要,使学生拥有完整发展的空间,教会学生如何面对未来的财务管理;"家国为重"是为了体现国家安全需求,使个体理性参与经济生活,学会处理个人和国家经济活动之间的关系;因此中心建构起基于学生、面向国家,具有中国特色、世界视野的财经素养教育目标。

(二)体系内容

中国的财经素养教育应该符合社会主义核心价值观的目标。中国财经素养教育与

---

① 张男星、王春春、张运红、楚晓琳、谭俊英:《中国财经素养教育的目标建构及阐释——基于"学生为本,国家为重"的教育本然》,载《大学(研究版)》,2019年第3期,第16页。

其他国家的最大不同点就是目前要教会学生个体如何面对自己进入经济社会的理财问题,更要教会学生在经济生活中如何观照自己的经济行为和国家的经济活动关系的问题。因此依据中国财经素养教育标准研制的思想和特点,中国财经素养教育协同创新中心建构了财经素养教育"三九五体系"(见图1-2)。

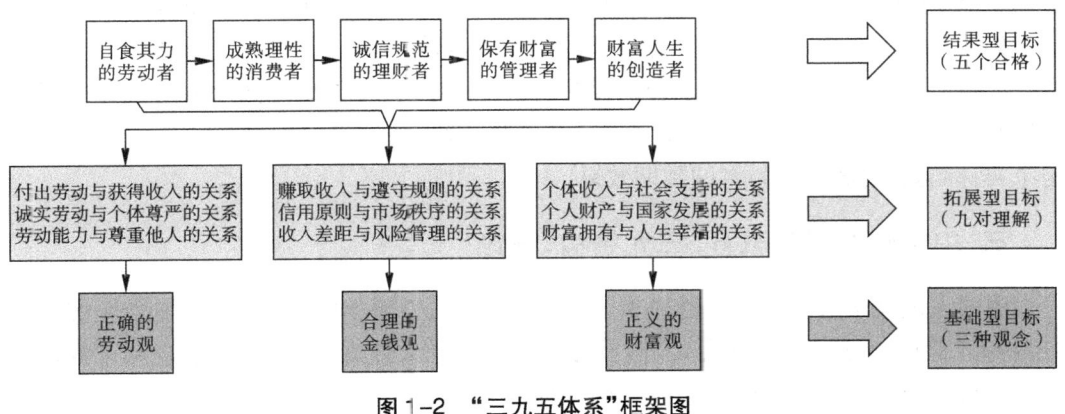

图1-2 "三九五体系"框架图

"三"即形成"三种观念",包括劳动观、金钱观、财富观。在财经素养教育的宏伟蓝图中,劳动观、金钱观、财富观,构成了其坚固的基石与导向。这不仅是对学生个体成长的深远关怀,更是对他们未来经济生活的重要铺垫。

劳动观,作为这一系列的起点,它强调的是劳动的尊严与价值。通过教育,我们要让学生深刻理解到,劳动是获取收入、创造财富的正当途径,是每个人实现自我价值、贡献社会的基石。树立正确的劳动关系,意味着要尊重每一份劳动,珍惜每一次劳动的机会,从而在劳动中不断成长与进步。

金钱观,则是连接劳动与财富的桥梁。它引导学生正视金钱在生活中的作用与地位,既不盲目崇拜金钱,也不忽视其作为生活必需品的重要性。更重要的是,要教会学生如何合理规划、理性消费,让金钱成为实现生活目标与梦想的工具,而非束缚与压力。

财富观,则是站在更高层次上的审视与追求。它不仅仅是对金钱与财物的积累与管理,更是对人生价值与幸福生活的深刻理解与追求。通过教育,我们要让学生明白,真正的财富不仅仅在于物质的丰盈,更在于精神的富足与内心的宁静。因此,在追求财富的过程中,更要注重培养自己的品德修养、社会责任与人文关怀。

财经素养教育以劳动为起点,以德育为目标指向,是希望通过这三种观念的培育与引导,让学生在经济活动中学会付出与收获、创造与积累、成长与成熟,从而为他们未来从事经济活动打下坚实而良好的财经素养基础,让他们在未来的道路上能够更加自信、从容地面对各种挑战与机遇。

"九"即"理解九对关系",这是财经素养教育的扩展性目标,财经素养教育要教会学生集中理解这些关系。包括从劳动观演绎出的"付出劳动与获得收入、诚实劳动与个体尊严、劳动能力与尊重他人"三对关系;由金钱观演绎出的"赚取收入与遵守规则、信用原则与市场秩序、收入差距与风险管理"三对关系;由财富观演绎出的"个体收入与社会支持、个人财产与国家发展、财富拥有与人生幸福"三对关系。通过理解这些关系,将财经素养教育基础性目标"三种观念"予以深化和具体化。

"五"即"五个合格者",这是财经思想教育的结果性目标,分别是自食其力的劳动者、成熟理性的消费者、诚信规范的理财者、保有财富的管理者、财富人生的创造者。①

如果用一棵树来比喻"三九五体系"的财经素养教育目标,基础型目标"形成三种观念"就是树干,支撑着整个财经素养教育的根本价值导向;拓展型目标"理解九对关系"就是树叶,丰富与细化着财经素养教育的基本内容范畴;结果型目标"成为五个合格者"就是果实,标志着财经素养教育的预期效果。

三、中国财经素养教育"三元结构"理论

中国人民大学心理学系的财经素养教育团队,从心理学的视角出发,整合经济学的"经济人"假设、心理学的"社会人"假设,试图从"多元人性观"的视角来发现和审视财经素养的另一个观察面。团队在综合了国内外近年来有关财经素养的经济学和心理学研究后,将财经素养界定为人们拥有的有助于个体应对财经事务、实现财经福祉的知识、能力和价值观的综合体。每个人财经素养的差异不仅体现为财经知识和财经能力的水平差异,还体现在财经价值观上,因此中国人民大学辛自强教授团队提出了财经素养教育"三元结构"理论(见图1-3)。

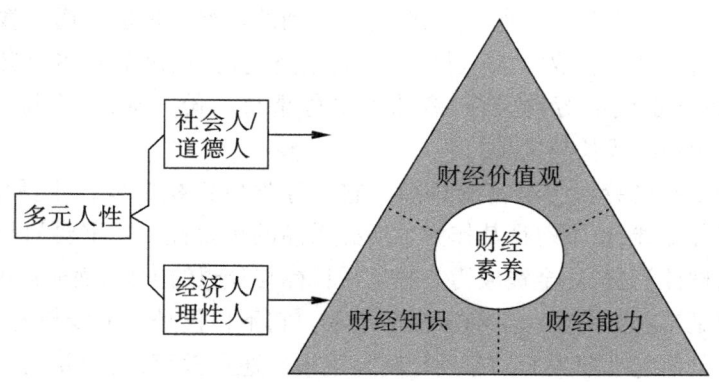

图 1-3 基于多元人性观的财经素养"三元结构"②

"三元结构"理论以其独特的视角和深刻的内涵,为我们揭示了财经素养的丰富层次与深远意义。它不仅是个体在财经领域中的行动指南,更是我们理解社会、认识自我、追求幸福的重要工具。

---

① 张男星、岳昌君:《〈中国财经素养教育标准框架〉解读》,科学出版社,2020年版,总序第8页。
② 辛自强、张红川、孙铃、于泳红、辛志勇:《财经素养的内涵与三元结构》,载《心理技术与应用》,2018年第8期,第455页。

该团队认为,财经素养是人类的心理特征,属于人性问题,但以往研究对财经素养内涵和结构的界定,通常只是就事论事,并没有深入"人性"本质层面。该团队整合经济学的"经济人"假设,心理学的"社会人"假设,试图从"多元人性观"的视角推演出合理的财经素养结构理论,①即"三元结构"理论。该理论认为,不能只在"经济人"和"理财"层次上来讨论财经素养。在当前以经济活动为中心的社会中,个体要获得财务安全、财经福祉,必须具备必要的财经素养,尤其要有足够的财经知识和财经能力——若没有足够的理性能力保证自身利益和安全,其他的价值也就难以体现。然而,人类的需要和价值追求不仅是金钱和财富方面的,还有超越物质的精神层面的。因此,要超越"经济人"假设来思考财经素养的内涵。

依据财经素养的"三元结构"理论,该团队经过多轮测试与修订,最终形成了《中国公民财经素养测验》,它包括对应三元结构的三套测验,而财经价值观测验又分为理财价值观测验、财富价值观测验和财经伦理观测验,故共有五项测验,每项测验及总体测验的各项心理测量学指标均良好。鉴于现有的财经素养测验主要是面向18岁以上人群设计的,其难度级别及题目中涉及的场景大多与成年人的实际生活紧密相关。为了更精准地评估青少年的财经素养水平,有必要在充分借鉴该测验的基础上,结合青少年的认知能力和实际生活场景,重新研发一套专门面向青少年的财经素养测验。这样的测验将更能贴近青少年的实际情况,从而更准确地反映他们的财经素养水平。基于测验可以衍生计算两个指数:①由财经知识和财经能力得分计算出的"经济人"指数;②由财经价值观测验三个维度(理财价值观、财经伦理观、财富价值观)得分计算出的"社会人"指数,综合两个指数可以全面评估青少年财经素养。

尽管当前学术界在财经素养及其教育领域掀起了一股热潮,但如何准确评估青少年的财经素养水平,以及衡量财经素养教育项目的实际成效,却成为教育评价中的一大挑战。目前,我们尚缺乏有效的手段来精确衡量青少年的财经素养状况,也无法确切判断各类教育项目是否真正起到了提升作用。这种现状导致国内对青少年财经素养的研究呈现出一种明显的特点:理论探讨丰富而实证研究匮乏。这在一定程度上限制了我们对该领域深入、系统的理解,难以积累到扎实可靠的实证资料。

由于缺乏科学、系统的评价工具,财经素养教育的实践者往往只能依赖于一些较为简单、主观的指标,如学生的满意度调查等,来粗略地评估教育效果。这种评估方式不仅难以全面反映学生的财经素养水平,也无法为教育项目的持续优化提供有力支持。因此,为了推动青少年财经素养教育的健康发展,我们迫切需要开发出一套科学、有效、全面的评估体系,以准确衡量学生的财经素养水平,并客观评价各类教育项目的实际效果。只有这样,我们才能为青少年提供更加精准、有效的财经素养教育服务。

由此来看,中国人民大学心理学系团队开发的青少年财经素养评测工具恰逢其

---

① 辛自强、张红川、孙铃、于泳红、辛志勇:《财经素养的内涵与三元结构》,载《心理技术与应用》,2018年第8期,第455页。

时,为财经素养教育研究者们提供了一些参考的思路,该研究基于财经素养"三元"结构理论,为青少年群体开发了专属的财经素养测验,覆盖了青少年和成年人两大人群,有效将财经素养测验普及给更多相关人群。中国人民大学研究团队研究得出,财经素养上,青少年和成年人的确存在一定结构性差异;于青少年来说,财经价值观更为重要,需要更多关注青少年的财经价值观。由此,研究团队确定了青少年财经素养指数体系,为财经素养教育和实践提供了诸多思路。

第二章

中国传统文化中的财经素养教育思想

我国当前正处于社会主义现代化加速发展中,经济建设急需一大批"经济公民",财经素养逐渐成为21世纪"经济公民"的核心素养之一。国际经济合作组织首次提出财经素养教育的概念,国内近几年也刮起了财经素养教育之风。财经素养教育并非"舶来品",在中国的历史发展中一直存在。我们以传统文化教育为线索,深入发掘中国古代经济伦理思想和传统道德教育,找寻中国财经素养教育的根基所在,追根溯源,重树文化自信。

第一节 中国哲学视阈下的财经素养教育思想

一、中国经济生活的哲学

（一）两种关系的论证

中国传统文化有四种思想最为重要,可称之为四个支柱。一是阴阳五行思想,二是天人合一思想,三是中和中庸思想,四是修身克己思想。① 这四种思想所蕴含的深刻文化精神和教育精神是中国传统文化和经济生活的坚固内核,也是中国文化精神的基因与血脉,更是中国人自古以来经济生活的哲学。

中国传统经济社会所提及的这四种思想支柱论证了两种最为重要的关系——人与自然的关系以及人与人的关系。一是人与自然的关系。阴阳五行思想是古代中国各个领域的哲学根基,是中国人认识自然和万物规律所提炼的哲学精华。在阴阳五行消长变化的思想指导下,中国人认识世界,认识自然,于是便产生"天人合一"的思想。"天人合一"即重视人和自然的和谐统一,中国人一向敬畏自然、尊重自然,希望与自然和谐相处,与此相对应的是中国的"人文精神"和"人道主义"。与之相反的西方文明则以"个人本位"自居,欲求征服和改造自然,于是便有了西方的"科学精神"和"功利主义"。对待大自然态度迥异决定了中国人自古以来对自然敬畏、顺应、感恩,这是中国人一直以来经济生活的价值观基础。二是人与人之间的关系。中国人既重视与自然的和谐统一,也重

---

① 戚万学:《道德教育的文化使命》,教育科学出版社,2010年版,第133页。

视人际关系的和谐,素有"以和为贵""家和万事兴""和气生财"之说。"中和中庸"和"修身克己"都是中国人想要追求的一种社会境界,也是中国人处理人际关系的态度和准则。这种动态的和谐和博弈,多样的统一和平衡,长久以来指导着中国人如何认识社会问题、处理人与人之间的关系,提升自我价值和自我认同。

(二)"天人合一"的伦理价值

"天人合一"是以古代儒家文化为代表的天理世界观,是古人认识人与自然关系的概括和提炼。"天"是化生万物本源,"人"是天工造化之物。所谓"天人合一"就是人与天道本质的生养、赞化、共运的关系,即人与自然的统一、协调、有机的联系。① 究其来源,一般认为"天人合一"的思想主要源自老庄的道家渊源。北宋张载第一个明确提出"天人合一"的命题,这一思想使得人们一方面认识到"天命不可违",另一方面作为现实人生必须要做到"为天地立心,为生民立命,为往圣继绝学,为万世开太平"。②

儒家所阐述的"仁"的境界是一种天生自然而成的礼乐精神,表现为《易经》思想中天、地、人之道的回归,因此"天人合一"需要回归到对传统文化"道"的探讨上来。古人对于宇宙时空即"天道"的思索、体验与玄想在思想世界构建了一个大体成型的观念性框架,即人类生活在一个由"道""阴阳""四时""五行""八卦"等整饬有序的概念构筑起来的、天地社会人类同源同构的宇宙之中。在这个宇宙之中,一切都是相互关联的,一切都是流转不居的,整齐有序的运转是正常的,同类系联的感应是正常的,在这一秩序中体现的"天道",是一切的最终依据,也是一切的价值来源。③ 在古人看来,天是道德之天,人是道德之人,甚至草木皆有情,都是有德之品性。这种"天人合一"的文化观念使得中国人自古亲近自然、敬畏自然,以人与自然亲和为文化基础。这里的"天道"不仅指自然万物运行规律,也包含"人道"即社会秩序运行的一般规律。因此,儒家文化主张"仁者爱人"、讲究"以和为贵",更有"孔融让梨"的教育故事代代相传。

"天人合一"不仅是古人的世界观和价值观,更是现代经济生活回归的精神家园。众所周知,20世纪20年代,中国文化和社会面临着严重的危机,甚至上升到了"古今中西"之争,到底是原地踏步还是"师夷长技以制夷",让那时的中国人迷茫彷徨。"面对科技理性的膨胀、人文价值的失落、意义的迷失、道德的危机、人际关系的疏离和人与自然之间的紧张对立,现代新儒家的基本思路是从'旧内圣'开出'新外王',即以'仁'和'良知'为核心的儒家道德理想主义开出'科学精神',采取返回原点进行启蒙而重新出发的策略,力图将现代性内化为中国'文化生命'的基本价值目标。"④回归绝非偶然,实属必然。西方市场经济和商业模式对我们的影响,使得人们在市场经济中以利益最大化为根本的人生准则,"一切向钱看""金钱至上"等成为部分人价值观的归属,人与人、人与自然关

---

① 戚万学:《道德教育的文化使命》,教育科学出版社,2010年版,第134页。
② 马和民:《从"仁"到"人":社会化危机及其出路》,北京师范大学出版社,2006年版,第39页。
③ 葛兆光:《中国思想史(上卷)》,复旦大学出版社,2001年版,第154页。
④ 申仁洪:《论教育科学:基于文化哲学的批判与建构》,重庆大学出版社,2006年版,第179页。

系日渐对立和紧张。因此,当今社会对精神或伦理的需求显得极为迫切,我们意识到儒家"义利观""至善""仁爱""和"才是中国人在市场经济中真正需要的精神滋养,面对现代人所遭遇的困境,"天人合一"思想能够为我们提供启发式的思考:究竟如何与自然和人相处,才能实现真正的"利益最大化"?

(三)儒家"义利观"

在"中和中庸"和"修身克己"的思想指导下,中国人首推儒家的"义利观"作为普世价值观。宋代大儒朱熹认为"义利之说,乃儒者第一义",这表明义利关系问题在儒家思想史上的重要地位。

1. 重利轻义

从"义利观"的分类来看,法家代表管仲提出"仓廪实则知礼节,衣食足则知荣辱"(《管子·牧民》),道家则以既超道义又超功利的态度来看待"义"与"利"的关系,而儒家则主张"不义而富且贵,于我如浮云"(《论语·述而》)。这三种义利观当属儒家"重义轻利"的思想对后世的影响最大。

从"义利观"的发展来看,孔孟之后西汉董仲舒提出"正其谊(义),不谋其利;明其道,不计其功"(《汉书·董仲舒传》);宋明理学家朱熹则继续发扬这种重义轻利的思想,宣扬的"利于私,必不利于公。公私不能两胜,利害不能两能"的观点,造成后人羞于言利、耻于获利的思想诟病,"义"和"利"也从此彻底分离和对立。

2. 重义兼利

春秋战国时期,人们普遍逐"利",正是在这样的历史背景之下,学术界开始探讨义利之辩。本质上说,"义"是由内向外的,"利"是由外向内,"义"与"利"的关系原本是属于前提和结果这种次序关系。首先认识到"义"与"利"属于一种次序关系的,是春秋后期的晏婴。他指出"义以生利","废义则利不立"(《国语·晋语》);孔子强调"义"与"利"的对立关系,提出"君子喻于义,小人喻于利"(《论语·里仁》);孟子提出"王何必曰利?亦有仁义而已矣"(《孟子·梁惠王上》)。但这并不表明儒家义利观强调重义轻利,其本意表达的是在追求"义"的同时也不排斥"利",认为"义"与"利"是人类生存发展所需的必要条件。孔子突出强调"义"的方面,并赋予义利关系论以明确的阶级内容,把它发展为贵义贱利论。孟子借鉴发展了孔子的义利论,从而形成了他著名的恒产论。孔孟义利观一直贯穿在中国古代经济社会发展中,直到清代,有的思想家依然坚持以义利论为基础的孔孟伦理财富观。

儒家的"重义兼利"具体来说,包含两个层次内容:首先,儒家强调"义"的作用。孔子认为,人们所做之事的价值不在于其结果,而在于所做之事是否符合"义"。孟子认为"义,人之正路也"(《孟子·离娄上》)。荀子认为"义"不仅是一把衡量君子与小人的尺度,同时也是国君在处理国家大事时应遵守的准则。其次,儒家在强调"义"的作用时并没有否定"利"的重要性。孔子认为追求富贵是人的本性;孟子也承认"利"的重要性,认为追求利欲是人的天性,提出"食色,性也"(《孟子·告子上》)。荀子肯定"利"的客观存在，他认为凡人既想要"利"，也想要"义"。儒家集大成者王夫之也说过"出利入害，人用不生"。儒家"重义兼利"思想作为儒家义利观重要内容，深刻影响后世国人，成为其行为处事的基本准则。

"重义轻利"和"重义兼利"的"义利观"是儒家思想体系中的核心内容，"君子喻于义，小人喻于利"的思想深深地印刻在国人的头脑中，以致人们耻于谈钱，故有"饿死事小，失节事大"，"不为五斗米折腰"的故事传为美谈。传统文化对于"义"的推崇和对"利"的轻视，使得国人特别是知识分子视金钱利益如粪土，以安贫乐道作为人生追求的境界。千百年来这种"义利观"对中国经济活动的基本态度和价值取向都产生了深远的影响。目前国内财经素养教育中的"三观""三境界"中涉及的财富教育、生活教育等是以这种传统思想为基本指导，在新时代的语境下继续发扬光大。

3. 以义制利

荀子在分析义利关系时，提出了"以义制利"，意味用道义节制人的基本利益欲望。荀子在肯定人有"好利""好声色"等私欲基础上同时也认为，人与动物存在区别，是因为"人有气、有生、有知，亦且有义"，"义"的存在对利起到规范作用。当代社会欲多物寡，如果一味顺从人们的本性，就会产生争抢，使社会秩序混乱，因此荀子提出"以义制利"，达到义与利的统一。他提出："义与利者，人之所两有也。虽尧、舜不能去民之欲利，然而能使其欲利不克其好义也。虽桀、纣亦不能去民之好义，然而能使其好义不胜其欲利也。"（《荀子·大略》）同时儒家也主张对"利"的追求要合乎"义"的标准。孔子说："邦无道，富且贵焉，耻也。"（《论语·泰伯》）一个人如果是通过发不义之财来达到富贵，是可耻的，表明孔子反对用不义之财获取利益。孟子也提出："非其义也，非其道也，禄之以天下，弗顾也。"（《孟子·万章上》）表明孟子认为财富的取得要遵从道义。明代著名晋商王瑶在总结一生经验时，将其概括为"以义制利"四字，表明儒家"以义制利"对国人取财之道产生了重要影响。

4. 见利思义

见利思义出自《论语·宪问》："见利思义，见危授命，久要不忘平生之言，亦可以为成人矣。"这里的"成人"指道德完整的人。在孔子看来，一个道德完善的人，首先要做到见利思义。见利思义也是孔子认为统治者必须考虑的九思之一，他说："君子有九思：视思明，听思聪，色思温，貌思恭，言思忠，事思敬，疑思问，忿思难，见得思义。"（《论语·季氏》）"得"同"利"，指个人的物质利益，看见利益要想着道义，只有每个人都能见利思义，才能建立起良好的社会伦理关系。管仲也认为不合乎公序良俗，即使得利也不能去做。见利思义在古时常用来教育为官者，梁章钜在《仕进》中说："古之仕者，以官行其义，不以利冒其官。"教育官员要用手中的权力为老百姓谋福祉，一个为官者如果见利忘义是一种耻辱，不能正确处理义利与金钱的关系容易沦为历史的罪人。儒家的见利思义也警示统治者不能只想着自己的统治利益，要解决人民的温饱，让其过上安稳生活，并对他们进行一定道德教化，维护社会安稳。

5. 义然后取

孔子曾言:"义然后取,人不厌其取。"(《论语·宪问》)在义利之辩中,当"义"与"利"发生冲突时,孟子提倡舍生取义,杀身成仁。这在物欲横流的社会中,的确是一个人为人处世的最高道德准则,如果每个人都逐利舍义,社会中将充斥虚伪与欺诈,人与人之间也将变得冷漠。荀子认为"保利非义谓之至贼",只有道义胜过利欲,社会才会安定,如果利欲胜过道义,社会就会动乱。义利发生冲突时,也要视具体情况而定。儒家按照利益主体的不同,将利分为公利与私利,即国家利益与个人利益。当私利与"义"发生冲突时,应当舍弃私利追逐"义",儒家并不反对个人追求私利,但反对将谋求私利置于维护"义"之前。儒家认为相比于私利,"义"无论在何时都具有优先性;而公利与"义"则不存在这样的冲突,因为公利本身就是一种"义"。儒家义利观也为解决义与利之间的冲突提供了一种新的解决方式,即将私利提升为一种公利,从这点上来说,义利之间也是一种相互包含关系。儒家义利观希望最终能实现"兴天下利,利济苍生",将个人的私利上升至国家、民族、人类的公利,为社会做出应有的贡献。

(四)"义利观"的哲学辩证和统一

"道德"与"利益"之间的博弈是中国传统文化几千年来的哲学议题之一,"道德"和"利益"的天平到底偏向哪边更多些,历代思想家从未停止过思考和讨论二者的辩证关系。

当代经济生活中的"道德"与"利益"在中国古代传统文化中被称为"义"与"利"的关系讨论。总体来说,儒家"义利观"肯定"义"与"利"的辩证统一关系,其认为"利"是"义"的物质基础,而"义"是"利"的精神指导,二者互相结合才能实现和谐发展。孔子经济思想的内在逻辑是通过明确人与人之间"仁爱"情理的"传递"原则,调节专制制度下不同社会阶级的政治经济关系,继而约束政治集团对社会经济的"掠夺"行为。[1] 当今时代赋予义利以新的内涵。"义"主要指增进和维护社会公共的、长远的利益和他人的利益。"利"主要指增进和维护自身的私利。[2] 在新时代的语境下,个人应当坚持义利并重、义利统一的价值观。

义利价值观古今内涵差异主要源自生产力和生产方式的不同。中国古代是传统的农耕社会,生产力低下,人们必须集中起来以家庭为生产单位,使用简单的生产工具和生产方式进行生产。有限的居住和生产环境使人们互相依附关系较强,个体地位不明显,个人道德价值被消融进了整体利益之中,于是便有了家庭、家族、宗族等集体形式。这种形式与其说是一种社会组织形式,不如说是一种经济结构和金融契约方式,因为只有这样才能保证人们在恶劣的自然环境中存活下来。

---

[1] 程霖、赵昊:《中国古代经济思想的基本结构与内在逻辑——基于权力与伦理视角的孔子经济思想考察》,载《财经研究》,2019年第45期,第81页。

[2] 武经纬、方盛举:《经济人·道德人·全面发展的社会人——市场经济的体制创新与伦理困惑》,人民出版社,2002年版,第232页。

经济全球化已成为普遍现象,市场经济大行其道,社会生产高速发展,人们已经完全摆脱了地域性的限制,这在已有的经济基础上推动人们改变传统的依附观念,向个性独立自主的方向变化。此时,人们需要的是具有独立创新精神和鲜明人格特性,不再需要把个人意志消融进整个家族和集体中去了。"在朝求名,在野求利",现代人虽然没有那么浓重的集体主义色彩,但是金钱至上的物欲又形成了新的精神枷锁。正因如此,我们更应反思,中国传统文化"重义轻利"的思想精髓是否可以在新时代赋予新的内涵。

二、道德范畴的财经观点

(一)社会财富

古代社会认定财富的方式有很多。其中西周时代的人认为"问国君之富,数地以对,山泽之所出。问大夫之富,曰有宰食力,祭器衣服不假。问士之富,以车数对。问庶人之富,数畜以对"(《礼记·曲礼》)。这里提到的土地山泽、采邑、马车、牲畜等构成了当时的财富概念。获得财富的方式也有很多,据《大戴礼记·武王践阼》记载,"慎之劳,劳则富",这是最早出现的劳动致富的观念。我们可以初步认为,当时已经把劳动力作为一种生产资源来对待了。众所周知,人力资源是当代社会重要的生产资料,这一思想早在千年前的周代就已经被古人认识到了。春秋战国时期财富观不单纯是经济思想的一种表现形式,而是政治思想与经济思想相结合的一种模式,是中国古代政治制度对经济基础的特殊要求。所以,该时期的财富观把维护道德有序与政治稳定的目标一同纳入经济政策中,从而形成独具特色的财富思想。

1. 孔子的"以义致富"观

早在西周时代人们已经认识到辛勤劳动会使人致富,这一时期的孔子在《论语·述而》中揭示了人们追求富裕的心理"富而可求也"。他主要从伦理规范方面提出他的财富观点,伦理规范对制约人们经济活动有一套严格的道德标准,它重点讲"义",并且强调"礼"。孔子认为,贫贱是"人之所恶",人以贫贱为耻,人们在一定条件下要积极追求财富,但"生死有命,富贵在天",区分社会尊卑的"礼"已经由天命安排好了,"富与贵,人之所欲也",想要主动摆脱贫困追求财富也是允许的,不过必须以"义"获取财富,"不义而富且贵,于我如浮云"。

2. 孟子的恒产论

孟子认为"有恒产者有恒心"(《孟子·滕文公上》)。这是古代的一种财富占有理论,在当代称之为产权思想,表现为财富的归属,即财富的所有权。在当时来看,正是财富和产权结合的一种反映,二者结合生成财产占有权意识。除恒产论之外,孟子也坚持孔子的财富观点,强调谈论财富不能完全离开道德规范,但较之进步的是提出,当获取财富与道德标准出现矛盾时,可以权衡其轻重本末然后再做取舍。孔孟从伦理角度看待财富,这种对待财富的态度成为儒家经济思想的核心,以伦理制约人们的经济活动,构成经济思想的特色。

3. 荀况的适度求富论

荀况在财富观上认为求富欲望会形成财富观,无度的求富会导致对财富的争夺,"以所欲为可得而求之,情之所必不免也"(《荀子·证明》),"欲而不得则不能无求,求而无度量分界,则不能不争"(《荀子·礼论》),求富欲望完全灭除不太现实,通过适度调节、节欲,把不适度的财产占有权意识调整适度方才可行。

4. 韩非子的辩证财富观

韩非子则从供求的变化中辩证看待财富和财产权。"不事力而养足,人民少而财有余,故民不争"(《韩非子·五蠹》),韩非子点出了供求关系,求小于供不会引起对财富的争夺,求大于供容易引起争执。在当时来看,这种观点已经十分难能可贵了,比西方古典经济学的供求平衡理论早了千年。

5. 管子的财富差距论

管仲是齐国的丞相,具有强大的财富管理能力。他对财富与治国的关系认识,以"仓廪实则知礼节,衣食足则知荣辱"而著名。他通过相地而衰征、盐铁专卖,达到"见予之形,不见夺之理",不同行业采取不同的轻税政策,取得积极成效,率领齐国走上富国强兵之路。他对财富有着独到的认识,"粟也者,民之所归也。粟也者,财之所归也。粟也者,地之所归也。粟多,则天下之物尽至矣。"(《管子·治国》)粮食是古代社会最重要的财富,农业提供了民众衣食的来源,是富民的根本。要想使百姓丰衣足食,必须抓住粮食这一命脉。再次肯定了农业是一国的经济命脉,以发展农业为立国之本。在社会财富的分配上,管仲主张"贫富有度",合理分配社会财富。关于社会的贫富差距,管子首先提出贫富差距过大会危害社会,造成社会秩序的混乱。"上下乱,贵贱争,长幼倍,贫富失,而国不乱者,未之尝闻也。"(《管子·五辅》)如果贫富悬殊超出一定限度,势必引起社会秩序混乱,危及社会稳定。

6. 商鞅的财富货币关系理论

战国时商鞅在秦国实施变法,变法实行土地私有制,废井田、开阡陌;重农抑商、奖励耕织;增殖人口、征发徭役和户口税,发展封建经济;统一度量衡,保证国家的赋税收入。由于商鞅的改革,后来秦国才有足够的经济实力成为六国的霸主,一统天下。商鞅的主要经济思想从所著的《商君书》中得以体现。"金生而粟死,粟死而金生",商鞅对于国家财富和货币之间的关系理解也是非常透彻的,在当时战乱背景之下,金银不是财富,真正的财富是可以提供劳动力的再生产以及使军事力量增长的实业。

(二)国家层面的消费观

1. 秦汉时期的消费观

众所周知,作为"战国七雄"之一的秦一统天下,但秦也是历史上少有的短命王朝,残暴的秦始皇穷奢极欲的消费思想突出表现为修建豪华宫殿和惊人的墓葬铺张,这种以顶层奢侈与底层紧缩的消费思想不仅加速秦的灭亡,也为汉初"休养生息"政策提供依据。

汉代的皇帝深知秦奢亡国,前车可鉴,所以吸取秦亡国的教训,以节俭为消费指导思想,为后世树立了榜样,也为汉初的经济恢复起到重要的作用。因为消费涉及生产、交换、分配等领域,汉代的节俭消费思想不仅体现在用度上的省吃俭用,还有政策上对经济的刺激,如减免田租,鼓励农桑,皇帝亲率天下农耕,皇后亲桑以奉祭服,不受献,精简官员,省徭役,减口税。① 除此之外,统治者还在诏书中明文规定不能生产奢侈品。这一时期较有名的消费思想是陆贾的浓厚的自然经济消费观,他认为"五谷养性,而弃之于地;珠玉无用,而宝之于身",他认为扭转奢侈的风气从上做起。同期的贾谊给节俭和奢靡分别下了定义,"广较自敛谓之俭,反俭为侈;费弗过适谓之节,反节为靡",这是给消费定义的第一人,很明显贾谊及所在的朝代已经认识到节俭和奢靡是一对反义词。

2. 盛唐时期的消费观

唐太宗李世民以隋亡为鉴,在位期间实施系列改革措施,发展生产、节省开支,民风简朴,官员节约,创造了"贞观之治"的盛世景象。唐太宗把黜奢崇俭作为君主道德规范,他列举了五点理由说明崇俭的重要性,分别是常保富贵、表率臣民、百姓温饱、修身养性和安息黄泉。他说:"奢侈者可以为戒,节俭者可以为师矣。"有诗为证:"望古茅茨约,瞻今兰殿广。人道恶高危,虚心戒盈荡。"唐太宗节俭的消费思想比较系统地总结吸取前人的经验教训,对后世有深远的影响,为盛唐鼎盛繁荣做出了应有的贡献。除此之外,白居易的贫穷论、奢俭论、知足论也是比较有名的消费理论。

3. 宋元时期的消费观

相比前面两个时期的消费观,宋元时期的消费观有了新的内容,比如有批评俭德之说,通货膨胀刺激消费等。北宋的李觏十分强调收入对消费支出的决定性意义,他说:"治国之实,必本于财用。盖城郭宫室,非财不完;羞服车马,非财不具;百官群吏,非财不养;军旅征戍,非财不给……"面对奢侈的风气,他提出了一些措施来治理,比如重申等级消费制、抑制奢侈品制作和贩卖、统治者带头节俭、鼓励妇女参与生产和约束妇女消费。②

北宋王安石认为,当时财政的苦难是由于费出无节和失生财之道。他的"积之涓涓而泄之浩浩"非常形象生动地概括了古代的积累和消费特征。但这种古代节俭的积累是一种简单的聚集,是为了今后的消费做准备,和近代西方社会资本的积累有着本质的区别,中国古代的消费节俭本质是一种小生产者的意识。

朱熹的消费道德论与儒家一脉相承,他认为人应该具备消费道德原则,"虽圣人不能无人心,如饥食渴饮之类;虽小人不能无道心,如恻隐之心是"。道心驾驭人心,人心顺从道心,这便是朱熹认为的消费道德原则。这种消费道德具有现实意义,当代财经素养教育中提到的"合理的消费观",其真正含义就是一个消费者应该自觉地以道德、法律和规章制度来约束自己的消费行为。消费行为不是简单的、随意的买卖交易行为,消费行为

---

① 欧阳卫民:《中国消费经济思想史》,中共中央党校出版社,1994年版,第184页。
② 欧阳卫民:《中国消费经济思想史》,中共中央党校出版社,1994年版,第276页。

首先要合法合规,其次不能影响到其他人,最后要有积极的社会意义。比如公款吃喝、过度浪费、买卖违法违禁物品就是不道德甚至是违法的消费行为,是我们必须抵制和反对的消费行为。

4. 明清时期的消费观

明清时期的消费观比起前几个时期有了更多不同的声音,有人公开反对传统的消费信条,有人猛烈攻击君主消费,有人喜谈饮食穿戴。明朝学者陆楫曾提出反禁奢论,他在其《蒹葭堂杂著摘抄》中提出:"天地生财,止有此数,彼有所损,则此有所益。吾未见奢之足以贫天下也。自一人言之,一人俭则一人或可免于贫。自一家言之,一家俭则一家或可免于贫。至于统论天下之势则不然。治天下者,将欲使一家一人富乎?抑亦欲均天下而富之乎?""俭"只能使一人或一家免于贫困,而"奢"能使天下富强。他的观点与他所处的时代和地区有着直接的联系。随着明代中后期我国沿海地区商品经济的发展,人们思想发生了明显的变化,对传统的"崇俭黜奢"消费观提出疑问。另外,陆楫观察了当时江浙地区的情况,在《蒹葭堂杂著摘抄》中有这样的描述:"大抵其地奢则其民必易为生,其地俭则其民必不易为生者也……盖俗奢而逐末者众也。只以苏杭之湖山言之,其居人按时而游,游必画舫肩舆、珍馐良酝、歌舞而行,可谓奢矣……不知所谓奢者,不过富商大贾,豪家巨族,自侈其宫室车马、饮食衣服之奉而已。彼以粱肉奢,则耕者庖者分其利,彼以纨绮奢,则鬻者织者分其利……"可见,财富在富人的奢侈消费中重新获得分配,服务行业得到发展,并希望政府、社会不要对"奢"采取打压政策,这实际反映着江浙地区商人渴望扩大消费以不断刺激生产、开拓市场的欲求。

魏源是中国近代最早提出学习西方的思想家和史学家,他在《默觚》中讨论了奢俭问题。他认为:"俭,美德也;禁奢崇俭,美政也。然可以励上,不可以律下;可以训贫,不可以规富。"这明确指出崇奢只限于富人,而统治者则应崇俭。因为上行下效,会导致整个社会生活资料的严重不足。"不足生觊觎,觊觎生僭越,僭越生攘夺",这样帝王就"常居天下可忧之地矣"。贫民则因财产有限,自然只能过节俭的生活。对于富人,魏源认为如能崇奢,在车马、衣裳、酒食、鼓瑟等方面尽情享受,就会与穷人"通功易事",可以"泽及三族"。对于这种奢,国家决不应该禁止。如果禁止,只能造成"富者益富,贫者益贫"。

(三)个人消费思想

如何处理生产与生活、积累与消费的关系,自古都是人们所面临的棘手问题。古代的消费结构与现代消费结构不完全相同,在充满封建迷信色彩的古代,宗教性、礼节性的开支比较大,那时的商品经济相对落后,社会产能有限,并不鼓励个人消费,先秦的诸子都提倡黜奢崇俭,鼓励老百姓知足常乐,根源在于当时落后的生产力状况。但古代所提倡的节俭和积累是一种简单的聚集,是为了今后的需要和消费,和近代西方社会资本的积累有着本质的区别,中国古代的消费节俭本质是一种小生产者的意识。但是"黜奢崇俭"在中国经济思想史上居于统治地位。时至今日,"成由俭,败由奢"仍是被广泛引用的一条古训,也是家喻户晓的教子名言。

1. 孔子的奢俭思想

孔子的消费思想，总的说来是崇俭，其特点是孟子所概括的"节用之礼"。孔子认为，节俭胜于奢侈，"奢则不孙（逊），俭则固。与其不孙（逊）也，宁固"（《论语·述而》）。例如，孔子在日常生活中身体力行，严守礼所规定的标准。但孔子主张的俭，并非巴尔扎克笔下的"金钱人"的俭，他反对吝啬，反对俭而违礼。此外，孔子在《论语》中不止一次地说，消费资料或生活资料的来路要清白，要符合"义"。宁肯受穷也不可不义地去富贵。子曰："富与贵，是人之所欲也；不以其道得之，不处也。贫与贱，是人之所恶也；不以其道得之，不去也。"（《论语·里仁》）孔子思想最终上升成为封建社会的正统思想，所以孔子的消费思想比如重民重食、见利思义、发愤忘食等在今天来看仍然发人深省①。

2. 孟子的消费思想

孟子是先秦激进的民本主义者，他主张发展生产，改善人民的物质文化生活。他认为与民同乐谓之乐，统治者的消费行为是否奢侈，要看这种行为是否符合民意，有无损害老百姓的利益。孟子所提倡俭有别于其他，他说"俭者不夺人"，节省的人不侵夺别人，意思是说我享用分内的财产，无论高低，都是俭的范畴。

3. 墨子的节用论

墨子消费思想主要是"节用"，即在食、衣、住、行各方面的消费都以满足基本生活需要为标准。墨子节用论的原则就是民用和民制。针对过度耗费物质财富的贵族生活方式，墨子告诫统治者有没有节俭的美德，是关于国家贫富兴亡的大事，说"俭节则昌，淫佚（逸）则亡"，并指出统治者必须节用五项东西："当为宫室，不可不节"，"当为衣服，不可不节"，"当为饮食，不可不节"，"当为舟车，不可不节"，"当为蓄私，不可不节"。节用论是墨子经济思想的主要内容，在他的经济思想体系中占据枢纽地位。他站在平民的立场，揭露和批评了当时统治者奢侈消费的生活方式，指出对百姓横敛暴征、巧取豪夺的生活方式是"单财劳力，毕归之于无用也"（《墨子》），势必会引起人民的反抗，造成社会的动荡不安。基于此，统治者应"节用""节葬""非乐"。

4. 老子的无为消费思想

在先秦诸子的消费思想中，以老子为代表的道家是最彻底的崇俭派。老子尊道贵德，提倡无为而治，主张小国寡民，反对奢侈的生活方式。他说："朝甚除，田甚芜，仓甚虚，服文彩，带利剑，厌饮食，财货有余，是谓盗夸，非道也哉！"（《老子·德经》）他视奢侈的生活方式为强盗行径，认为俭能长久。"我有三宝，持而宝之：一曰慈，二曰俭，三曰不敢为天下先"（《老子·德经》）。由此，老子认为"圣人去甚，去奢，去泰"，"大丈夫处其厚，不居其薄；处其实，不居其华"，要求"见素抱朴"。（《老子·德经》）在他看来，俭朴的生活既符合自然法则又有益于人的身心健康。西汉的盐铁会议后，黜奢崇俭在中国经济思想史上居于统治地位。时至今日，"成由俭，败由奢"仍是被广泛引用的一条古训。

---

① 欧阳卫民：《中国消费经济思想史》，中共中央党校出版社，1994年版，第265页。

5. 管仲的崇奢消费思想

管仲的消费思想主要由节俭消费原则和侈靡消费主张两方面的内容构成,这二者似乎是矛盾的,但管仲认为节俭和侈靡是有条件的,"俭则伤事,侈则伤货",并指出"兴时化莫善于侈靡",还特别说明"若岁凶旱水泆,民失本,则修宫室台榭,以前无狗后无彘者为庸。故修宫室台榭,非丽其乐也,以平国策也"(《管子·乘马数》)。因此,"圣人"提倡侈靡,绝非为侈靡的享乐而侈靡,主要是用以扩大就业机会,从而有助于此后"本事"(农业)的恢复和繁荣。

同时,他又指出侈靡只能在有财富积蓄的情况下实行,因为只有"积者立余日而侈,美车马而驰,多酒醴而靡"。他坚持"富者靡之,贫者为之"(《管子·侈靡》),也就是说,富人侈靡的消费会给贫者提供工作的机会。所以,人们的生产谋食活动不仅是为了自己,也是为了他人的消费,为了鼓励富人的高消费。当然管仲也认为高消费是有条件的,"危隘之国"便不能施行"泰奢之数",因为危隘之国食无余积,贩无储备。管仲的奢俭消费思想是我国古代消费思想的一大特色,他引导国君和百姓适度消费,以消费带动经济的发展,是我国历史上第一次肯定侈靡的经济价值,即不仅可以促进生产和增加就业机会,而且可以促进共同富裕。

6. 荀况的奢俭适度消费思想

奢俭适度消费思想的主要代表人物是战国时期的荀况。他提出了欲望论,认为人们的欲望是天生的和本能的,而追求它们的满足也是合乎自然的行为,为此,他既反对墨子式的节俭,也反对齐桓公式的挥霍无度。他说:"墨子虽为之衣褐带索,啜菽饮水,恶能足之乎?既以伐其本,竭其原,而焦天下矣。"意思是人们粗衣恶食,奉养太薄,生活太俭,既损害了健康又影响了生产的发展,因此"墨术诚行,则天下尚俭而弥贫"。(《荀子·富国》)同时,荀况也反对统治阶级的豪华奢侈,荒淫无度,他认为,统治阶级奢侈无度,只会腐朽堕落,是乱世之征兆。纵欲是没有出路的,它会导致整个社会的崩溃,反过来,他认为应积极生产,创造社会财富,使欲望得到一定程度的满足,苦行节约是不必要的,还会招致再生产的萎缩,市场萧条,使整个社会走向贫困。总之,荀子的消费观是合理的欲望应得到尊重并设法满足,不合理的欲望应予以节制,增加物的生产以满足欲望,由欲望产生需求,而需求的扩大则可刺激生产,欲、物互相刺激,使不断增长的欲望得到充分的满足,从而使人们的生活水平日益提高。

(四)环境与资源保护

虽有"人定胜天"的信心,但中国人始终清醒地认同人和自然必遵循和谐统一之道。人从自然而来,故要回归自然中去,违背自然必然遭到惩罚。这便是中国最古老最传统最朴素的唯物论思想之一。中国传统文化中的"天人合一"思想让人们明白要想和自然和谐共处必然要顺应自然。

在古代因为没有现代工业,所以不存在环境污染的问题,古人的环保意识主要体现在对生物资源的保护和利用。生物资源包括人工种植和饲养,生物有着自己的成长规律,只有认识并利用好它,才能得到最好的利用。古代的思想家已经认识到了这点并对未成熟的生物资源进行保护,以实现可持续发展。

春秋的管仲指出"山泽各致其时,则民不苟"(《国语·齐语》),规定开发山泽资源的时间不到生物成熟之时不加以采捕。战国时,孟子指出:"数罟不入洿池,鱼鳖不可胜食也;斧斤以时入山林,材木不可胜用也。"(《孟子·梁惠王上》)捕鱼不能用密网,使小鱼不至落网而丧生;砍伐树木应有适当时令,使未成材的树木得到保护。荀子则认为君主管理国家,应做到"万物皆得其宜,六畜皆得其长,群生皆得其命"(《荀子·王制》)。对生活来说关键在于掌握其生长规律。《吕氏春秋》把保护生物资源的时令主要放在春季,规定正月"禁止伐木,无覆巢,无杀孩虫胎夭飞鸟",二月"无竭川泽,无漉陂池,无焚山林";《礼记·王制》中规定的禁止买卖的商品,其中有"五谷不时,果实未熟,不粥于市。木不中伐,不粥于市。禽兽鱼鳖不中杀,不粥于市",以未到食用期的生物不得上市的办法来保护生物资源。

春秋战国时期的思想家已初具物种保护的意识,不得不说是超前的经济思想体现,到了秦以后,这种环保思想已经体现在了国家法律层面,成为执政者的政策制定方针,有些朝代就制定了法律强制实施。比如云梦出土的秦简《田律》有条文这样规定:"春二月,毋敢伐材木山林及雍堤水。不夏月,毋敢夜草为灰……百姓犬入禁苑中而不追兽及捕兽者,勿敢杀……"宋朝时期,宋太祖规定:"令民二月至九月无得采捕虫鱼,弹射飞鸟,有司岁申明之。"国家颁布法令保护环境,充分说明了古人已经深刻认识到自然资源的稀缺性,认识到了环境和经济发展和谐统一的关系,通过国家强制手段实施环保政策。

从上述保护动、植物的措施可以看出,我们的祖先很早就知道了人类与大自然要和谐相处,提倡保护生物资源、保护生态平衡。尽管是千年之前的话题,至今仍具有现实意义,人与自然的和谐共处是当代财经素养教育的重要内容,我们不能以牺牲自然环境和过度消耗资源为代价来换取经济建设的发展,绿水青山才是我们的金山银山。

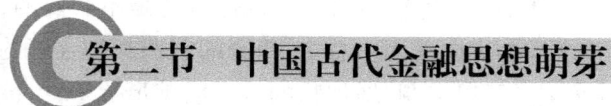 第二节　中国古代金融思想萌芽

一、价格的供求机制

春秋战国时期关于金融方面论述较多的是《管子》。《管子》中《揆度》的章节论述了供求法则"今谷重于吾国,轻于天下,则诸侯之自泄,如原水之就下。故物重则至,轻则去",这应该是价格供求机制的最早提法。管子用流水的比喻来解释市场会根据价格进行自我调整,强调了市场的自发调节功能。西汉的司马迁在《史记·货殖列传》中也有对价格供求机制的阐述,更为进步的是对待经济问题的处理方法,他提出"善者因之,其次利道之,其次教诲之,其次整齐之,最下者与之争"。"善者因之"则是对于经济规律的把握和认识,司马迁认为应该顺应经济规律,顺应自然,用价格机制来调整市场上出现的经

济问题,而不是过多人为地加以干预。中国古代价格机制逻辑非常严谨,并被清晰地记录了下来,这比古典经济学之父亚当·斯密提出的"看不见的手"早了两千多年。

二、货币理论

(一)货币交易媒介功能

《管子·国蓄》中还阐述了一个非同寻常的复杂货币理论,这被认为是第一个有关金钱的量的理论。①"三币握之则非有补于暖也,食之则非有补于饱也,先王以守财物,以御民事,而平天下也。"货币具有管理人民、为世界带来和平的能力,而军队、法律条规则不然。货币政策和直接的国家法令不同,它是一种能带来期望中的改变的聪明办法,铸币厂被认为是政府非常重要的机构。②《管子》认为货币不是经济政策的目标而仅仅是媒介,文中为了解释这个抽象的概念选择了一个生动有趣的比喻。《管子》中写道"刀币者,沟渎也",是说钱币就像将水引向田地的沟渠,或者像引导血液的血管,货币像沟渠一样引导着经济活动。习近平总书记在中共中央政治局第十三次集体学习时指出,"经济是肌体,金融是血脉,两者共生共荣"。这和管子的观点有异曲同工之妙,管子的理论暗示了统治者只要控制了沟渠就控制了国家的全部财产,这一精辟的言论在当时而言非常难得,欧洲的哲学家花了两千多年的时间才明白了这点。

(二)货币需求理论和流动性

司马迁在《史记·货殖列传》中记录了越大夫范蠡之师计然的金融思想。计然通过国家金融管理帮助越王勾践十年富国强兵一举灭吴,他提出的"财币欲其行如流水"虽然是寥寥几个字,但却透露了现代金融市场的重要原则——货币的流动性。计然认为货币和货物要迅速地流动起来才可发挥作用,如果僵死在那里是不能产生效益的。一定数量的货币每年周转一次和每年周转数次所带来的市场交易数量是截然不同的。现代货币学家费雪(Irving Fisher)在1911年《货币的购买力》一书中提及的方程式 $M·V=P·T$(费雪方程式)作为宏观经济运行的行为方程,表明实现一定的交易总额($P·T$)所需要的货币流通量。③ 费雪方程式是现代货币需求理论的重要模型,它阐述了货币流通速度对货币需求量的影响,当货币供给量 M 稳定时,流动速度越快,货币需求量($M·V$)就越大,越能满足不断增长的市场交易需求。费雪方程式和计然的金融理论在学术观点上具有一致性,经济活动中通过资金的快速流动,能产生更高的投资收益,同时使得财务风险有效可控。

三、早期经济周期理论

经济周期亦称经济循环或商业循环,意指资本主义市场经济生产和再生产过程中周

---

① 威廉·戈兹曼:《千年金融史》,中信出版集团,2011年版,第116页。
② 威廉·戈兹曼:《千年金融史》,中信出版集团,2011年版,第117页。
③ 宋承先:《现代西方经济学:宏观经济学》,复旦大学出版社,1997年版,第185页。

期性出现的经济扩张与经济紧缩交替更迭循环往复的一种现象。① 很有意思的是中国哲人早在春秋时期就已发现此规律,司马迁在《史记·货殖列传》中记录"六岁穰,六岁旱,十二岁一大饥"。中国古代是农耕社会,这里六年丰收,六年干旱,十二年一饥荒实际上指的就是经济周期,每个周期约12年。在现代宏观经济学中,我们一般把经济周期分为四个阶段,即经济扩张(繁荣)阶段、紧缩(萧条)阶段、危机阶段和复苏阶段。② 一般而言,现代社会的经济周期大致在8~10年,人的一生大约会经历8个经济周期,除去幼年和老年阶段,与我们相关的大致有4个。这和《货殖列传》中所提到经济盛衰交替出现的周期基本一致。正因古人认识到了市场有这样的规律和周期,才有了以下的关于萌芽时期的金融投资思想。

四、古代金融投资思想

正是有了经济周期的概念,古人产生了"旱则资舟,水则资车,物之理也"(《史记·货殖列传》)。旱的时候要去投资船,涝的时候要去投资车。投资就需要与市场逆向的思维,换言之需要把眼光放长远,提前谋略布局,在商品价格低时买入,而在大家都追涨的时候卖出,方能赚取差价。"夫岁孰(熟)取谷,予之丝漆;茧出取帛絮,予之食。"(《史记·货殖列传》)讲述的同样的道理,庄稼成熟的时候,粮食便宜,就应当买进谷物,出售丝漆;蚕茧收获的时候,丝物便宜,就应当买进丝帛,卖出粮食。利用商品供求定理规律,市场供应多时价格低可以多买入,在需求多的时候卖出该商品因为可以卖上价,时刻关注价格,让它成为投资的核心指标。"贵上极则反贱,贱下极则反贵。贵出如粪土,贱取如珠玉。"(《史记·货殖列传》)这是千年前投资者的座右铭,意思是价格上升到极点的商品要及时卖出,像粪土一样抛弃,价格降到极点的商品要果断买入,像珠宝一样珍惜。这两句话阐述的道理是利用市场的不理性的价格波动赚钱,当价格偏离价值很多的时候要果断利用这样的机会,买低卖高,实现收益。事实上,古人也告诉了我们这个道理:资产无所谓好坏,只要带来利润的就是好资产,反之就是不良资产,会带来损失,不值得配置。

五、最早的纸币发行制度

中国最早的纸质货币是由宋朝政府官方发行的交子,而西汉的白鹿皮币和唐朝的飞钱形式上最多算商业汇票。北宋政府对交子的发行和管理类似于现代货币管理制度,规定了发行界兑制度、发行限额制度和发行准备制度。③ 在中国古代历史上,北宋是铸造铜钱最多的朝代,相对于高速增长的商品经济而言,货币总量仍然严重不足,交子的产生对商品经济的发展起到了推动和促进作用。但好景不长,这种制度维持了80多年走向了

---

① 宋承先:《现代西方经济学:宏观经济学》,复旦大学出版社,1997年版,第411页。
② 宋承先:《现代西方经济学:宏观经济学》,复旦大学出版社,1997年版,第411页。
③ 石俊志:《宋徽宗改交子为钱引——中国古代最早的货币交子的演变》,载《金融博览》,2012年第11期,第34页。

衰落。因为连年的战事导致开支增大，政府增发交子以助军费，交子发行量达到每届发行限额的 20 倍之多，形成了严重的通货膨胀。[①]《宋史》载："大观中，不蓄本钱而增造无艺，至引一缗而当钱十数。"其原因是宋朝政府在不增加发行准备前提下滥发纸币，导致交子迅速贬值，最终政府将交子改为钱引，但钱引并没有改变这种恶劣的金融局面。虽然交子、钱引最终退出了流通，但是对于历史而言，交子具有重要的意义，因为它是历史最早的纸质货币，更值得研究的是，纸质货币的发行一般都需要在金、银本位制之后，而北宋时期出现的这种类似欧洲金本位制后出现的现代货币制度，的确是中国在文明竞赛中的顶峰时期领先西方的证据，宋朝政府为防范金融市场风险和提高货币兑换效率的系列发行规范和制度，不得不说是我国金融史上的创新和奇迹。

第三节 中国古代儒商经营和管理

经济伦理，是将伦理对事物本质（气、形质）、认知方法（识别、分类、分层）及规律阐明的功能，应用于社会再生产中的经济活动（组织、分工和控制），旨在理顺经济关系，最终提升劳动生产率与经济效益。[②] 经济伦理的管理思想是运用古代社会经济思想和伦理方法，对社会经济再生产进行分类管理，从而提高生产、工作效率，以促进经济和社会再生产的发展。

一、伦理指向的经营和管理

（一）社会分工与生产

1. 社会分工的早期观念

早期的人类分工在四千年前尧舜时代已经出现，实现了农牧业的第一次社会大分工。在《孟子》《墨子》《韩非子》《吕氏春秋》《尚书》等古籍中出现了"舜耕历山，渔雷泽，陶河滨，作什器于寿丘，就时于负夏"的传说，那时已有了耕、作、陶、渔、贩等社会分工。原始社会末期氏族内部没有专门商业，酋长代表本氏族进行交换，到了夏，手工业者有一定发言权，但仍保留着氏族成员平等地位，仍未变成奴隶。到了商代，逐渐形成了父子相承的手工业家族，他们之间已经有了明确的分工。《周礼》把人的职业分为九种，以九职任万民：一曰三农，生九谷；二曰园圃，毓草木；三曰虞衡，作山泽之材；四曰薮牧，养蕃鸟兽；五曰百工，饬化八材；六曰商贾，阜通货贿；七曰嫔妇，化治丝枲；八曰臣妾，聚敛疏材；九曰闲民，无常职，转移执事。（《周礼·天官冢宰》）这九大职业的前四项属于广

---

① 石俊志：《宋徽宗改交子为钱引——中国古代最早的货币交子的演变》，载《金融博览》，2012 年第 11 期，第 35 页。
② 张增强、张一农、张超逸、赵智泉：《中国古代社会经济思想精华承传脉络考》，载《河北经贸大学学报》，2013 年第 4 期，第 123 页。

义的农业。《考工记》里记载了周代的手工业六大分工,并且细分三十个工种,这些手工业者的生活资料由政府提供。由此可见,在炎黄神农时代以及商周时期,人们已经意识到了劳动分工对于生产效率提高的促进作用,社会在生产过程的四个基本环节中形成,并且以国家的力量来推动这种分工的实现,促进经济发展。

2. 进一步发展的劳动分工理论

管子传承文王、周公之法,提出的"士农工商职业划分说",即"四民分业说",是先秦较早的社会分工观点,涉及兵、农、工、商四个职业,强调分工的职业必须世代相承。在四民"业分而专"的基础上,又提出"四民分业定居论",即"定民之居,成民之事","士就闲燕,工就官府,商就市井,农就田野"。

孟子从人们通过交换才能获得所需方面指出社会分工的必然性,还进一步从交换的利益说明了社会分工的利益。孔子有性别分工论,《礼记·礼运》中"男有分,女有归"之说,指男性从事政治活动或服役,女性担当家务,管理家庭。孟子在此基础上,又引申了"劳心者治人,劳力者治于人"(《孟子·滕文公上》),实际上是提出体力劳动和脑力劳动的区分,但在当时这种分工理论演变为阶级的分野。墨子认为"丈夫从事耕稼树艺""妇人从事纺绩织纴",分工既有自然的因素,又有能力的因素,性别决定了分工的不同。管仲的四民分业分工理论,孟子的在生产过程中的专业分工,孔子的家庭内部管理与生产的分工,墨子的自然、能力因素分工,基本代表了先秦的劳动分工的主流观点。在当时分业分工有利于百姓专心于本职,有利于社会再生产和理顺经济关系。

3. 重农思想的萌芽

古代中国是一个自给自足的农耕社会,社会财富主要由农业生产创造。农业提供了人们的基本生活资料,也是统治阶级物质享用的源泉,因此重农思想的产生与农业是立国之本密不可分。相传周的始祖是弃,也就是后稷。他在帝尧时代是掌管稼穑的长官,因此周人向来以善于稼穑而著称。西周的农业发展迅速,生产工具比商有了一定程度的发展,统治者已经认识到了农业生产的重要性,把重农作为基本的国策。因为在当时社会第二产业几乎没有,第三产业极其不发达,"民以食为天",农业就是当时社会的第一产业。

西周的土地管理制度是井田制,天子和诸侯直接经营管理的土地被称为"籍田"。周统治者总结了商朝灭亡的根本原因是统治者不懂得农业生产的艰难,不了解劳动者的辛苦,只知道享乐,认为他们"生则逸,不知稼穑之艰难,不闻小人之劳,惟耽乐之从"(《尚书·无逸》)。为了避免重蹈商朝亡国的覆辙,周公告诫子孙要"先知稼穑之艰难",因此西周统治者都很重视农业生产,并且大都身体力行。当时的卿士虢文公曾进谏"夫民之大事在农,上帝之粢盛于是乎出,民之蕃庶于是乎生,事之供给于是乎在,和协辑睦于是乎兴,财用蕃殖于是乎始,敦庞纯固于是乎成,是故稷为大官"(《国语·周语上》)。他认为农业是扩大财富的起点、增加人口的条件、各种费用的来源、巩固统治秩序的根本。财富要从农业获取,对农业生产决不能放松。从流传下来的文学作品中,我们能感受到当时社会对农业的重视。《诗经》中对农事活动的热情讴歌，《周礼》中对于增加农业人口、扩大耕地面积以及如何提高农业生产力的记载不胜枚举，《周易》中也有反映重农思想的记载，主要表现在重视对土地的开垦和利用。

（二）"量入为出"的国家财政管理思想

在国家宏观管理方面有老子的"无为而治论"、管子的"轻重论"、司马迁的"善因论"。中国古代的财政平衡管理起源于春秋战国时期，这种思想最初的目标是每年实现收大于支，因为古代人民对抗自然灾害和战乱的办法就是增加财政储备，多数寿命较长的王朝经历过这样的阶段。后来，统治者在管理国家过程中不断地总结，得出实现财政收入大于支出或财政平衡的一条重要原则——量入为出。量入为出的"入"不是随心所欲的决定，而是建立在"薄税敛"的基础上。"量入为出"的思想已经见诸先秦的思想中，孔子、孟子、管子、荀子等思想家都提出了"薄税敛"的财政政策主张，虽无"量入为出"或"财政平衡"等字样，但思想体系已经属于量入为出的范畴，并且已经深入贯彻到了国家的日常管理中。《周礼》中把赋分为九种，称"九赋"，贡分九类，称"九贡"。此外还有万民之贡，提出对赋和贡的收入实行专项专用。比如九赋的用途有九式"一曰祭祀之式，二曰宾客之式，三曰丧荒之式……"从记录中我们能够看出《周礼》对财政收支平衡的考虑是贯彻了量入为出的原则的。当代财经素养教育中也有"量入为出"的个人财务管理教育思想，这种收支平衡的财政管理方式不仅适用于国家，也适用于家庭的管理和经营。

二、儒商与企业经营管理

值得一提的是在中国古代的经营管理中，由儒家文化所衍生的一类产物——"儒商"，这种扎根中国大地独有的商业精神成为对后世影响深远的一种企业家精神和市场交易道德准则。

我国最早有史书记载的商业活动，就是夏朝中期殷人"肇牵牛车而远贾"。居住于今河南商丘的王亥带领商族人"做服牛""以为民利"，以帛和牛当货币，在部落间进行交易，后人尊称其为"华商始祖""中斌财神"。司马迁在《史记·货殖列传》中记载："昔唐人都河东，殷人都河内，周人都河南。夫三河在天下之中，若鼎足，王者所更居也，建国各数百千岁，土地小狭，民人众，都国诸侯所聚会。"在中国古代，商人和商业都是发源自中原地带，也就是现在的河南地区，因此，人们就把从事贸易活动的商部落人称为"商人"，把用于交换的物品叫"商品"，把商人从事的职业叫"商业"。"商人"一词由此得名。

中国古人把具备儒家操守的成功商人称为"儒商"。儒商，是"儒"与"商"的结合体，既有儒者的道德和才智，又有商人的财富与成功，是儒者的楷模，也是商界的精英。儒商精神传承了千年，从儒商中发展出来的徽商、晋商、豫商等都是儒商精神的典范，也是我国财经素养教育中有关于市场交易、诚信经商等教育内容所追溯的文化源头。司马迁在《史记·货殖列传》中记载了子贡、范蠡、白圭等儒商典范的经商故事。其中，孔子得意门生子贡,经商于曹、鲁两国,依据市场行情,适时应变,贱买贵卖,从中获利,以成巨富。在经商过程中,子贡始终秉承诚信和诚实原则,而且把财富作为实现理想抱负的工具。所以,司马迁在《史记·货殖列传》中以相当的笔墨对其予以表彰,肯定他在经济发展上所起的作用,以及在仁义、诚信上的修为。因为子贡复姓端木,所以,这种诚信经商的作风,也被称为"端木遗风"。子贡在当时也被尊称为儒商鼻祖。近代史中明清时期豫商代表"康百万"和其"留余"家训更是打破"富不过三代"的魔咒,实现了财富传承十二代不衰,家族兴旺四百多年。康家从来不计较个人得失,历代多行善举,修筑河堤,捐资助学,遇到灾年散财赈济灾民,不仅讲求经商赚钱,更注重儒家文化的修养。

在知识经济和全球一体化的背景下,民族文化日益彰显其重要性。诚然高新科技是经济发展的车头,但深厚的文化底蕴才是经济发展的基础。只有既具备现代科技知识,同时又有道德文化修养的人才,才能成为未来社会精英和中流砥柱。现代新儒商文化应该继承传统儒商的许多价值观,比如"未雨绸缪"的忧患意识和"反求诸己"的自律意识,以及"以义取利""货真价实""勤俭廉洁"等经营准则。同时,现代儒商应积极学习现代经济活动的有关知识和智慧,开阔视野、提升文化素养,具备同市场经济相适应的伦理道德品格和风范,坚决摒弃中国传统儒商帮派、地域、宗法等弱点,克服传统儒商的家族经营、"官本位"和对竞争认识不足等缺陷,这样一来儒商文化一定会在当代社会复兴和发扬光大。

【案例】

明清时期中国儒商康百万和"留余"家训

康百万家族,是明清以来豫商中最具代表性的商业家族。乔家大院因影视作品推波助澜红极一时,与兴盛三代的晋商乔家相比,康家纵跨明清两代及民国时期,富裕十二代,历经四百多年辉煌。鼎盛时期,富甲豫、鲁、陕三省,船行洛、黄、运、泾、渭、沂六河土地多达十八万亩,两次悬挂"良田千顷"金字招牌,成为中原一大富豪。民间有谚语,"头枕泾阳、西安,脚踏临沂、济南;马跑千里不吃别家草,人行千里尽是康家田",描述的就是康家的盛世。

相比晋商乔家,康家打破"富不过三代"的魔咒,实现了财富传承十二代不衰,究其根源,康家不仅讲求经商赚钱,更注重儒家文化的修养。从康家发展的四百年时间里,不难发现康家从来不计较个人得失,历代多行善举,修筑河堤,捐资助学,遇到灾年散财赈济灾民,甚至在几近亡国的清末,代替当地政府出资修缮行宫接待慈禧一行到访。

特别值得一提的是康家兴盛数代不衰的制胜法宝——家训。在康百万庄园里,随处可见众多匾额、楹联,上面的文字都体现了康家对子孙的教育箴言,其中在庄园最醒目处,有康百万家族第十五代传人康道平令人制作的"留余匾",上刻南宋名士王伯大(又称留耕道人)的《四留铭》:"留有余,不尽之巧以还造化;留有余,不尽之禄以还朝廷;留有余,不尽之财以还百姓;留有余,不尽之福以还子孙。"意为上留余与天,对得起朝廷;下留余与地,对得起子孙百姓,更是集中体现了康家秉承儒家文化"财不可尽露,势不可尽使"的思想。康家以实际行动向后代传承了做人的基本原则:修身养性,互相尊重;直率诚信,简朴大体;做人以德为准,做事以诚信为条。康家以此教育子孙举善事、知进退,不可穷尽一切利益,而应临事让人一步,临财放宽一分,保持人与社会、自然关系的和谐。"留余"的含义非常深刻,内涵也很宽泛。"留余"有四个层面的含义,首先,"留有余,不尽之巧以还造化"。康家教育后代学会和自然和谐相处,不要竭泽而渔,不要破坏性地开采,要让耕地休养生息。其次,"留有余,不尽之禄以还朝廷"。康家告诉后代,要有大局意识。没有国家的强盛,哪里会有家庭的幸福?当国家需要的时候,当天灾人祸降临的时候,你必须贡献一分力量。再次,"留有余,不尽之财以还百姓"。在兼顾自然和国家后,康家还告诉子孙无论你怎么富裕,都要想到天下受苦的百姓,人间的财富是不可以独享的。最后,"留有余,不尽之福以还子孙"。这也是康家告诫世人生命是代代延续的,你的智慧、经验、福分都要给后代留下一些,千万不可用尽。

(资料来源:根据网络资料整理)

中国当代经济思想体系的重建,是从学习、模仿甚至是照抄照搬西方模式开始的。但是,西方经验是否可以拿来即用呢?中国长达百年的近现代史经验表明:任何外来的理论要在中国生根发芽,必须结合中国具体的实践。这一"结合"过程是一个缓慢的、长期的文化冲突和融合的过程。若想顺利地实现这一融合的过程,唯一可行且高效的办法就是从本民族自身的经济文化思想中寻找可以与外来文化相对接的思想资源。如此一来,不仅能实现中外经济文化的融合,而且可以使传统的经济伦理思想获得新的生机与转型。

我们为国家的经济建设培养和造就一大批社会主义建设的"经济公民","经济公民"是未来经济社会的重要特征,他们在财务事务中享有独立、自由和承担责任。从经济学视角出发,作为市场经济的理性主体"经济公民"即"经济人",会充分地利用各种资源来降低交易过程中的制度成本,有的甚至会冒道德的风险获取利益。经济学中有"寻租""搭便车"等名词来描述经济活动中存在的道德风险。但随着市场体系的不断健全与完善,经济活动中道德风险的机会成本日益升高。在市场交易活动中,"交易"并不是一种纯粹的价值交换,同时也是一种社会交换。具有共同道德信仰的"经济人"之间可以降低交易成本提高交易效率,长期而稳定的互信合作有助于达成一种"信用经济",构建现代市场经济的"道德之维"。现代经济的市场概念是一种完全意义上的世界市场,现代科技的发展将全球融为一个整体。不难发现,在经济全球化的趋势与过程中,多元文化的意义是不可低估的。因为,世界市场条件下的"经济人"的交易行为更具有社会交换与文化交换之间的性质。将文化与道德因素纳入世界市场经济体系构建的考量之中,这是现代化本身发展的一种需要,也是形成具有自身民族特色和符合本民族历史发展水平的现代化模式的必由之路。

如今国际社会上兴起一股公民财经素养教育之风,多数发达国家和地区组织开展了较为广泛的教育研究和教育实践活动,包括财经素养教育的思想体系构建、科学研究方法确定、教育教学手段探索和教学评价模式选择。中国当代财经素养教育起步相对较晚,更多的经验来自经合组织、欧美发达国家。正如上文所言,在当今世界,经济文化交融的过程中,我们要积极向内寻找思想资源与其对接,方能为我所有。随着中国市场经济体系发展的日益完善以及理论界、实践界对我国财经素养教育研究的不断深入,不难发现建设有中国特色的财经素养教育思想体系,除了借鉴西方国家的成熟经验,更要深入地发掘中华文明的传统经济伦理思想,追根溯源,寻找文化自信。纵观世界历史,中华文明是唯一传承了数千年的人类文明,这不得不令人深思其深厚的文化底蕴和文化逻辑。"以史为鉴可以正衣冠",当今各国学者纷纷对中国传统文化开展了深入的研究,探究古代文明留给现代人的财富和瑰宝。"民族的即世界的",中国是历史悠久的文化大国,经济思想方面有着丰富的文化精粹,中国古代优秀财经素养教育思想和悠久灿烂的传统文化一样熠熠生辉。

第三章

财经素养教育通识

第一节 收入消费与诚实劳动

一、劳动与个人收入

(一)认识劳动

1. 劳动是什么

马克思曾说过,"劳动是一切价值的创造者",劳动是人类生存、发展的动力和条件,把劳动比喻为整个社会都在围绕旋转的"太阳",劳动创造幸福生活,实干造就伟大事业。2015年,在庆祝"五一"国际劳动节暨表彰全国劳动模范和先进工作者大会上,习近平总书记强调,"我们一定要在全社会大力弘扬劳模精神、劳动精神,引导广大人民群众树立辛勤劳动、诚实劳动、创造性劳动的理念,让劳动光荣、创造伟大成为铿锵的时代强音,让劳动最光荣、劳动最崇高、劳动最伟大、劳动最美丽蔚然成风"。

有人说,劳动只有分工不同,没有高低贵贱之分,你认同吗?

2020年11月24日,一场盛大的全国劳动模范和先进工作者表彰大会在人民大会堂举行。当天习近平总书记的话语给人留下深刻印象:"光荣属于劳动者,幸福属于劳动者。"劳动的形式有千万种,谁的劳动更有价值?是掌管一个商业帝国的商业大亨,还是每天骑着电动车飞奔的快递小哥呢?

随着社会的发展和分工的细化,劳动的价值也在发生着变化。劳动的价值已不局限于以直接成果和报酬来体现,而有了更加多元、深刻的视角.如创造社会价值、做出社会贡献等。2015年,在庆祝"五一"国际劳动节暨表彰全国劳动模范和先进工作者大会上,习近平总书记强调:"无论是体力劳动还是脑力劳动,都值得尊重和鼓励;一切创造,无论是个人创造还是集体创造,都值得尊重和鼓励。"

劳动的目标是创造价值,获得他人和社会的认可,给予报酬,改善生活状态,创造更大的价值。无论做什么工作,只要创造大家所需要的价值,创造社会所需要的价值,那就是一种劳动,一种创造价值的方式,至于哪种形式,可以不拘一格,丰富多彩。劳动只有分工不同,绝没有高低贵贱之分。从结果看,任何劳动只要做到极致,那就是成功。周东红从"编外学徒"到"大国工匠",就是这样做的①。

1986年,周东红进入泾县宣纸厂做捞纸工。由于技术不熟练,他每天起早贪黑进行练习,虚心向捞纸厂的老师傅们学习,渐渐掌握了捞纸技术。他还给自己制定了比每天要求的工作量再多50%的目标,常常深夜1点起床,一天工作时间超过17个小时,手也因为长期浸泡在水中脱皮溃烂。他做这一切,只为精益求精,提高宣纸的品质。

功夫不负有心人,周东红的技术不断提升,能稳定控制不同品种纸张的分量,正品率达到99%,还被抽去捞制古艺宣、乾隆贡宣以及大国工匠等高档宣纸。2015年4月,荣获全国劳动模范、全国最美职工荣誉称号,被誉为捞纸池的"大国工匠"。尽管被誉为"大国工匠",周东红却说自己对"工匠"一词并不熟悉。他笑称:"我只知道始终如一的专注、一丝不苟和精益求精。每天忙碌的目的也很单纯,只想让这门已经存在了千年的传统工艺一直传下去。"这样的工作态度岂不是劳动价值的体现吗?

"时代楷模"邓迎香坚持不等不靠、拼出美好未来的信念,改变了贫困家乡的面貌②。

麻怀村地处贵州省黔南州罗甸县沫阳镇的深石山区,400多户村民祖祖辈辈居住在崇山峻岭中一个又一个"天坑"式的窝幽里。打电话要花40多分钟爬到村寨背后的山坡上才有信号,孩子们通常都是天不亮就出门,翻山越岭花一个多小时才能到达4公里外的村级小学上学,物资进出全靠人工肩挑背驮。

为改变现状,1999年,麻怀村村民自发组织凿石挖洞。邓迎香和村民们只能在狭窄的溶洞里跪着甚至趴着,一锄一镐地凿开岩石,凿一阵子,村民们再紧挨着盘坐在地,从内向外用双手把凿下的岩石、泥块传递到洞外。两年后终于挖通了,兴奋的人们奔走相告,但隧洞低矮狭窄,载重汽车根本无法通行。因为经费不够,工程暂时搁浅了。邓迎香积极向有关部门反映协调,不辞辛苦到处募捐。到2011年8月,一条连接山内山外,宽度增加到3.9至5米,高度增加到3.5至5米,能够通过十来吨农用车的216米穿山隧道主体工程终于竣工。邓迎香的"痴人说梦"终于在她以及村民们的共同努力下梦想成真。"麻怀"隧道的贯穿、拓宽和开通,让一个千百年来闭塞的小山村瞬间融入外面世界——孩子穿过隧道上学读书,村民穿过隧道外出打工,城里的商人通过隧道走进山村。"麻怀"隧道通车后,麻怀村村民掀起了脱贫致富、建设家园的热潮。邓迎香把自己13年的青春年华奉献给了这条与村民生计息息相关的隧道,演绎出大山深处改变恶劣生存环境,带领村民脱贫致富的佳话。

再如当代"愚公"——时代楷模毛相林,同样是凭借自己的辛勤劳动带领乡亲们走向致富的道路③。

---

① 周东红:从"编外学徒"到"大国工匠",人民政协网,https://www.rmzxb.com.cn/c/2020-10-21/2694199.shtml.

② 双手凿出致富路的邓迎香:不等、不靠,我们就自己做. 中国青年网,http://news.jstv.com/a/20160220/1455948310482.shtml.

③ 敢问绝壁要"天路"——记当代"愚公"毛相林,新华网,http://cpc.people.com.cn/n1/2020/1117/c434377-31934137.html.

毛相林是重庆市巫山县下庄村村委会主任，也是老村支书，当地人称他当代"愚公"。成为"愚公"，是被穷逼出来的。"锁"在深山里的下庄村，以前是巫山县最穷的地方。村民外出只能徒步翻过绝壁，到县城得花两天时间。不能让大山"困"住下庄！1997年开始，"愚公"毛相林带领乡亲们"移山"，坚持苦干实干，带领村民用最原始的方式在悬崖峭壁上凿石修道，男女老少齐上阵，冬去春来都不停。大家用最原始的办法，一块块石头凿。绝壁上，一个个"空中飞人"绑着绳索凿开炮眼、放上炸药……鞋子磨破就赤脚，夜里不便回家就住山洞。历时7年铺就一条8公里的"绝壁天路"。路修通了，村民外出方便多了，当天就能往返县城。不少村民开始外出务工，赚钱补贴家用。不过，村里没有产业，只能自给自足，村民依然贫困。"修好路，还要发展产业，打开财路！"

路通了，产业也活了。在毛相林带动下，乡亲们种起了脐橙等水果，发展生态旅游。随之，一栋栋新楼拔地而起，一辆辆小轿车来来往往，日子一天比一天红火。2015年，曾经最穷的下庄村在全县率先实现整村脱贫。2019年，村民人均收入达12 670元，是修路前的40倍。

2. 简单劳动和复杂劳动

简单劳动是在一定的社会条件下不需要经过专门训练，每个普通劳动者都能从事的劳动。复杂劳动是需要劳动者经过专门学习和训练，具有一定技术专长才能从事的劳动。在商品生产的同等时间里，复杂劳动比简单劳动创造更多的价值①。

当前，我国已经实现了从站起来、富起来到强起来的历史性飞跃，中华民族伟大复兴更需要增强社会活力、促进科学技术的发展。随着科学技术和生产力的飞跃发展，科技在社会生产力发展中起着越来越重要的作用，人们的劳动也出现了质的飞跃。在知识经济时代，电子、信息技术革命使社会生产力发展到了一个更高阶段，社会分工无论是在广度还是深度上都出现了惊人的变化。一些机械式的简单劳动逐渐消失，新的分工正在形成，对劳动者提出了更高的要求。劳动者或是必须按照高新技术要求进行操作，或是需要借助电子仪器去制造产品，这就要求劳动者在具有健全的体格进行简单劳动之外，还必须具备相应的技术水平和能力去从事复杂劳动。

我国高铁建设的突飞猛进，便是劳动铸就中国梦。自2008年第一条设计时速350千米的京津城际铁路建成运营以来，我国高铁建设突飞猛进。特别是党的十八大以来，一大批高铁建成开通，年均投产3500千米，高铁网从"四纵四横"扩展到"八纵八横"，高铁里程从2012年的9000多千米到目前突破4万千米，我国已成为世界上高铁运营里程最长、在建规模最大、运营动车组最多、商业运营速度最高的国家。

中国高铁实现了从引进先进技术到输出中国高铁的转变，中国高铁已经成为令世界瞩目的发展引擎，成为新常态下一颗闪亮的明珠②。仅2014年，中国北车的出口成交额

---

① 卡尔·马克思：《资本论》，重庆出版社，2014年版，第78页。
② 从"追赶"到"领跑" 我国铁路总体技术水平迈入世界先进行列，人民网，http://finance.people.com.cn/n1/2022/0816/c1004-32503876.html。

就达30亿美元,中国南车海外订单达到37.6亿美元。作为国家财富的重要支撑,高铁经济飞速发展的背后,站着无数精于钻研、勤勉认真的高铁人。作为中国第一名高铁司机,李东晓能熟练驾驶12种车型的火车,拥有7本驾照,驾龄20年,累计驾驶200万千米零事故。刘建树曾经是一名不懂英文的普通技师,如今他却可以自如地为每一台自动焊接机器人编辑、修改操作程序,解决了外国厂商技术人员都无法解决的技术难题。如今,中国高铁在速度、安全等技术方面,昂首走在世界前列,这背后是无数精益求精的高铁劳动者的奉献。

2013年习近平总书记在同各界优秀青年代表座谈时谈道,"宝剑锋从磨砺出,梅花香自苦寒来。人类的美好理想,都不可能唾手可得,都离不开筚路蓝缕、手胼足胝的艰苦奋斗。"麻怀村的变化正体现了幸福是奋斗出来的道理,为了实现麻怀村的脱贫致富,邓迎香组织麻怀村村民进行艰辛的劳动,在他们的努力下,一个千百年来闭塞的小山村融入了大社会。

在不平凡的2020年,我们迎难而上,在世界主要经济体中率先实现正增长,新发展格局加快构建,国家财富积累的每一步,都凝结着亿万劳动者的辛勤耕耘和全身心的付出。制造业、外贸业、建筑业、服务业等行业的快速发展,支撑起了中国经济的巍峨大厦。这些都离不开各行各业劳动者们的不懈奋斗,每一位劳动者都不平凡,我们今天的幸福生活离不开人民的努力,中学生应该践行劳动创造财富、幸福是奋斗出来的理念。

(二)认识个人收入

个人收入指一年内个人得到的全部收入,分为工资性收入、非工资性收入,其中非工资性收入包括转移性收入、经营性收入以及财产性收入。我国居民的收入构成中,工资性收入占比最大,但非工资性收入也在逐年递增[①]。

(1)工资性收入:通过付出劳动而获得的劳动报酬,包括计时工资、计件工资、奖金、津贴和补贴、加班加点工资、特殊情况下支付的工资。

(2)转移性收入:国家、单位、社会团体对居民家庭的各种转移支付和居民家庭间的收入转移。转移性收入包括政府对个人收入转移的离退休金、失业救济金、赔偿等,单位对个人收入转移的辞退金、保险索赔、住房公积金,家庭间的赠送和赡养等。

(3)经营性收入:纳税人通过经常性的生产经营活动而取得的收益,即企业在销售货物、提供劳务以及让渡资产使用权等日常活动中所产生的收入。

(4)财产性收入:通过资本、技术和管理等要素与社会生产和生活活动所产生的收入,即家庭拥有的动产(如银行存款、有价证券)和不动产(如房屋、车辆、收藏品等)所获得的收入。财产性收入包括出让财产使用权所获得的利息、租金、专利收入,财产营运所获得的红利收入、财产增值收益等。[②]

[①] 莫力:《个人理财与个人收入》,天津人民出版社,2019年版,第44页。
[②] 国家发展和改革委员会就业收入分配和消费司、北京师范大学中国收入分配研究院:《中国居民收入分配年度报告(2022)》,社会科学文献出版社,2023年版,第20页。

课后思考：

搜集自己家庭或身边熟悉的亲戚家庭近5年的收入资料，制作"家庭收入类型5年变化表"，比较一下家庭收入结构有何变化，分析其中不同生产要素的增长情况，以及变化原因。

二、个人消费与规划

（一）树立正确的消费观

1. 避免盲从，理性消费

你是否听说过这样的案例？为了追求"苹果四件套"不惜一切代价，甚至进行非法"校园贷"。其实就手机的性能而言，苹果手机并不一定适合所有人，尽管价格昂贵，但仍有人去买，其中不乏一部分人是因为盲目从众和攀比心理，别人都有我也要有，不惜一切代价，透支银行卡甚至选择非法"校园贷"；另一方面，"花呗""借呗""京东白条"等便捷的小额借贷平台，迎合甚至刺激了部分学生的消费欲望，一些初高中学生以及大学生通过负债借贷维持超前消费。与此相应，炫富、挥霍等消费行为在学生群体中时有发生，"名媛""土豪"等词语风行网络，成为个别学生羡慕不劳而获生活的"幻想目标"。

学生为了满足自己难以控制的欲望和虚荣心，已经丧失了理性的判断，超前消费。这种行为是不可取的，我们应该保持求实的消费心理而非盲目从众、求异、攀比。消费者在选择商品时应该讲求实惠，能够考虑实际需要。注意避免盲目从众，要尽量避免情绪化消费，由于一时头脑不冷静而造成浪费。要坚持从个人实际需要出发，理性消费。

2. 延迟满足，从容消费

你是否有过这样的经历？希望存钱购买一件心仪的东西，但不时会因为忍不住其他一些零碎消费而落空。存钱失败的原因是缺乏等待的能力，不能为自己想要购买的目标而放弃眼前并不是很重要的物品。这种等待的能力就是延迟满足。它可以帮助我们为了追求更大目标，而不被眼前的诱惑所迷惑，从而抑制冲动消费。例如，你可以做一个购物清单，把要延迟满足的商品记录在上面。平时利用一些比价网站，关注价格走势及相关优惠活动，从而争取更大的消费空间。

3. 量入为出，适度消费

你身边是否有这样的同学？开学初始感觉自己的钱很多，买什么东西都毫不犹豫，买双新的球鞋、换部新的手机，再请同学吃个饭，就这样，不知不觉一个学期的生活费在不到一个月的时间内就已花掉一大半。为什么会出现这种局面？关键在于没有预算意识。有了预算，就有了约束，能做到量入为出。

量入为出又称合理消费、适度消费，是指资源约束下的最优化消费，追求消费必须与国情及家庭收入相适应，其精髓是量入为出，把握限度，不赶时髦。适度消费并不是要降低生活标准，它要求追求中道，避免"过"犹"不及"，既满足人们合理需求，又不损害自然生态的平衡。当前我国的生产力已有长足发展,过于节俭不利于刺激消费、发展生产;但过于奢侈则造成不必要的浪费,也会破坏生态环境,导致资源大量消耗乃至枯竭,最终影响经济的发展。因此,我们应树立适度消费观念,秉承节俭美德,立足当前生产力发展水平,把消费控制在合理、恰当的范围内,构建和谐社会。

（二）影响消费的因素

近年来我国居民可支配收入逐年攀升,2023年,全国居民人均可支配收入39 218元（见图3-1）,比2022年名义增长6.3%,同时2023年全国居民人均消费支出达到26 796元（见图3-2）,比2022年名义增长9.2%。这也就预示着商品消费总量也会增加。消费不仅取决于当前的收入,也受未来收入预期的影响。如果人们对未来收入预期非常乐观,如将要升职加薪,那么预支将来收入的可能性就会加大;反之,如果未来收入预期不好,如存在将要失业的风险,人们就会节制当前的消费,以备不时之需。

按照消费资料对人们生活的重要性及人们消费它们的形式,可以把消费分为三类:生存资料消费,如必需的食品、衣着等;发展资料消费,如教育、培训等;享受资料消费,如旅游、娱乐等①。

在这三大类中,生存资料是消费资料中的基础性层次,其消费需求的弹性最小。人们只有在获得这一层次的消费之后,其消费需求才会向较高的层次延伸和发展。我们可以理解为"先生存,后发展,再享受"的消费顺序。经济学通常用"恩格尔系数"来表达食品支出占总消费支出的比例。当人们花在食品上的支出比重越来越少时,就说明"生存满足"因素影响消费的程度在减少,提高发展和丰富享受的"品质满足"因素对消费的影响程度在加大。

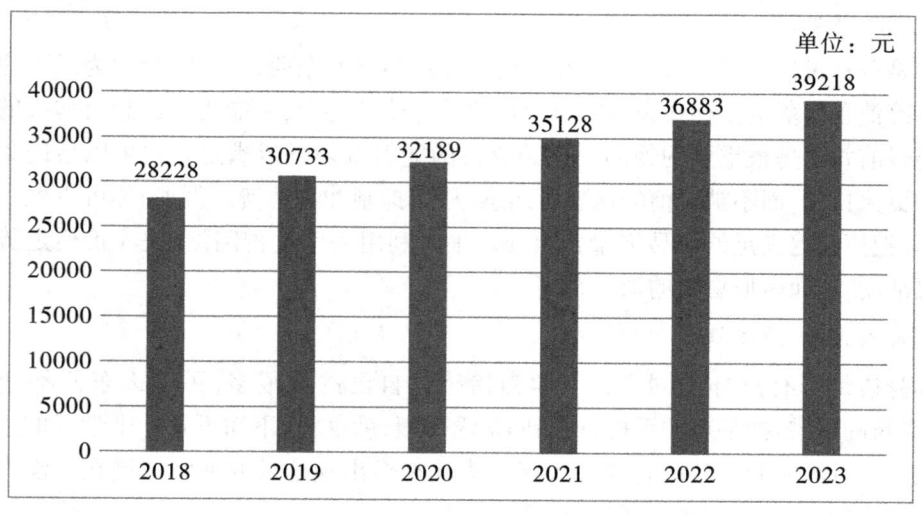

图3-1　2018—2023年全国居民人均可支配收入

（来源:国家统计局网站）

---

① 卡尔·马克思、佛里德里斯·恩格斯:《马克思恩格斯全集》,人民出版社,2016年版,第243页。

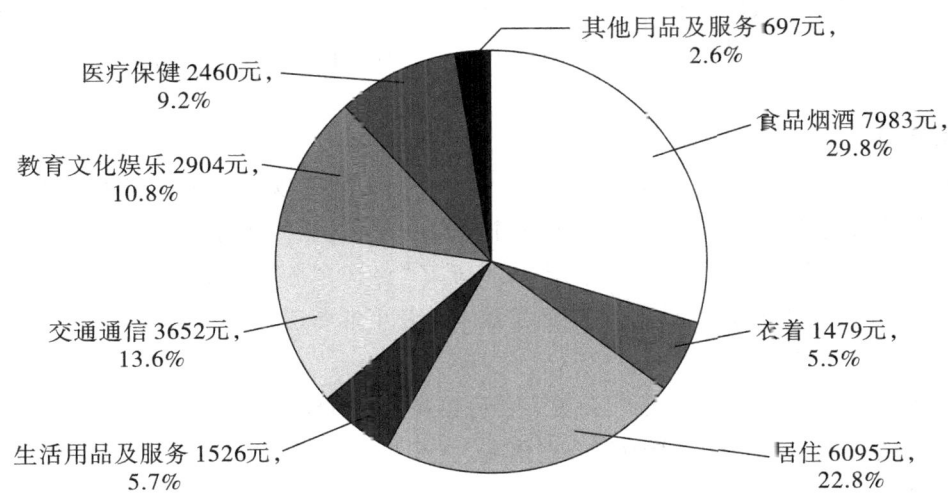

图 3-2　2023 年全国居民人均消费支出及其构成

(来源:国家统计局网站)

但是,随着社会生产力的发展和人们生活水平的改善,三类消费资料的数量和种类也不断增加和扩大,某些原来属于发展或享受的资料会转化成生存资料。因此,三类的区分只能是相对的、历史的。

恩格尔系数指的是食品支出占个人消费支出总额的比例,揭示了食品支出和居民收入之间的相关关系,用食品支出占消费总支出的比例来说明经济发展、收入增加对生活消费的影响程度。在收入水平较低时,食品支出在消费支出中必然占有重要地位。随着收入的增加,在食物需求基本满足的情况下,消费的重心才会开始向穿、用等其他方面转移。因此,通常恩格尔系数越大,家庭生活越贫困;反之,恩格尔系数越小,生活越富裕。

要谨慎使用恩格尔系数衡量和比较各地区之间的居民生活水平。我国地域辽阔,不同地区的气候条件、居民生活习惯都有所不同,这在很大程度上干扰了收入对恩格尔系数的影响,会造成对地区之间居民生活水平高低的判断失衡。尤其是在涉及地区之间民生发展水平的监测、评价和比较时,应谨慎使用恩格尔系数。

(三)不同的消费偏好

人们对某种商品或服务产生的偏好也影响着人们的消费。消费者对一种商品(或者商品组合)的喜好程度具有主观性,这种主观偏好形成的原因多种多样,影响消费偏好的因素有社会因素和个人因素两个层面。

从社会因素层面上看,不同民族、不同地区、不同文化背景下的消费者具有不同的消费偏好。例如端午节中国北方喜欢吃甜粽子而中国南方喜欢吃咸粽子;我国 56 个民族以及来自不同区域的人,都可能会有自己的消费偏好。中国汉族春节吃饺子、放鞭炮,傣族新年习俗则为泼水、赶摆等。

从个人因素层面看,可以是消费价值观不同,人们消费某种商品是对该商品价值的认可;可以是消费审美取向不同,同样是婚纱照,人们因审美不同,选择的风格也不一样;可以是个体性格倾向不同,在消费时,有的人精打细算,有的人则大手大脚。

课后思考:

小华是一名住校学生,他常羡慕别的同学有多余的钱可以买喜欢的动漫卡牌。于是他跟妈妈商量生活费由一周给一次改成一个月给一次,这样的话有更多的钱就能买更多想要的东西了。前半个月小华觉得很开心,实现了"经济自由",买了很多卡牌,成为班里的"大款",同学们都很羡慕小华,可是到了后半个月生活费已经见底了,每天必需的开销都成了最大的难题。

小华很苦恼,找妈妈问:"为什么买了自己喜欢的东西钱就不够花了呢?"

妈妈说:"你应该慢慢学着如何合理消费,把钱用在刀刃上,这样就不会出现钱不够花的情况了。"

思考:小华该如何安排自己的生活费才能既买到想要的东西还能维持正常的生活呢?

三、政府收入与支出

2024年,国家统计局统计我国全年国内生产总值高达1 349 084亿元,比2023年增长5%。我国经济体量茁壮成长,彰显了我国强大的经济实力。不断扩大的经济体量可拓展更大规模的市场、挖掘更加深厚的内需潜力,为解决经济结构性问题、提升经济创新能力留足了回旋空间,也为构建新发展格局、推动高质量发展集聚了新动能,进而为顺利开启全面建设社会主义现代化国家新征程奠定坚实基础。

随着中国经济的发展,我们也能感受到周围生活发生的变化:家里的房子越来越宽敞漂亮,交通方式更加多元化,出行交通愈发便利,城市景色越来越美丽,各种智能家居越来越多,既省事又省心,科技产品覆盖生活的方方面面。

免费的义务教育,安全便利的出行,城市绿化以及无处不在的公园,这些我们生活中所享受的服务,都是由公共财政所带来的。如何判断国家经济实力的程度?财政的钱从何处来,又用到了哪里?如何更加深入认识国家财政的收支?

(一)认识GDP

GDP是国内生产总值的缩写,是指经济社会(即一个国家或地区)在一定时期内运用生产要素所生产的全部最终产品(产品和服务)的市场价值。GDP被看成显示一个国家(地区)经济状况的重要指标,反映一国(或地区)的经济实力和市场规模,是国家经济发展的衡量指标。一般而言,GDP总量越大,增长越快,说明这个国家(或地区)创造的财富越多,国民收入不断增加,消费能力也随之增强。

回望过往的奋斗路,中国用短短几十年的时间走完了发达国家几百年走过的发展历程,在经济、科技、文化等方面都取得了非凡的成就,实现了巨大的飞跃。中国经济总量在世界上的排名也在不断上升:2005年超过法国,居世界第五;2006年超过英国,居世界第四;2007年超过德国,居世界第三;2009年超过日本,居世界第二;2010年,中国制造业规模超过美国,居世界第一。2022年我国GDP 1 210 207 亿元,稳居世界第二。2023年GDP 1 260 582 亿元,比2022年增长5.2%,增速比2022年快2.2%。我们国家用几十年的时间走完了许多发达国家几百年走过的发展历程,创造了世界发展的奇迹。

(二)绿色GDP

GDP是万能的吗？GDP是越高越好吗？答案是否定的。任何事物都有其两面性,GDP也有其局限性。

砍树伐木进行木材加工,会引起GDP的增加,但同时会导致森林资源的减少;钢铁厂生产钢铁会引起GDP的增长,但其污水排放会对水土资源造成危害;煤矿行业同样也会引起大气污染等损失。

2022年,我国因环境污染造成的经济损失为5118亿元,占GDP的3.05%。其中,水污染的环境成本为2862.8亿元,占总成本的55.9%;大气污染的环境成本为2198.0亿元,占总成本的42.9%;固体废物和污染事故造成的经济损失为57.4亿元,占总成本的1.2%。GDP不能反映经济增长对资源环境所造成的负面影响和资源消耗的代价。也就是说GDP无法衡量经济增长的代价,不能度量因环境变坏所付出的社会成本。

绿色GDP是综合环境经济核算体系中的核心指标,在现在的GDP基础上融入资源和环境的因素。具体而言,绿色GDP是从GDP中扣除由于环境污染、自然资源退化、教育低下、人口数量失控、管理不善等因素引起的经济损失成本后的生产总值。这个指标实质上代表了国民经济增长的净正效应。

2020年9月,我国提出了"双碳"目标,"双碳"即"碳达峰"与"碳中和"的简称,即二氧化碳排放量力争于2030年前达到峰值,努力争取2060年前实现碳中和。"双碳"目标的实现是一个循序渐进的过程,也是一项涉及全社会的系统性工程。坚持可持续发展道路,积极推动技术创新,充分调动科技、产业、金融等要素,通过全社会的齐心协力,我们一定能够推动能源变革,实现"双碳"目标,将绿色发展之路走得更远更好。

(三)国家的财政收支

财政,也称国家财政或公共财政,是国家为实现其职能,参与社会产品和国民收入分配、再分配活动及其形成的分配关系。财政是以国家为主体的经济行为,体现为特殊的分配关系。一国政府集中一部分国民收入用来满足公共需要的收支活动就是财政。

1. 财政收入——国家的钱从哪来

国家提供公共服务的钱从哪里来呢？国家要想办成事,充分发挥财政的作用,就必须把钱收集起来形成财政收入。在我国,财政收入包括税收收入和非税收入,其中非税收入又包含国有资产收益、债务收入、政府收费、其他收入等形式。

目前,我国90%左右的财政收入来自税收收入。中央财政收入中,前五大税种为国内增值税、国内消费税、企业所得税、个人所得税、进口货物增值税和消费税(见表3-1)。

表3-1 2023年中国分税种税收收入情况

税种	金额(单位:亿元)	同比增长
国内增值税	69 332	42.3%
国内消费税	16 118	-3.5%
企业所得税	41 098	-5.9%
个人所得税	14 775	-1%
进口货物增值税、消费税	19 485	-2.6%
城市维护建设费	5223	2.9%

(来源:中华人民共和国财政部网站)

非税收入是政府参与国民收入初次分配和再分配的一种形式,属于财政资金范畴。广义地说,非税收入是指政府通过合法程序获得的除税收以外的一切收入,具体来看,主要包括行政事业性收费、政府性基金、社会保障缴款、财产经营收入、出售商品及服务收入、罚款和罚没收入、赠予收入、特许收入、主管部门集中收入及其他收入等。

目前,我国共有18个税种,其中16个税种由税务部门负责征收,关税和船舶吨税由海关征收,进口环节的增值税、消费税由海关代税务部门征收。税收看似与我们的生活无关,其实,税收无时无刻不在我们身边,与我们的生活息息相关。

在生活中,大到买房买车,我们需要缴纳房产税和车船购置税;小到买的化妆品、贵重首饰、木制一次性筷子等用品,我们需要缴纳消费税,只不过不是直接缴纳,而是包含在所购商品的价格中。还有劳动者每个月领取的工资、发表文章领取的稿酬、买彩票幸运中奖等,都要按规定缴纳所得税。由此可见,我们人人都是纳税人。

2. 财政支出——国家要把钱用到哪里

财政与我们的生活息息相关,出生时的医院,幼儿时期的幼儿园,学龄儿童进入小学以至进入中学、大学学习的学校以及失业时所领取的救济金,退休后领取的退休金和养老金等都离不开政府和财政的服务。财政支出惠及百姓生活。

财政收入是财政支出的前提,财政支出是财政收入的目的。

财政支出,也称公共财政支出,是指在市场经济条件下,政府为提供公共产品和服务,满足社会共同需要而进行的财政资金的支付。财政支出是一级政府为实现其职能对财政资金进行的再分配,属于财政资金分配的第二阶段。国家集中的财政收入只有按照行政及社会事业计划、国民经济发展需要进行统筹安排运用,才能为国家完成各项职能提供财力上的保证。例如,国家通过财政支持公共行业及一些特殊行业的建设与发展,在全社会范畴内进行资源的合理配置。像高铁、地铁、邮电通信、水利等基础设施行业,需要大量的资金投入,建设周期长、投资风险大,但是会对社会经济生活的正常运行和发展产生重要影响。

3.依法纳税是每个公民应尽的义务

根据《中华人民共和国宪法》第五十六条规定,中华人民共和国公民有依照法律纳税的义务。无论是个人所得还是企业所得,都需要依法依规缴纳税款。我国税收取之于民,用之于民,也是公共财政最主要的收入形式和来源。

《中华人民共和国税收征收管理法》规定,法律、行政法规规定负有纳税义务的单位和个人为纳税人。法律、行政法规规定负有代扣代缴、代收代缴税款义务的单位和个人为扣缴义务人。纳税人、扣缴义务人必须依照法律、行政法规的规定缴纳税款、代扣代缴和代收代缴税款。

守法纳税光荣,偷税漏税可耻。依法纳税,是每个企业和公民应尽的义务。无论是企业,还是个人,都应遵守税收征管法律法规,千万不要抱有侥幸心理走上犯罪道路。铤而走险偷税漏税,必将受到法律严惩。

第二节 储蓄投资与幸福生活

一、货币与利率

(一)认识货币

货币是充当一切商品的等价物的特殊商品。货币是价值的一般代表。货币的本质是一般等价物。货币起源于原始社会,最早充当货币的是物,随着人们生产、流通、交换的需要,渐渐地形成了货币。古时候,人们用海边的贝壳、石头、树枝等物品来交换日常用品。后来,由于携带不便、难以计量等原因,人类就发明了金属钱币,用来交换自己想要的东西。随着时代发展人类又发明了钞票、银行卡及电子货币,携带起来更加方便。货币形式的变迁是一个漫长的历史过程,从贝壳到金属货币再到纸币、电子货币等,经济和社会的发展不断推动着货币形式的变革。

当前,中国经济正在由高速增长阶段转向高质量发展阶段,以数字经济为代表的科技创新成为催生发展动能的重要驱动力。随着大数据、云计算、人工智能、区块链、物联网等数字科技快速发展,数字经济新模式与新业态层出不穷。2017年年末,经国务院批准,人民银行开始组织商业机构共同开展法定数字货币。

数字货币和传统的纸质货币或硬币不同,数字货币的工作原理就像银行系统一样,当您想要使用数字货币时,就需要将货币转入数字货币钱包,然后将其发送给收款人。

数字货币是由网络中的节点共同维护和管理的,每个节点都有一个完整的区块链记录,用于记录数字货币的交易。数字货币的交易是通过数学算法进行验证和确认的,这使得数字货币具有高度的安全性和可靠性。与传统货币不同,数字货币不受政府或央行的控制,而是由网络中的所有节点共同维护和管理。

(二)货币的职能

货币的职能是货币本质的具体体现。目前,货币具有价值尺度、流通手段、贮藏手段、支付手段和世界货币五大职能[①]。其中,价值尺度和流通手段是货币最基本的职能。

1. 价值尺度

价值尺度是指货币以自身的价值来衡量其他商品的价值,特点是使用观念货币。当货币执行价值尺度职能时,要求货币本身具有价值,但并不一定需要真实货币存在,人们可以用观念上的货币来衡量商品价值。例如小明去商场里逛街,看到了一辆钢铁侠汽车模型,这辆钢铁侠汽车模型标价199元,那么这里的199元体现的就是货币价值尺度的职能,是将商品的价值进行货币化,该汽车模型的标价就是商品价值的体现。

2. 流通手段

货币的流通手段是指货币充当商品交换的媒介,特点是使用现实货币。与价值尺度功能不同,流通手段要求必须是现实中的货币,但不一定是足值的,因为人们需要的是货币的购买力而不是作为货币的金属。例如小明花199元买了一辆汽车玩具,那么这里的199元体现的就是货币的流通手段。

3. 贮藏手段

贮藏手段是指货币退出流通领域被人们当成财富加以贮藏,但贮藏不是储蓄。例如小明爸爸取出存款6000元买了一根金条存起来,那么这6000元就退出了流通领域,而执行了贮藏手段职能。货币作为贮藏手段,必须是足值的金属货币或金属条块。

4. 支付手段

货币的支付手段是指货币的单方面转移,而没有伴随着商品的运用。它源于商业信用,如偿还欠款等行为。货币可用于大宗交易,国家财政,清偿债务,支付赋税、租金、工资等,这些体现的都是货币的支付手段。

5. 世界货币

世界货币是指货币在世界市场上作为一种购买手段、支付手段和社会财富的代表发挥作用,是在国际商品流通中发挥一般等价物作用的货币。世界通用货币有美元、欧元、日元、英镑、人民币等。目前,世界货币主要是作为国际支付手段,用以平衡国际收支的差额。

(三)利息与利率

利息是借贷关系中债务人支付给债权人的报酬,是在特定时期内使用借贷资本所付

---

① 李天栋:《货币金融学》,复旦大学出版社,2020年版,第56页。

出的代价①。在资本主义制度下,利息的源泉是雇佣工人所创造的剩余价值。利息的实质是剩余价值的一种特殊的转化形式,是利润的一部分。

利率是利息率的简称,是指借贷期间所形成的利息额与借贷资金额(本金)的比率,通俗来讲,就是利息占本金的百分率。其中,存入银行的钱叫本金,取款时银行多支付的钱叫利息;一年、一月、一日内的利息与本金的比率叫作利率,分别为年利率、月利率和日利率。

利率可以调节汇率、进行经济调控、影响投资的规模、调节社会资本的供给等。当利率升高时,货币职能增强,消费减少,增加投资成本,减小投资规模;相反,当利率降低时,货币职能减弱,消费增加,减少投资成本,刺激投资,增加投资规模。

利率根据计算方法不同,分为单利和复利。单利是指在借贷期限内,只在原来的本金上计算利息,对本金所产生的利息不再另外计算利息。复利是指在借贷期限内,除了在原来本金上计算利息外,还要把本金所产生的利息重新计入本金,重复计算利息,俗称"利滚利"。

$$利息 = 本金 \times 利率 \times 存期$$
$$利率 = 利息 \div 本金 \div 存期 \times 100\%$$

课后思考:

1. 小明的父母准备投资公司,小明爸爸提前把 60 000 元存入银行,整存整取,年利率是 5%,定期 3 年,到期后小明父母可以获得本金和利息一共多少元?

2. 小刚爷爷家开设了一家鱼厂,今年养鱼收入净 30 000 余元,爷爷将其中 20 000 元存入银行,定期 5 年,年利率为 3%。到期时银行应付给爷爷利息多少元?

3. 小红快过生日了,放学路上妈妈问她想要一个什么样的生日礼物。小红说她一直想买一个玩偶,小红妈妈带着小红到商场选购,两人看中了两款玩偶,一个小熊玩偶和一个小兔子玩偶。

(1)小熊玩偶标价 59 元,小兔子玩偶标价 39 元,两款玩偶的价格不同,体现了货币的什么职能?

(2)小红妈妈想买小兔子玩偶,小红想买小熊玩偶,两人商量过后选择小熊玩偶,向商家付款 59 元,买到了小熊玩偶,这体现了货币的什么职能?

(3)这两款玩具十分流行,商家将这两款玩具销售到了美国,得到了 4000 美元的收入,商家将美元又兑换成人民币。这 4000 美元体现了货币的什么职能?

二、金融机构与储蓄贷款

在大众创业、万众创新的时代背景下,某大学大二学生张涛设计了一种可以清扫房

---

① 蒋先玲:《货币金融学》,机械工业出版社,2019 年版,第 52-53 页。

间、自动维修电器以及可以陪伴孤独老人聊天的机器人。但是生产及销售机器人需要一笔不小的费用,而张涛恰恰缺乏一笔资金。退休教师李明有一笔退休金,再加上多年的积蓄,李明不知道这笔钱该用在何处。如果张涛和李明进行合作,李明为项目提供启动资金,张涛按照利率向李明按时提供利息,两人都能实现共赢,社会福利也能因此得以改善。那么,张涛和李明可以通过哪些机构实现资金融通、实现双方共赢呢?

(一)认识金融机构

金融机构又称金融中介,是指经营货币、信用业务,从事各种金融活动的组织结构。金融机构是国民经济体系的重要组成部分,为社会经济的生产和再生产的顺利进行提供金融服务①。金融机构最基本的功能就是融通资金。各国的金融机构体系基本上就是以中央银行为核心,商业银行为主体的体系。我国的金融机构体系按照性质可分为管理性金融机构、政策性金融机构、商业性金融机构、国际金融机构。管理性金融机构是中央银行。政策性金融机构包括国家开发银行、农业发展银行、进出口银行。商业性金融机构包括存款性金融机构、投资性金融机构、契约性金融机构。国际金融机构包括国际货币基金组织、世界银行、亚洲开发银行(见图3-3)。

中央银行是国家居主导地位的金融中心结构,负责制定并执行国家货币信用政策,干预和调控国家经济发展,中央银行独具货币发行权,实行金融监管,不对个人和企业办理银行业务。我国的中央银行仅有一家,即中国人民银行。

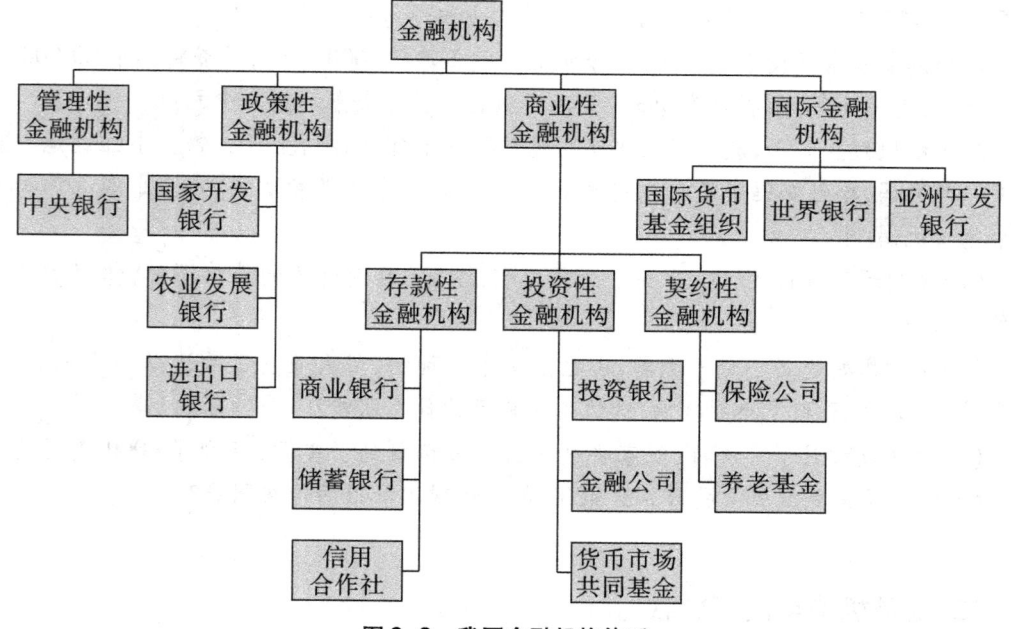

图3-3 我国金融机构体系

---

① 蒋先玲:《货币金融学》,机械工业出版社,2019年版,第30—31页。

（二）储蓄与贷款

储蓄是社会生活中的一种经济行为,它的含义有广义和狭义之分。广义的储蓄概念是指一定时期的国民收入减去被消费掉的部分。从资金运用角度考察,储蓄等于投资。因此,广义的储蓄按储蓄主体标准划分为居民储蓄、企业储蓄和政府储蓄;按照储蓄构成标准划分为货币储蓄和实物储蓄,其中货币储蓄包括银行存款、手持现金与各种有价证券。狭义的储蓄则指居民个人在银行等储蓄机构的存款[①]。

贷款指的是银行、信用合作社等机构借钱给用钱的单位或个人,一般规定了利息、偿还日期以及偿还方式等。贷款按照不同的标准有着不同的分类方式,见表3-2。

贷款按照贷款期限,可分为短期贷款、中期贷款及长期贷款。贷款期限在1年以内的称为短期贷款;贷款期限超过1年,不超过5年的称为中期贷款;贷款期限超过5年的称为长期贷款。

贷款按照贷款用途,可分为固定资金贷款和流动资金贷款,固定资金贷款用于解决企业固定资产投资活动的资金需求,例如固定项目的建设、购置和改造;流动资金贷款主要满足生产经营中的短期资金需求,保证生产经营活动正常进行。

贷款按照贷款偿还方式,分为担保贷款和信用贷款。担保贷款包括保证贷款、抵押贷款和质押贷款。信用贷款即"信贷",是指以借款人的信誉发放的贷款,借款人不需要提供担保。其特征就是债务人无须提供抵押品或第三方担保仅凭自己的信誉就能取得贷款,并以借款人信用程度作为还款保证的。由于这种贷款方式风险较大,一般要对借款方的经济效益、经营管理水平、发展前景等情况进行详细的考察,以降低风险。

贷款按照贷款对象,可分为个人贷款、企业贷款。个人贷款指的是银行或其他金融机构向符合贷款条件的自然人发放的用于个人消费、生产经营等用途的贷款。企业贷款指的是银行或其他金融机构向企业发放的用于生产经营需求的贷款。

表3-2 贷款的分类

分类方式	贷款的分类		
贷款期限	短期贷款	中期贷款	长期贷款
贷款用途	固定资金贷款	流动资金贷款	
贷款偿还方式	担保贷款	信用贷款	
贷款对象	个人贷款	企业贷款	

三、投资与收益

说起投资,很多人第一时间想起来的便是大名鼎鼎的"股神"巴菲特。关于巴菲特的

[①] 郎秋洪:《邮政储汇业务》,北京邮电大学出版社,2007年版,第63页。

十大经典投资案例,无一例外都是在很低的价格买入大量的优质公司股权,这也正应对了他的名言"在别人恐惧时我贪婪,在别人贪婪时我恐惧"。

1987年10月19日,那是股市上有名的"黑色星期一",纽约股市一开盘便出现颤动,紧接着下跌,惊慌失措笼罩了整个股市,全球的股市都出现了狂泻。而在这种股市出现危机大家都纷纷抛售手中股票的背景下,当时可口可乐公司的总裁唐纳德发现有人在大量地买入可口可乐公司的股票,在他进行多方寻找后确认是巴菲特正在买,并且巴菲特希望他能够保守这个秘密。当时可口可乐公司的股票价格非常低,能以那样的价格买入是一个难得的机会。1988—1991年可口可乐的股票涨了6倍,印证了"股神"的判断,在此期间巴菲特持有可口可乐公司的股票从未动摇,展现出了他那远超常人的判断力。至1995年,巴菲特所持可口可乐的股份市值已经增长到了约60亿美元,这也成为他十大经典投资案例中的一例。为什么巴菲特在股市情形如此紧张的情况下还要坚持买入可口可乐的股票进行投资?进行投资时都需要考虑哪些因素?

(一)认识投资

投资是指国家、企业以及个人为了在未来可预见的时期内获得收益或资金增值,将资金或其他资源投入某种可营利性的项目或活动中,以期许获得回报的行为①。也就是说投资就是牺牲当前的利益,将自己的部分钱财或者其他的资源投入某些方面。投资可分为实物投资、资本和证券投资等。前者是以货币投入企业,通过生产经营活动取得一定利润,后者是以货币购买企业发行的股票和公司债券,间接参与企业的利润分配。

投资这个词好像距离我们十分遥远,可实际上它在我们的生活中处处可见,与我们的生活息息相关。比如人们将自己多出来的钱用来购置房产,这属于投资;人们在银行购买理财产品,或者购买股票,这也属于投资。

(二)投资与储蓄的区别

从表面上来看储蓄是投资的一种方式,可实际上二者是存在着本质的区别的。

储蓄是企业或者个人把资金存入某个金融机构,以期获得利息的行为。而投资则是企业或者个人将其资金投入某种项目或活动中去,并期望这个项目或活动盈利最终使投入的本金升值。

不难看出储蓄是一种保本保息的行为,人们在进行这一行为时几乎是没有风险的,最终得到的本金和利息都能够得到保障,但同时所得到的利息也比较低;而投资一定是具备风险性的,在这个项目或活动中可能盈利使投资者的本金增值,也可能会发生亏损最终使投资者血本无归。

(三)投资的种类

投资与我们的生活紧密相连,我们在日常生活中也能接触到各种各样的投资,根据

---

① 肖欣荣:《投资学》,对外经济贸易大学出版社,2021年版,第78页。

投资的渠道、途径、方式不同,形成了不同种类的投资。

1. 股票

1990年11月26日,经国务院授权,由中国人民银行批准建立的上海证券交易所正式成立,这是新中国成立以来内地的第一家证券交易所。1990年12月19日上午11点,上海浦江饭店孔雀厅传来清脆的一声锣响,上海证券交易所正式开市营业。中国也开始跟上了世界的脚步。

股票是股份有限公司为了筹集资金而发行给股东作为持股凭证,并据以获取股息和红利的一种有价证券。当投资者购买了一家公司的股票后,就成了这家公司的股东。股票的收益包括股息红利和资本利得,每年公司都会根据公司盈利情况与股东所持公司股权比例进行发放股息和分红。除了这种获利方式外,股东也可以选择将自己的股票抛售,通过低买高卖的方式来获利。例如某股东以每股50元的价格购入了某公司股票1000股,如果以60元每股的价格将这1000股卖出就赚取了10 000元的差价。

2. 信托

信托是指委托人基于对受托人的信任,将其财产权委托给受托人,由受托人按委托人的意愿以自己的名义,为受益人的利益或特定目的,进行管理和处分的行为。简单来说信托就是将自己的财产交给了信任的受托人,由受托人以自己的名义对资金进行使用来盈利,信托的所有权与利益权是分离的。信托这种投资方式具有更高的灵活性。

3. 债券

债券是政府、企业、银行等债务人为了筹集资金,按照法定程序发行并向债权人承诺于指定日期还本付息的有价证券。债券在发行时就明确了在规定的日期还本付息,因此债券拥有较高的安全性,同时债券的收益率还要高于银行存款,并且上市的债券也具有很好的流动性。

债券按照发行主体可分为政府债券、企业债券和金融债券。其中国债是由国家发行的,是中央政府为筹集资金、进行宏观调控而发行的一种政府债券,国债是以国家信用为担保而发行的一种凭证,它具有极高的安全性,可以说是所有投资方式中最为安全的一种,因此也叫作"金边债券"。国债的收益高于银行储蓄的收益,低于企业债券的收益。

4. 不动产投资

不动产投资就是指投资者为了获取预期不确定的效益而将一定的现金收入转为不动产的经营行为。不动产投资具有以下特点:不动产投资需要巨额资金;不动产投资具有长期性;不动产投资的流动性非常低;不动产投资具有更高的专业性与不确定性。

(四)认识投资收益

投资收益是指企业或个人对外投资所得的收入(所发生的损失为负数),如企业对外投资取得股利收入、债券利息收入以及与其他单位联营所分得的利润等①。投资收益一般不单单是利息收益,有可能是股本收益,有时也可能会得到一些实物收益。

一般来说,收益与风险都是呈正相关的关系的。在投资时所面临的风险越大,那么投资的收益率就越高。风险大的投资很可能会因为亏损而损失本金,此时可以选择风险更小的投资方式。

表3-3 投资风险与收益

名称	股票	信托	不动产投资	企业债券	政府债券	国债	银行储蓄
风险	7	6	5	4	3	1	2
收益	7	6	5	3	3	2	1

注:(1—7表示风险与收益从小至大)

从表3-3中不难看出收益与风险基本呈正相关关系,只有国债比较特殊,国债的安全性高于银行存款,但它的收益率同样高于银行存款。

(五)理财有风险,投资需谨慎

投资风险是指对未来投资收益的不确定性,在投资中可能会遭受收益损失甚至本金损失的风险。投资绝对不是一件简简单单、轻轻松松的小事,在投资的整个过程之中都是存在着风险的,一不小心就可能会"满盘皆输",让投资人亏得血本无归。收益与风险总是并存的,在进行投资理财时,要将风险分散,不要将鸡蛋放在一个篮子里。

庞氏骗局是一个名叫查尔斯·庞兹的投机商人"发明"的。在中国,庞氏骗局又称"拆东墙补西墙"或"空手套白狼"。简言之就是利用新投资人的钱来向老投资者支付利息和短期回报,以制造赚钱的假象,进而骗取更多的投资。很多非法的传销集团就是用这一招聚敛钱财的。

查尔斯·庞兹是一位意大利裔投机商,1903年移民到美国。1919年他开始策划一个阴谋,骗投资者向一个事实上子虚乌有的企业投资,许诺投资者将在3个月内得到40%的利润回报。然后,狡猾的庞兹把新投资者的钱作为快速盈利付给最初投资的人,以诱使更多的人上当。由于前期投资的人回报丰厚,庞兹成功地在7个月内吸引了3万名投资者。这场阴谋持续了一年之久,才让被利益冲昏头脑的人们清醒过来,后人称之为"庞氏骗局"。

庞氏骗局的典型特征包括:高额回报承诺、缺乏透明度、资金来源不清等。

(1)高额回报承诺。庞氏骗局通常通过向投资人承诺高额回报来吸引其注意。这种暴利承诺是为了让投资人相信他们能够获得高额的利润,并鼓励他们投入更多的资金。然而,在庞氏骗局中,所谓的"高额回报"实际上是通过新投入的资金来支付旧投资人的

---

① 师萍:《基础会计学》,华南理工大学出版社,2019年版,第56页。

收益,并没有真正的盈利来源。

(2)缺乏透明度。庞氏骗局通常缺乏透明度,也就是说,投资人无法获得有效的投资信息。诈骗者会采取各种方法来掩盖他们的活动,例如不公开财务报告、不透露投资策略、不提供详细的投资计划等。这种缺乏透明度使得投资人难以评估风险和回报,并且无法及时发现诈骗行为。

(3)资金来源不清。在庞氏骗局中,诈骗者通常会忽略或掩盖他们的资金来源。他们可能声称自己是一个成功的投资者或商人,但实际上却没有足够的实力或经验来支持他们的承诺。这种资金来源不清的情况往往导致投资人对诈骗者的信任度下降,从而降低了他们参与投资的意愿。①

第三节　金融保险与人生规划

俗话说:"天有不测风云,人有旦夕祸福。""不测风云""旦夕祸福"的发生都具有不确定性,这就是风险。风险是客观存在的,降临时往往给人们工作和生活带来巨大损失。例如,山体滑坡、飞机失事、交通意外、房屋着火、突患疾病、突然失业等。虽然风险无处不在、无时不有、无法彻底消除,但风险是可以管理的。人们在与风险打交道的多年实践中总结出降低损失频率、损失严重性的风险管理技术,包括风险规避、风险自留、风险预防、风险转移等。让我们来认识它们吧!

一、风险与管控

(一)认识风险

风险是一种客观存在的、损失的发生具有不确定性的状态。生活中的风险无处不在,一个家庭可能会面临的风险包括健康风险、财产风险、意外风险、养老风险等。例如家庭成员中,孩子因为抵抗力差生病,老人也是健康风险最高发群体,生病导致家庭收入减少支出增加,这就是健康风险;家人退休后的收入骤减,而养老及治病所需要的钱,比预期的要高得多,此消彼长,致使家庭财务很可能由原来的盈余变成了赤字,这就是养老风险。

生活处处有风险,我们在生活中需要衡量风险、重视风险、管理风险,树立风险意识,才能有效降低风险,避免风险。

(二)风险管理的方式

风险管理有四种方式,分别是风险自留、风险预防、风险规避和风险转移。

(1)风险自留,即风险承担,由企业或个人自己来承担风险。一般用来管控低风险。

---

① 《庞氏骗局》,载《金融会计》,2017年第9期,第57—59页。

也就是说,如果损失发生,经济主体将以当时可利用的任何资金进行支付。风险自留包括无计划自留、有计划自我保险。无计划自留是指风险损失发生后从收入中支付,即不是在损失前做出资金安排。当经济主体没有意识到风险并认为损失不会发生时,或将意识到的与风险有关的最大可能损失显著低估时,就会采用无计划保留方式承担风险。一般来说,无资金保留应当谨慎使用,因为如果实际总损失远远大于预计损失,将引起资金周转困难。有计划自我保险是指在可能的损失发生前,通过做出各种资金安排来确保损失出现后能及时获得资金以补偿损失。有计划自我保险主要通过建立风险预留基金的方式来实现。

(2)风险预防指采取预防措施,以减小损失发生的可能性及损失程度。若潜在损失远大于采取预防措施所支出的成本,就应选择风险预防。

(3)风险规避是投资主体有意识地放弃风险行为,完全避免特定的损失风险。简单的风险规避是一种消极的风险处理办法,因为投资者在放弃风险行为的同时,往往也放弃了潜在的目标收益。所以,一般只有在以下情况下才会采用这种方法:①投资主体对风险极端厌恶。②存在可实现同样目标的其他风险更低方案。③投资主体无能力消除或转移风险。④投资主体无能力承担该风险,或承担风险后得不到足够的补偿。

(4)风险转移是指通过契约,将让渡人的风险转移给受让人承担的行为。通过风险转移有时可大大降低经济主体的风险程度。风险转移的主要形式是合同和保险。通过签订合同,可以将部分或全部风险转移给一个或多个其他参与者。而保险也是使用最为广泛的风险转移方式之一。

风险来临时,你会采取哪种风险管理方式呢?表3-4的风险管理矩阵可以帮助我们在应对损失时选择合适的方法。

表3-4 风险管理矩阵

序号	发生概率	损失的严重性	适宜的风险管理技术	典型案例
1	低	低	风险自留	教室失窃、跑步扭伤等
2	高	低	风险预防	食品变质、雨天摔跤、送货超时等
3	低	高	风险转移	飞机失事、高铁出轨、煤气爆炸等
4	高	高	风险规避	酒驾、打架斗殴等

(三)用保险管理风险

当风险发生的概率较低而损失较为严重时,采用购买保险的方式转移风险是最合适的办法。众人拿出很少的一部分钱汇集成巨大的专项资金,运用概率论中的大数法则预测某种风险的未来损失。当少数人遭受这种风险时,就从这个专项资金中拿出一部分助他们渡过难关,这称之为"分摊损失",也是保险的核心思想。

第三章　财经素养教育通识

【探究活动】

某市3个区共60所初中(其中甲区17所初中),平均每所初中有300名初中生。四月是踏青好时节,该市全体初中生参加了"春游一日"活动。A保险公司为该市初中生提供30元意外伤害险,保险金额最高为3000元。该市甲区有2所学校春游期间出现交通意外,共导致30人轻伤、20人重伤。

假设1:这2所初中学校为全体学生购买了意外伤害保险。

请你算一算:A保险公司收取这2所学校的保险费为30元×300人×2校=(　　　)万元。假如需要理赔的保险金额最高为15万元;如果只看这2所初中,那么A保险公司此刻将面临_____(亏损巨大、基本持平、较大盈余,选择其中之一)。

假设2:甲区17所初中参加"春游一日"活动的学生均在A保险公司购买了30元意外伤害险。

请你算一算:A保险公司收取的保险费为30元×300人×17校=(　　　)万元。除这2所学校外,其他学校初中生都没有出现意外。因此,50名初中生的意外受伤损失变成由甲区17所初中5100名初中生来分担,这时A保险公司理赔后会_____(亏损巨大、基本持平、较大盈余,选择其中之一)。

假设3:该市60所初中参加"春游一日"活动的学生均在A保险公司购买了30元意外伤害险。

请你算一算:A保险公司收取的保险费为30元×300人×60校=(　　　)万元。其他学校初中生都没有出现意外,因此,50名初中生的意外受伤损失变成由某市3个区共60所初中18 000名初中生来分担,A保险公司理赔后会_____(亏损巨大、基本持平、较大盈余,选择其中之一)。

因此,从上述案例中可以看出,只有大量人员购买某种保险,保险公司才能建立相应的赔付基金,同时有利于降低该风险,使防范风险的行为由利己转化为利他,不仅能够为保险购买者提供稳定预期,而且有助于降低全社会的风险管理成本,凝聚人心,促进社会团结进步,从而实现"千家万户帮一家"的宗旨。

二、走进保险

上课时,老师提到了商业保险的分类,同学们纷纷谈起自己家购买的各类保险。

小明回答道:妈妈每年都会给我买意外保险。有一次我上学路上摔倒了,意外保险就赔了我医药费。

小刚回答道:我每年都会收到压岁钱,爸爸把我的压岁钱买了教育险,当作我的教育基金。

玲玲回答道:我妈妈为家里的每个人都购买了一份人寿保险。

小华回答道:我爸爸天天开车上下班,他为他自己的车购买了车险,有一次上班路上遭到了剐蹭,保险公司很快就理赔了。

同学们回答的这些保险,分别属于哪些类型,有哪些特征呢?

(一)了解保险

《中华人民共和国保险法》(2015年修正版)第二条规定,保险是指投保人根据合同约定,向保险人支付保险费,保险人对于合同约定的可能发生的事故因其发生所造成的财产损失承担赔偿保险金责任,或者当被保险人死亡、伤残、疾病或者达到合同约定的年龄、期限等条件时承担给付保险金责任的商业保险行为。此处保险法所称的保险特指商业保险。从经济学的角度来说,保险是分摊意外损失的一种财务安排,因此保险具有互助共济性;从法律角度来讲,保险是一方同意补偿另一方损失的合同安排,因此保险具有契约性、经济补偿性。

1.保险的特征

(1)保险是集合多数单位或个人的行为。保险是具有社会经济互助性质的活动,体现"人人为我,我为人人"的精神,有相同风险的千家万户的投保人缴纳保险费,集中起来,当风险来临时分担某一户的经济损失。

(2)保险对约定的灾害事故和约定的事件负责。保险可承担各种自然灾害和意外事故所致的损失,但保险所保的不是世界上的一切风险,而是有一定的范围,即保险合同中所列明的保险责任,或者合同双方当事人特别约定的风险或者约定的事件。

(3)使用科学的计算方法。通过大数法则就可以比较精确地预测风险,制定出合理的费率。保险费率的高低与风险发生频率、损毁程度相适应,这样就做到公平合理,符合商品经济经营保险业务的基本要求。

(4)建立专用基金。聚集被保险人缴纳的保险费(或储金)构成的专用基金即保险基金,是保险人得以履行赔偿和给付(或返还)义务的基础。

(5)保险组织经济补偿或给付。保险的目的是减少不确定性,保障经济生活的安定,保险人是经济补偿和保险金给付的承担者和组织者。

2.保险的分类

根据不同的标准,保险可分为不同的种类(见表3-5)。

(1)根据保险标的的不同,保险可分为财产保险、人身保险和责任保险。财产保险是以物或其他财产利益为标的的保险,广义的财产险包括有形财产险和无形财产险,例如海上保险、火灾险、运输险、工程险等;人身保险是以人的生命、身体或健康作为保险标的的保险,有人寿险、健康险、意外伤害险等;责任保险是以被保险人的民事损害赔偿责任为保险标的的保险,包括雇主责任险、职业责任险、产品责任险等。

(2)根据被保险人的不同,保险可分为个人保险和商务保险。个人保险是以个人或家庭作为被保险人的保险。商务保险是以工厂、商店等经营单位作为被保险人的保险。

(3)根据实施形式的不同,保险可分为强制保险和自愿保险。强制保险又称法定保险,它是由国家颁布法令强制被保险人参加的保险。自愿保险是在自愿协商的基础上,由当事人订立保险合同而实现的保险。

（4）根据业务承保方式的不同，保险可分为原保险和再保险。原保险是指保险人对被保险人因保险事故所致的损失承担直接的、原始的赔偿责任的保险。再保险是原保险人以其所承保的风险，再向其他保险人进行投保，与之共担风险的保险。

表3-5 保险的分类

分类标准	保险分类		
保险标的不同	财产保险	人身保险	责任保险
被保险人不同	个人保险	商务保险	
实施形式不同	强制保险	自愿保险	
业务承保方式不同	原保险	再保险	

（二）走进商业保险

商业保险按照商业原则经营，以盈利为目的，由专门的保险公司经营。所谓商业原则，就是保险公司的经济补偿以投保人交付保险费为前提，具有有偿性、公开性和自愿性，并力图在损失补偿后有一定的盈余。

《中华人民共和国保险法》规定，凡是在我国办理境内保险，应向我国境内的保险公司投保。保险公司向个人提供的商业保险主要分为两类：财产保险和人身保险。财产保险包括财产损失保险、责任保险、信用保证保险、农业保险等。人身保险包括人寿保险、意外伤害保险、健康保险等。

现在的商业保险品种繁多，仔细想想家庭中每个人都需要投保，但是家庭经费总额有限且开支项目众多。因此需要综合考虑：购买保险的渠道有哪些？为谁买保险？买什么保险？买多少保险？

随着风险防范意识的增强，越来越多的人开始关注保险，我们应根据自己的需求选择合适的保险品种。请思考一下我们可以到哪些保险公司购买到自己所需要的险种？同学们分组了解购买保险的不同渠道，并将了解到的相关情况填入表3-6中。

表3-6 购买保险的不同渠道

购买渠道	优点	缺点
保险代理人	协助客户投保及办理后续事宜；有熟人关系加持	保险代理人只能卖自家的产品
银行保险	购买方便	险种有限
保险经纪人	所合作保险公司多，产品选择面广；不隶属于保险公司	保险经纪人辐射的客户群体较少；专业素质参差不齐
网络销售	省去代理人佣金和销售成本；保险产品信息公开透明	保险产品的选择、对比、投保这一系列流程，都需要投保人决策

家庭的主要经济来源者是全家的经济保障,是家庭最重要的成员,一旦这个人出现意外,对家庭经济基础的打击也最大,因此这个人是应该最优先购买保险的人。保险产品的选择通常遵循保障类优先原则,首先选择寿险,以保证家庭其他成员(尤其是孩子)在家庭主要经济来源者发生意外而自己还没有独立能力时,仍能维持生活;除寿险外,家庭还要考虑意外险、重大疾病险、医疗险种;如果家庭资金宽裕,还可以买些储蓄理财类的保险,如子女教育险、养老险、分红险等。一般来讲,保费支出以不超出家庭总收入的10%为宜。

(三)走进社会保险

社会保险是指国家通过法律强制实施,为工薪劳动者在年老、疾病、生育、失业以及遭受职业伤害的情况下,提供必要的物质帮助的制度。它是社会保障制度的核心内容。从社会保险的项目内容看,它是以经济保障为前提的。一切国家的社会保险制度,不论其是否完善,都具有强制性、社会性和福利性等特点。

按照我国劳动法的规定,社会保险项目分为养老保险、失业保险、医疗保险、工伤保险。社会保险的保障对象是全体劳动者,资金主要来源是用人单位和劳动者个人的缴费,政府给予资助。依法享受社会保险是劳动者的基本权利。改革开放以来,我国的社会保险制度逐渐完善。

用人单位要给予劳动者保障性待遇,简称为"五险一金"。"五险一金"指的是五种社会保险以及公积金。"五险"包括养老保险、医疗保险、失业保险、工伤保险和生育保险;"一金"指的是住房公积金。其中养老保险、医疗保险和失业保险,这三种保险由企业和个人共同缴纳保费;工伤保险和生育保险完全由企业承担,个人不需要缴纳。2019年3月25日,国务院办公厅印发《关于全面推进生育保险和职工基本医疗保险合并实施的意见》,将生育保险与职工医疗保险合并实施。

(四)商业保险与社会保险的区别

说到买保险,有些人会认为单位已经给员工缴纳了"五险一金",不用再买了。请注意:单位购买的"五险"属于社会保险,只能提供最基础的保障,就像冬天里人们有衣服穿;而如果想抵御冬天的寒冷,人们还需要穿上棉袄,商业保险就好比是棉袄。

例如,王、李二人同是某单位员工,都办理有社会保险,李先生为加强风险保障,在五险齐全的情况下又在保险公司购买了保险额为20万元人民币的人身意外险。在一次出差途中王、李二人发生意外事故受重伤,需要一大笔医药费,王先生的基本医疗保险远远不够用,但李先生因有保险公司赔付而获得了更多的赔偿。

1. 购买商业保险的原因

社会保险只是基础的保障,并不能有效保障所受风险损失的全部。比如,在住院报销时基本医疗保险都是"下有门槛,上有封顶"。而医院越好,起付线越高,社保医疗报销也有上限,也就是我们平常说的封顶线,超出封顶线的部分需要自己承担。并且超出社保的报销范围,是需要自费的(如进口药、护理费等)。在医疗费用中,起付线以下、封顶线以上、自付部分和自费药都需要自己掏腰包。所以，如果遇到重大疾病住院，真正到报销时才会惊讶："怎么才报销这么点儿钱？"

社保是为了让大家能享受到基本的保障，其特点是"保"最基本的生活，不是"包"全部。而商业保险是一个很好的补充。社会保险不"保"的，商业保险可以"保"，商业保险使保障更全面。

相反，商业保险是指通过投保人和保险公司自愿订立保险合同，投保人根据合同约定向保险公司支付保险费，保险公司根据合同约定的可能发生的事故对其所造成的财产损失承担赔偿保险金责任，或者当被保险人死亡、伤残、疾病，或者达到约定的年龄、期限时承担给付保险金责任。商业保险是现代市场经济高度发展社会中的一种经济活动，商业保险的本质上是为了营利，保险公司和保险人之间属于单纯的契约关系：你交钱我帮你承受风险。

目前，群众大病医疗费用负担仍然较重，因病致贫、因病返贫的问题和风险还比较突出，往往一个人得大病，全家陷入困境。必须实施社会保险与商业保险相结合，全面实施城乡居民大病保险。商业保险具有专业性强、机制灵活等特点，保障更全面，可以减轻个人的支出负担。所以必须把社会保险与商业保险结合起来，相互衔接、功能互补。总而言之，社保是只保不包，解决的是最低生活保障和医疗保障。随着社会进步，社会保险不能满足人们多样化的需求，最理想的做法是既得到社会的基本保障，同时也安排商业保险，提供多元化的保障。

2. 社会保险和商业保险的区别

（1）基本属性不同。商业保险是保险公司运用经济补偿手段经营的一个险种，是社会经济活动的一个方面，是由保险人与投保人双方按照自愿原则签订合同来实现的，保险公司以追求利润为目的。社会保险是国家社会保障制度的一种，是为人民提供基本的生活保障，以国家财政支持为后盾，是国家或地方通过立法强制执行的，不取决于个人意志，同时社会保险不以营利为目的，是社会保障制度中的核心内容。

（2）保险对象和作用不同。以医疗保险为例，商业医疗保险以自然人为保险对象，其作用在于当投保的公民因意外伤害或疾病而支出医疗费用时，可获得一定的经济补偿以减轻损失，而不是为了保障被保险人的基本生活，也不具有维护社会公平的作用。社会医疗保险主要以职工和居民为保险对象，当他们因患病就医而支出医疗费用时，由社会保险部门或其委托单位给予基本补偿，有利于社会安定和维护社会公平，实际上是国民收入再分配的一个方面。

（3）资金来源不同。社会保险的资金来源主要有国家、用人单位和个人，在社会保险基金的筹集过程中，雇员和雇主按照规定的数额和期限向社会保险管理机构缴纳费用，它是社会保险基金的最主要来源。商业保险的保费由投保人个人来承担，保险公司与投保人之间的权利与义务关系是一种等价交换的对等关系，主要表现为"多投多保、少投少保"的等价交换关系。

（4）保障范围不同。商业保险的保障范围由投保人、被保险人与保险公司协商确定,不同的保险合同项下,不同的险种,被保险人所受的保障范围和水平是不同的。而社会保险的保障范围一般由国家事先规定,风险保障范围比较窄,保障的水平也比较低。

社会保险与商业保险选择互补是最好的策略。商业保险除去能补充社会保险所不足部分,还能解决社会保险还不能覆盖的空白,两方面结合,通过社会强制和商业自觉,共同编制一张稳社会惠民生的风险保障网络。

3.养老保险"三支柱"

随着我国老龄化发展趋势明显,中国养老保险体系也面临第一支柱独大的问题,即社会养老保险在养老金给付、养老基金规模等方面都占到了全部养老保险体系的绝大部分。由此,居民的养老责任和老龄化压力几乎全部放到了第一支柱的社会养老保险上。针对更高水平、更高质量的养老保障需求,需要更多依靠企业和个人的努力,即市场化的第二、三支柱养老保险来解决。养老保险"三支柱"模式正成为各国养老保险体系改革的主流选择。

我国的多层次养老保险体系包含三大支柱,其中,第一支柱是由政府主导建立的公共养老保险,包括城镇职工基本养老保险和城乡居民基本养老保险;第二支柱是职业养老金,包括企业年金和职业年金两大组成部分,是与职业关联、由国家政策引导、单位和职工参与、市场运营管理、政府行政监督的补充养老保险;第三支柱是个人养老保险,包括个人储蓄型养老保险和商业养老保险,是个人利用金融手段增加养老保障供给的有效形式。

课后思考:

1.风险是保险存在的前提条件,那么是不是任何风险都可以保险呢?请到保险公司或网站上查找相关资料,看看哪些风险可以购买保障,哪些风险不在投保范围内,可保的风险都具有什么特点。

2.请调查身边的亲戚朋友,看看有多少人购买了保险,咨询人们购买商业保险的原因及收获。

第四节 制度环境与合法公民

一、经济制度与政策体制

党的二十大报告提出:坚持和完善社会主义基本经济制度,毫不动摇巩固和发展公有制经济,毫不动摇鼓励、支持、引导非公有制经济发展,充分发挥市场在资源配置中的决定性作用,更好发挥政府作用。坚持按劳分配为主体、多种分配方式并存,构建初次分配、再分配、第三次分配协调配套的制度体系。坚持多劳多得,鼓励勤劳致富,促进机会公平,增加低收入者收入,扩大中等收入群体。规范收入分配秩序,规范财富积累机制,保护合法收入,调节过高收入,取缔非法收入。经济制度和要素分配与我们生活息息相关,不仅决定了经济运行机制,更是个人合法合理取得收入、获得社会保障的重要依据。

(一)经济制度与分配制度

1. 经济制度

基本经济制度是国家依据社会性质及基本国情,通过法律对社会经济秩序中生产资料归属做出明确规定的经济制度。党的十五大提出,公有制为主体、多种所有制经济共同发展,是我国社会主义初级阶段的基本经济制度。党的十六大提出:必须毫不动摇地巩固和发展公有制经济,必须毫不动摇地鼓励、支持和引导非公有制经济发展。

长期以来,公有制经济在我国经济体制中位于主体地位,它的主体地位体现在公有资产在社会总资产中占优势,国有经济控制着国民经济的命脉,对经济发展起主导作用。国有经济在生产经营过程中,注重社会效益和公益性,《中华人民共和国宪法》第七条规定:"国有经济,即社会主义全民所有制经济,是国民经济中的主导力量。国家保障国有经济的巩固和发展。"在我国,国有经济主要控制金融、通信、航空、电力、石油、天然气、冶金、化工等关系国计民生的重要行业,承担着维护国家能源安全、保障公共服务等重要职责。

社会主义市场经济是市场经济和社会主义制度的结合,既发挥市场经济的效率优势,也彰显社会主义的制度优势;既体现市场经济的特征,也体现社会主义性质,特别是基本经济制度的性质要求。

2. 分配制度

随着市场经济的发展,收入多元化是现代社会的重要特征,哪些生产要素可以取得收入?收入的金额由哪些因素决定?什么才是合法收入?

日常生活中,我们通过劳动参与社会生产经营获得收入,工资收入是最主要的形式,除了工资,还有非工资性收入,它包括经营性收入、财产性收入和转移性收入。从经济学角度来看,我们是通过提供生产要素投入社会生产,以获得相应的报酬。这个报酬是如何来衡量和分配的呢?这就涉及我们国家的分配制度。

经济制度决定分配制度。我国的分配制度从党的十三大报告中提出的"实行以按劳分配为主体的多种分配方式和正确的分配政策"不断发展完善,根据我国现行经济制度,目前我国的分配制度是:以按劳分配为主体、多种分配方式并存的分配制度。由于我国正处在社会主义初级阶段,生产力水平低且发展不平衡,在现阶段,与社会主义基本经济制度相适应,我们国家必然坚持按劳分配为主体,也就是我们说的能者多劳,多劳多得,鼓励大家积极参加社会劳动。市场经济中结合市场供求规律,根据劳动者的劳动内容和性质,提供不同的工资报酬,按劳分配是最主要的收入形式。

党的十九届四中全会把"按劳分配为主体、多种分配方式并存"作为社会主义基本经济制度的同时,进一步指出要"健全劳动、资本、土地、知识、技术、管理、数据等生产要素由市场评价贡献、按贡献决定报酬的机制"。这意味着,除了劳动以外,资本、技术和管理等生产要素根据贡献度也参与分配,多元的分配方式对于调动各类生产要素参与生产的积极性、主动性、创造性具有积极意义,让各类生产要素的活力竞相迸发,让一切创造社会财富的源泉充分涌流,促进经济发展①。企业生产经营需要资本,无论是租赁工厂、商铺还是购买设备和原材料,都需要资本支出,资本的报酬形式包括:利息收入、投资收益或分红、租金收入等。科学技术是第一生产力,技术要素纳入分配机制,技术提供者取得相应报酬,能够有效促进技术创新和科技进步。技术要素参与分配的方式主要有制定与效益挂钩的工资和奖励制度;与科技人员签订技术承包协议,按协议支付报酬;从技术开发、技术转让、技术咨询、技术服务的收入中,提取一定比例分配给科技人员;从单位拥有的技术股份中提取一定比例划给做出贡献的科技人员等灵活多样的分配模式。管理作为生产要素参与分配表现为对企业家经营管理企业的能力的报酬,优秀的企业家将好的创业点落地生产,实现降本增效,持续创新产品,获得超额利润。例如,阿里巴巴、京东等企业,通过良好的企业管理和运营模式,打造优质电商平台,引领社会变革潮流,成为行业标杆。

分配包括初次分配和再分配。初次分配是指国民总收入直接与生产要素相联系的分配,是人们在市场经济活动中通过提供劳动、资本、资产等生产要素取得的相应报酬,例如工资、技术收入、房屋租金等。再分配是指在初次分配的基础上,政府通过税收、政策、法律、社会保障等措施,调节各收入主体之间现金或实物的分配过程,表现为对不同主体的收入调节,例如政府补贴和转移支付等手段,合理调节收入差距,促进社会公平,努力使人民共享发展成果。

(二)宏观经济调控与监管政策

1. 我国金融监管格局

党的二十大报告提出深化金融体制改革,建设现代中央银行制度,加强和完善现代金融监管,强化金融稳定保障体系,依法将各类金融活动全部纳入监管,守住不发生系统性风险底线。

2023年3月,中共中央、国务院印发《党和国家机构改革方案》,金融监管方面涉及多项重大改革:组建中央金融委员会、组建中央金融工作委员会、组建国家金融监督管理总局、统筹推进中国人民银行分支机构改革。2023年9月,组建中央金融委员会,它是我国最高决策层面的协调机构,负责制定重大战略规划、审议重大政策措施、协调处理重大风险事件等。2023年5月,国家金融监督管理总局在北京正式揭牌,标志着我国金融监管体系进入了"一行一会一局"的新格局,进一步完善金融监管体制,强化金融监管协调,防范金融风险,促进金融稳定和发展(见图3-4)。

(1)"一行"——中国人民银行:作为中央银行,承担货币发行,制定货币政策、汇率政策,履行支付结算等职能,并在宏观审慎管理方面发挥主导作用。

---

① 陈启清:《健全和完善生产要素参与分配机制》,载《经济日报》,2020年3月5日第11版。

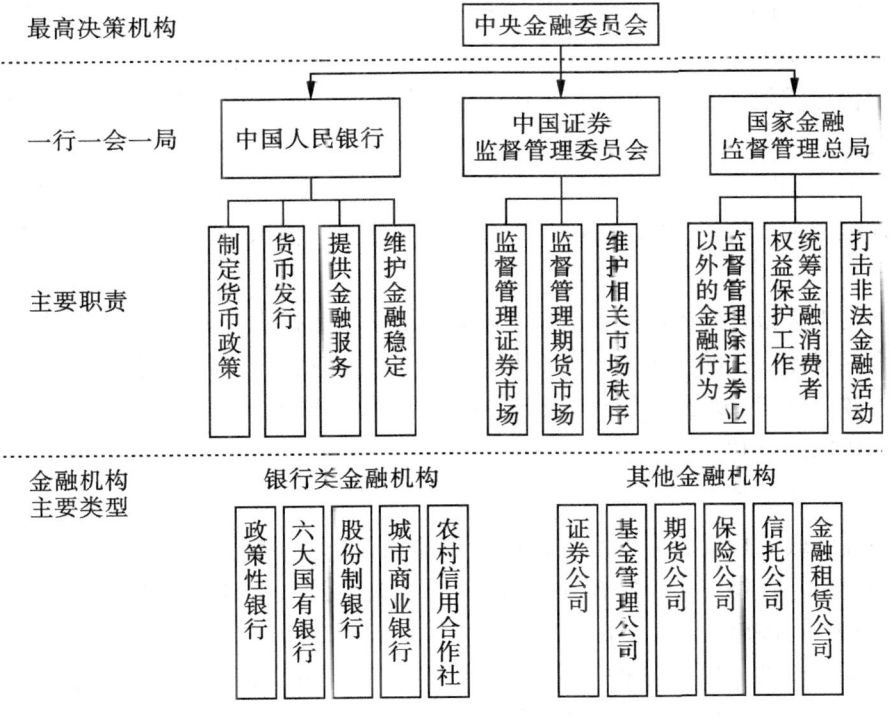

图 3-4 我国金融监管体系及相关机构主要职责

（2）"一会"——中国证券监督管理委员会：统一监督管理全国证券期货市场，维护证券期货市场秩序，保障其合法运行。

（3）"一局"——国家金融监督管理总局：作为统一的市场监管部门，依法监管银行业机构、保险业机构、金融控股公司，开展日常监督检查与管理、风险预警与处置工作，打击金融违法活动，及时反馈信息、提出建议、执行决策。

2. 中央银行制度

中央银行是指专门从事货币发行，办理对一般银行的业务以及执行国家货币政策的银行，在各国金融体系中居于主导地位，具有国家管理机关和银行的双重性质。

中央银行是商品经济、货币信用制度及银行体系发展到一定阶段的必然结果，有利于规范金融业健康发展，保障人民群众利益。英格兰银行是英国的中央银行，也是世界上最早形成的中央银行，1694 年根据英王特许成立。我们在经济新闻上还经常会听到"美联储"这个机构，它的全称是美国联邦储备委员会，是美国的中央银行，执行中央银行的职能。美国在全球金融体系中占据着核心地位，美元作为全球主要储备货币，使得美联储的货币政策对全球经济产生了影响。

中央银行的职能为发行的银行、银行的银行、政府的银行。[1]

---

[1] 蒋先玲：《货币金融学》，机械工业出版社，2021 年版，第 233—236 页。

(1) 发行的银行。中央银行集中和垄断货币发行权,是中央银行最本质的特征。

(2) 银行的银行。中央银行集中保管存款准备金,当商业银行资金不足时,充当最后贷款人提供再贷款再贴现,组织全国银行间的清算业务,在公开市场买卖外汇,维持汇率相对稳定。

(3) 政府的银行。中央银行负责代理国库、向政府提供融资、代理政府金融事务,保管国家外汇和黄金储备,制定和实施货币政策,管理境内金融市场,代表政府参加国际金融活动。

我国的中央银行是中国人民银行,主要职能是制定和执行货币政策、提供金融服务和维护金融稳定。党的二十大报告中提出要完善中央银行制度。现代中央银行制度是现代货币政策框架、金融基础设施服务体系、系统性金融风险防控体系和国际金融协调合作治理机制的总和。

3. 宏观经济政策

宏观经济政策是政府为了增进整体经济福利、改善整体经济运行状况,以达到一定政策目标而对宏观经济进行的有意识的干预。宏观经济政策目标有四个,分别是充分就业、物价稳定、经济增长和国际收支平衡。①

充分就业广义上指一切生产要素(包含劳动)都有机会以自己愿意的报酬参加生产的状态。就业是否充分可以用失业率衡量,失业率是失业人口占劳动力人口的比率。目前我国计算和公布的失业率主要有两个指标:城镇登记失业率和城镇调查失业率。物价稳定指价格总水平的相对稳定,一般用通货膨胀率来体现。经济增长指经济在一个特殊时期内经济社会所生产的人均产量和人均收入的持续增长。国际收支是指一个国家在一定时期内由对外经济往来、对外债权债务清算而引起的所有货币收支。国际收支平衡指的是一国国际收支差额为零或相互抵补,处于一个相对合理的范围内。

最常见的宏观经济政策包括货币政策和财政政策。

(1) 货币政策。我们以前说猪肉涨价了,东西价格变贵了,这些都是通货膨胀的一种表现。通货膨胀是指一定时期内,由于货币供给过度而导致物价持续不断上涨的现象。严重的通货膨胀会给生产生活带来巨大负面影响,减少人民的实际收入,加大债务负担,危害货币币值的稳定。长时期的通货膨胀会造成生产萎缩、失业增加,甚至引起社会动乱。通货膨胀与人民群众的生活息息相关,关系到人民生活质量水平以及获得感和幸福感。那么如何治理通货膨胀呢?这里需要谈一谈货币政策了。

历史上恶性通货膨胀的案例有很多,政府金融监管不到位,货币政策脱离现实需求都会导致这类事件发生。时至21世纪,也仍存在这类事件。阿根廷《纪事报》报道,据阿根廷国家统计局数据显示,阿根廷2023年12月单月通胀率达25.5%,带动全年通胀水

---

① 高鸿业:《西方经济学(宏观部分)》,中国人民大学出版社,2016年版,第501–502页。

平飙升。2024年1月发布报告称，该国2023年累计通胀率达211.4%，创1990年以来最高纪录①。物价的飞速上涨意味着以国家信用作背书的纸质货币快速贬值，群众不愿再使用货币，一些地方开始回归到最原始的经济贸易形式，采取以物换物的方式获取生活物资，严重影响生产生活效率，给人民群众生活带来极大的不便。一个国家的经济监管不仅背负着促进经济发展的使命，更背负着关乎人民群众幸福福祉、社会稳定和谐的重任。

货币政策是中央银行通过控制货币供给量以及通过货币供应量来调节利率进而影响投资和整个经济以达到一定经济目标的政策。经济萧条时采取扩张性货币政策，通过增加货币供给量，人们收入增加，利率下降，社会需求增加，消费和投资增加，刺激经济复苏；经济过热时采取紧缩性货币政策，通过减少货币供给量，人们收入下降，利率上升，抑制社会需求增加，使经济恢复正常状态。②

我国的货币政策目标是保持货币币值稳定，并以此促进经济增长。币值稳定包括对内稳定和对外稳定，对内表现为物价的相对稳定，一般用CPI（居民消费者价格指数）来衡量，一般受到国内货币供给和需求等多种因素影响；对外表现为人民币汇率（人民币与主要外国货币的相对价格）的相对稳定，一般受到进出口和资本流动的影响。我国的通货膨胀管理具有明显成效，我国近年来的通胀率基本维持在3%的分界线以下，通胀率低于3%是各国央行的管理目标，是经济增长的正常表现，同时能够在有效控制物价的基础上反过来适度促进经济增长。

（2）财政政策。财政政策是政府通过变动财政收入和财政支出等来影响总需求，实现预期经济社会发展目标的政策。财政政策的手段主要有税收、补贴、政府投资、政府购买、国债等手段。财政政策包括税收政策、国债政策、支出政策和预算政策等。

1）税收政策。税收是国家调整个体行为、实现政策目的的重要手段，发挥着重要的调节作用。通过指定不同的课税对象来设定不同的税率。如果一种物品的税率提高，它的含税价格会提高，人们会减少对它的购买消费，从而起到调节经济行为的作用。

税收制度在我国有着悠久的历史。在奴隶时期，国家的赋税主要来自诸侯、藩属自由贡献的物品和劳力，这是早期的税收形式。古老的税收制度一直延续至今，时至今日，各类税收政策也在不断优化调整，适应经济发展要求，发挥着关键作用。

古今中外有许多有意思的税收趣闻，政府通过税收这个财政手段实现政策目的。墨西哥为了消灭肥胖，曾推出征收含糖饮料税的政策，随后很多西方国家纷纷效仿。英国在新税法中规定，每100毫升含有5克或8克糖的饮品，按含糖量每升应缴纳18~24便士的税金③。美国伊利诺伊州宣布，零售含糖饮料每盎司多加一美分的税收。事实证明，"糖税"确实降低了低收入人群对含糖饮料的消费。

---

① 驻阿根廷共和国大使馆经济商务处：阿根廷2023全年通胀率达211.4%创近33年来历史新高，中华人民共和国商务部网，http://ar.mofcom.gov.cn/article/jmxw/202401/20240103466332.shtml.
② 高鸿业：《西方经济学（宏观部分）》，中国人民大学出版社，2016年版，第517页。
③ 英国糖税能否实现国民"减肥"，人民网，http://health.people.com.cn/n1/2018/0409/c14739-29913235.html.

2）国债政策。国债政策指通过调整国债发行规模、期限、利率等要素调节市场利率水平和货币供应量。国债的利率水平是市场上各类资金成本的利率计算基础。政府通过发行国债筹措建设资金，满足各类基础设施建设或项目建设需求。

3）支出政策。支出政策包括政府的消费性支出和转移性支出。政府通过调整政府投资的规模、方向和支出水平以及财政补贴的规模、范围等来调节社会总需求，从而实现政策目的。经济萧条时，政府会扩大政府支出，增加政府投资支出，拉动经济增长，同时增加补贴等转移性支出，增加人们的可支配收入，刺激消费，以此促进经济的恢复和增长。

4）预算政策。预算政策指运用财政盈余和财政赤字等积极的财政政策。财政收支包括财政收入和财政支出两个部分，每年的财政收入和支出不一定总是相等的。财政收入大于财政支出的差额，称为财政盈余；财政收入小于财政支出的差额，称为财政赤字。著名经济学家凯恩斯提出功能财政的思想，该思想认为政府可以采用积极的财政政策实现政策目标，财政预算可以有盈余，也可以有赤字，而不需要以预算平衡为目的。

根据财政政策调节国民经济总量和结构中的不同功能，可以将财政政策划分为扩张性财政政策、紧缩性财政政策和中性财政政策。经济萧条或衰退时，为了刺激经济复苏，采取扩张性财政政策，通过财政分配活动来增加和刺激社会的总需求；主要措施有增加国债、降低税率、提高政府购买和转移支付。经济过热时，采取紧缩性财政政策，通过财政分配活动来减少和抑制总需求；主要措施有减少国债、提高税率、减少政府购买和转移支付。经济平稳运行时，可选择中性财政政策，即财政的分配活动对社会总需求的影响保持中性。

（三）制度创新与变革

1. 新质生产力

2023年9月7日，习近平总书记在新时代推动东北全面振兴座谈会上首次提出"新质生产力"。2024年政府工作报告提出，要大力推进现代化产业体系建设，加快发展新质生产力。要充分发挥创新主导作用，以科技创新推动产业创新，加快推进新型工业化，提高全要素生产率，不断塑造发展新动能新优势，促进社会生产力实现新的跃升①。习近平总书记指出要牢牢把握高质量发展这个首要任务，因地制宜发展新质生产力。面对新一轮科技革命和产业变革，我们必须抢抓机遇，加大创新力度，培育壮大新兴产业，超前布局建设未来产业，完善现代化产业体系。

新质生产力是创新起主导作用，摆脱传统经济增长方式、生产力发展路径，具有高科技、高效能、高质量特征，符合新发展理念的先进生产力质态。传统的经济增长模式需要消耗能源，占用土地，投入大量资金和人力，增长速度缓慢，部分还会产生废物污染环

---

① 政府工作报告——2024年3月5日在第十四届全国人民代表大会第二次会议上，人民政府网，https://www.gov.cn/gongbao/2024/issue_11246/202403/content_6941846.html.

境,生产效率不高。新质生产力是对传统生产力的升级创新,代表了先进生产力的发展方向,它能够降低人力成本,减少能源消耗,助力社会生产提质增效,实现全要素生产率的大幅提升。

新质生产力以数字化、网络化、智能化新技术为支撑,以数据为关键生产要素,以科技创新为核心驱动力,以深化高新技术应用为主要特征。积极推进产业转型,促进产业高端化、智能化、绿色化,催生新产业、新模式、新动能,引领产业转型升级,挖掘新的经济增长点,进而实现生产力的跃迁。例如,低空经济、生物制造、人工智能、氢能等产业方兴未艾,有广阔的发展空间。

2. 乡村振兴战略

中共中央、国务院2018年1月发布《关于实施乡村振兴战略的意见》,指出乡村振兴战略是党的十九大作出的重大决策部署,是决胜全面建成小康社会、全面建设社会主义现代化国家的重大历史任务,是新时代"三农"工作的总抓手。要坚持把解决好"三农"问题作为全党工作重中之重,坚持农业农村优先发展,按照产业兴旺、生态宜居、乡风文明、治理有效、生活富裕的总要求,建立健全城乡融合发展体制机制和政策体系,统筹推进农村经济建设、政治建设、文化建设、社会建设、生态文明建设和党的建设,加快推进乡村治理体系和治理能力现代化,加快推进农业农村现代化,走中国特色社会主义乡村振兴道路。

乡村振兴战略的目标任务分为以下两个阶段:①到2035年,乡村振兴取得决定性进展,农业农村现代化基本实现。②到2050年,乡村全面振兴,农业强、农村美、农民富全面实现。2021年6月1日,中国第一部直接以"乡村振兴"命名的法律《中华人民共和国乡村振兴促进法》正式施行。

乡村振兴战略的扎实稳步推进取得了一系列亮眼成绩。2023年全国粮食总产量13 908.2亿斤,再创历史新高,同比增长1.3%。肉蛋奶、果蔬茶等菜篮子产品供应充足、价格平稳,满足了人民群众多元化、个性化的农产品消费需求。随着乡村振兴战略的实施,农业功能价值不断拓展,乡村业态更加丰富多元,2023年新建50个国家现代农业产业园、40个优势特色产业集群、200个农业产业强镇和100个农业现代化示范区,进一步促进产村融合、产镇融合,帮助更多农民实现就近就地就业。①

二、汇率制度与对外开放

出国旅游时,想要购买一件价值10美元的商品,那么你需要用多少人民币兑换同等价值的美元呢?同样一份汉堡,为什么在中国要15元,但是在美国可能只需要2美元?在国际贸易中,不同国家使用不同的货币,它们并不是完全等值的,需要进行汇率折算。银行每天都会对主要外汇进行报价,汇率的波动也会带来持有外汇资产价值的变化。

---

① 中华人民共和国农业农村部:全面推进乡村振兴取得新进展,人民政府网,https://www.gov.cn/lianbo/bumen/202312/content_6923579.htm。

常见的外汇有美元、英镑、欧元等,那么货币与货币之间是如何兑换的呢?是否有相关的制度安排?下面我们将一起学习汇率及汇率制度的知识与我国对外开放政策。

(一)汇率及汇率制度

汇率是外汇汇率的简称,又称外汇汇价或者汇价,是用一种货币表示的另一种货币的价格,或者说是一国货币与另一国货币的兑换比率或比价。汇率的表示方法有直接标价法和间接标价法两种方法。① 直接标价法是指用一单位的外国货币作为标准,折算为一定数额本国货币来表示的汇率。人民币与美元等其他外国货币,大多数采用直接标价法。例如 7RMB/$ 表示 1 美元可以兑换 7 元人民币,或者说 7 元人民币可以兑换 1 美元。间接标价法是指用一单位的本国货币作为标准,折算为一定数额外国货币来表示的汇率。其数值等于直接标价法计算结果的倒数。

我国的汇率表示方法属于直接标价法,如 2024 年 8 月 11 日中国银行公布的美元现汇买入价为 100 美元=715.85 元人民币,即我们需要花费 715.85 元人民币才能购买到 100 美元的外汇,可用于使用美元结算的货物和服务。现实中,英国采用间接标价法报价,如以 1.4190 美元来表示 1 英镑的价格,即 1 英镑=1.4190 美元。目前在国际外汇市场上,多数国家使用直接标价法。

汇率制度一般可以分为固定汇率制度和浮动汇率制度。固定汇率制度指一国货币同他国货币的汇率基本固定,其波动限于一定的幅度之内。金本位制度(将每单位的货币价值等同于若干重量的黄金)就是典型的固定汇率制度。浮动汇率制度指一国不规定本国货币与他国货币的官方汇率,由外汇市场的供求关系自发决定。根据中央银行是否干预外汇市场,可以分为管理浮动和自由浮动,目前大多数国家采用管理浮动汇率制度,即中央银行根据经济发展需求,参与买卖外汇来影响外汇市场供求关系,进而调节汇率。

纯粹的固定汇率制度和浮动汇率制度各有优缺点。目前,大多数国家在汇率制度安排上采取的都是介于两种汇率之间的制度。人民币汇率制度是以市场供求为基础、参考一篮子货币进行调节、有管理的浮动汇率制度。②

汇率的变化对各国的进出口贸易会产生的一定的影响。就中美贸易而言,根据直接汇率标价法,一件价值 10 美元的商品,如果美元对人民币的汇率为 7RMB/$,则这件商品在中国的价格就是 70 元。如果美元对人民币的汇率下降为 6.8RMB/$,这件商品在中国的价格就是 68 元。由于美元贬值,人民币相对升值,同样的商品用更少的人民币可买到,相当于该商品降价,因此中国居民会增加其消费,刺激该商品的进口量;同样的情况在美国,由于人民币相对美元升值,中国生产的产品在美国标价会升高,相当于商品涨价,因此会减少美国居民对中国商品的消费,不利于中国商品出口。因此,在国际贸易

---

① 蒋先玲:《货币金融学》,机械工业出版社,2021 年版,第 382-383 页。
② 中国人民银行货币政策司青年课题组:《走向更加市场化的人民币汇率形成机制》,载《中国金融》,2020 年 17 期,第 39-40 页。

中,本币升值,有利于进口不利于出口;本币贬值,有利于出口,不利于进口。

(二)对外开放

开放型经济是与封闭型经济相对立的概念,是一种经济体制模式。在开放型经济中,要素、商品与服务可以较自由地跨国界流动,从而实现最优资源配置和最高经济效率。在经济全球化的大趋势下,不同国家或地区的企业在全球范围内进行分工合作,形成一个完整的产业链,从而实现资源优化配置、降低生产成本和提高竞争力的目标,对外开放成为各国经济发展的必然选择。

以苹果手机为例,苹果手机的供货商有美国、德国、日本、韩国、中国等14个国家和地区的183家企业。再例如,我们国家引入外国企业来华建厂,带来了先进的管理理念,同时提供了就业岗位,扩大产出;我们国家很多产品出口到国外,产品都标注"Made in China"(中国制造),广阔的国外市场同时也刺激了国内制造业的蓬勃发展。

十一届三中全会后中国开始实行对内改革、对外开放的政策。从20世纪七八十年代创办经济特区、开放沿海港口城市,到中国加入世界贸易组织(WTO),随着我国对外开放程度不断深入,推动经济结构调整,与国际规则逐渐接轨,我国的国际影响力不断提升。改革开放以来,我国建立了深圳、珠海、汕头、厦门、海南、喀什、霍尔果斯七个经济特区,经济特区实行特殊的经济政策、灵活的经济措施和特殊的经济管理体制,以减免关税等优惠措施为手段创造良好的投资环境,不仅能扩大出口、吸引外商投资,还能学习现代经营管理经验,培训管理人才,利用外资引进技术,提高产品质量,增强产品竞争力。

"一带一路"是"丝绸之路经济带"和"21世纪海上丝绸之路"的简称,2013年9月和10月,国家主席习近平分别提出建设"丝绸之路经济带"和"21世纪海上丝绸之路"的倡议。推进"一带一路"建设既是中国扩大和深化对外开放的需要,也是加强和亚欧非及世界各国互利合作的需要。

中国积极开展亚洲公路网、泛亚铁路网规划和建设,与东北亚、中亚、南亚及东南亚国家开通公路、铁路。此外,油气管道、跨界桥梁、输电线路、光缆传输系统等基础设施建设取得成果。主要项目成果有:蒙内铁路、中匈协议、卫星通信、亚洲基础设施投资银行、卡拉奇—拉合尔高速公路、中巴经济走廊等。在互联互通工程中,"中欧班列"已经成为连接亚欧大陆的重要贸易线和"一带一路"建设的大动脉。截至2022年底,中欧班列累计开行突破6.5万列、运输货物超600万标箱、货值3000亿美元,已开通运行82条线路,联通欧洲24个国家200多个城市,基本形成对亚欧地区全覆盖的交通物流网络,有效打通了跨国贸易的堵点,激活了地区经济发展的潜力。

如今,"一带一路"不止步于互联互通和开放交流,中国与"一带一路"共建国家经济合作不断深入,中国在海外建设了几十个合作产业园,这已经成为亮丽的中国投资名片。"共商、共建、共享"原则不断拓展到其他领域,中国与"一带一路"共建国家之间签订多项合作协议,截至2023年6月,中国已与152个国家、32个国际组织签署200多份共建

"一带一路"合作文件，涉及的领域越来越多，拓展的合作范围越来越广，为世界经济发展做出贡献。①

三、法律制度

党的二十大报告提出：全面依法治国是国家治理的一场深刻革命，关系党执政兴国，关系人民幸福安康，关系党和国家长治久安……坚持法治国家、法治政府、法治社会一体建设，全面推进科学立法、严格执法、公正司法、全民守法，全面推进国家各方面工作法治化。《中华人民共和国民法典》（以下简称《民法典》）所确立的调整经济关系的各项法律规范，为我国经济高质量发展提供了有效法治保障。《民法典》明确民事主体权利义务，在财产权、合同等方面进行制度优化，使民事活动更加适应经济高质量发展的需要。

只有学习并理解法律知识，我们才能在需要的时候用法律武器维护自己的合法权益。生活中我们会遇到各类债权和物权的经济关系，那么我们懂得如何区分和界定，是否构成侵权就很重要。同样，各类经济生活会涉及签订合同，但是合同必须满足相关的要求才是有效力的，不然就是无效合同、一纸空文。

生活中人们享有各种权利，不同的权利适用于不同的法律。这里将为大家简单科普关于物权、债权以及合同相关法律规定，帮助大家建立经济方面的法律思维与意识。

（一）物权与债权相关法律制度

1. 概念及特征

在经济生活中，物权和债权适用不同的法律，要做好概念的区分界定，才能正确使用法律武器维护自己的合法权益。根据《民法典》第一百一十四条第二款规定，物权是权利人依法对特定的物享有直接支配和排他的权利。物权是一种绝对权，行使权利时可以排除任何他人的干涉。例如，你独自拥有一处房产，你可以日常居住使用，也可以出租或者买卖处分，其他人对该房产不具有这些权利。物权的成立仅针对物，不包括人的行为，旨在保护公民的财产权利，规范物的归属和利用。

债权是按照合同约定或者依照法律的规定，在当事人之间产生的特定的权利和义务关系。债权仅对特定的债务人存在，具有相对性。现实生活中，债权非常常见，有些债权是货币形式的，例如货款、借款等；有些是非货币形式的，例如交货义务、技术服务等行为或智力成果。例如，你从银行贷款买了一套房子，贷款付清前你和银行存在债权债务关系，银行有收取本金和利息的权利，是债权人，而你作为债务人有义务按照贷款合同约定按期还本付息。再例如，上下游供应商商定先付款，后交货，购货方付款后交货前对这批货物享有债权，而非物权。

物权与债权在一些方面有本质差别，为进一步加深理解，对比如下：

（1）物权为支配权，物权是对于标的物具有直接支配力的财产权，物权人有权仅以自

---

① 丁一凡：《"一带一路"建设十年成就及展望》，载《国家治理》，2023年16期，第20—24页。

己意志实现权利;债权为请求权,权利的实现需要债务人履行义务。

(2)物权具有排他性,可以排除他人以同样方式支配物品,所有权在一个特定物品上只有一个,满足一物一权原则;债权具有相容性,同一标的物上可能有多个抵押权,在价值范围内抵押给了多个人,签订的抵押合同均有效。

(3)物权是法定的,物权的种类和基本内容都是由法律规定的,不能自由创设种类,而且物权的设定必须公示才发生效力,不动产需要登记(例如房屋产权登记),动产需要交付等形式;债权是基于合同约定等形式,由债权人和债务人自行商定,不需要公示。

2. 物权细分及具体规定

物权包括所有权、用益物权和担保物权。

所有权指所有人依法对其所有物享有占有、使用、收益和处分的权利。它是最完整和最全面的一种物权形式。例如你买了一辆车,这辆车物权归你所有,车辆是所有物,你作为所有人,可以随时开车上路,也可以停放在车库,或者租赁给其他人使用取得收益,如果取得了运营资格,也可以开网约车赚取收益,几年后想换新车了,可以转卖给其他二手商处置掉。在法律允许的范围内,所有人可以自由地行使这些权利,不受他人的干涉和限制。所有权人有权在自己的不动产或者动产上设立用益物权和担保物权。

用益物权可以实现物的使用价值,使得资源获得最大限度的利用。随着经济社会的发展,物品的所有权和使用权可以分离,例如,我国的土地资源归国家或集体所有,但是使用人可能是地产开发商、企事业单位或农民,他们使用或占用土地,满足生产生活需求,并取得收益,这就涉及用益物权。根据《民法典》第三百二十三条,用益物权人对他人所有的不动产或者动产,依法享有占有、使用和收益的权利。例如房东将闲置房屋出租,房屋的所有权不变,但是房屋使用权给了租户,租赁期间无权干涉租户的经营活动。对于商用房,租户可以开办小卖部或者餐饮店,赚取收入,他们租用店铺经营,利用其使用价值来获取收益。

担保物权以确保债务清偿为目的,在建立债权债务时,设定的有担保作用的物权,如果债务人到期不能按时履约,债权人有权取得担保标的物或者与其交换价值相当的赔偿金等替代物。担保物权从属于债权,一般先有债权债务关系,才会涉及需要担保品的概念,担保品是对债权人权利的保障。例如,购房人为了买房子,向银行贷款,将购买的房屋作为担保物抵押给银行,后来因为失业无力偿还贷款本息,银行可以优先获得抵押房产的拍卖收入,降低贷款损失。

3. 债权细分及规定

债权产生于以下四种情形:

第一种是合同之债,即依法成立的合同,对当事人具有法律约束力。合同中,一方可能承诺向另一方支付货款或提供服务,这种承诺就构成了债权关系。

第二种是侵权之债,即民事权益受到侵害的,被侵权人有权请求侵权人承担侵权责任。例如,疲劳驾驶开车撞破了公共护栏或者撞伤了人,需要对公共设施以及受害人进行赔偿,这种有权获取的侵权赔偿款属于债权。

第三种是无因管理之债,即没有法定的或者约定的义务,为避免他人利益受损失而进行管理的人,有权请求受益人偿还由此支出的必要费用。例如,小王在公园里看到一只走失的小狗,觉得小狗可怜,先带回家照顾了,一个月后,小狗的主人找过来领走小狗,小王有权要求狗主人支付小狗在家中产生的喂养、洗护等各类费用。再例如,小张回家路上看见有受伤者躺在路边,紧急打车将其送到了医院,垫付医药费,小张有权要求其支付医药及打车费用。

第四种是不当得利之债,即因他人没有法律根据,取得不当利益,受损失的人有权请求其返还不当利益。例如,甲乙一起投资一个工厂,约定利润平分,甲为了获取更多收益,向乙隐瞒了工厂的真实经营情况,不给或少给分红,乙有权要求甲按约定支付分红金额。

一般的债权,诉讼时效都是3年,但是法律特殊规定的除外,所以债权人必须在诉讼时效内,向有管辖权的人民法院主张债权。

(二)合同相关法律制度

合同是我们生活常见的建立市场交易、约束经济行为权利义务的形式。合同法是调整平等主体之间的交易关系的法律,它主要规定合同的订立、合同的效力及合同的履行、变更、解除、保全、违约责任等问题。我国现行的关于合同的法律制度见于《民法典》。《民法典》中规定民事主体在民事活动中的法律地位一律平等,民事主体从事民事活动遵循自愿的原则,民事合同的内容实际是民事财产关系中的债权债务关系。

合同生效需要有以下几个法律要件:

(1)意思表示真实。签订合同的当事人是遵从个人意愿,且合同中的内容符合个人意愿,都是自由意愿产生的,没有强迫或者胁迫。如果以欺诈、胁迫的手段强迫对方订立合同,该合同无效。

(2)主体合格。行为人必须具有相应的行为能力。18周岁以上完全民事行为能力人独立实施的民事法律行为或者限制民事行为能力人进行与其年龄智力和精神状况相当的合同行为。未成年人自己签订的合同属于无效合同,可以由其父母等监护人作为法定代理人签订。

(3)内容合法。合同中不得有与法律强制性或者禁止性规范相抵触的内容,合同行为不得违反社会公共利益和公序良俗,合同行为要遵守国家法律、国家政策。

(4)合同的形式合法。当法律规定某种合同必须采用某种形式时,例如办理审批手续才能生效等情况,需要按照具体法律规定要求进行,不然会导致合同不成立或者不生效。

在签订合同时,我们还需要注意以下两个问题:

(1)民事行为能力。民事行为能力是民事主体以其行为参与民事法律关系,取得民事权利,履行民事义务和承担民事责任的资格。这个概念关系到民事主体是否能独立地以自己的行为为自己或他人取得权利和承担义务,能否对自己的行为后果负责。例如,无民事行为能力人实施的民事法律行为无效,其签订的合同属于无效合同。

不满8周岁的未成年人为无民事行为能力人,不能辨认自己行为的成年人(例如精神病人等)为无民事行为能力人,由其法定代理人代理实施民事法律行为。8周岁以上的未成年人为限制民事行为能力人,不能完全辨认自己行为的成年人为限制民事行为能力人,实施民事法律行为由其法定代理人代理或者经其法定代理人同意、追认;但是,可以独立实施纯获利益的民事法律行为或者与其年龄、智力相适应的民事法律行为。成年人为完全民事行为能力人,可以独立实施民事法律行为。

(2)区分定金与订金。我们在购买一些东西时,货物需要延迟交付时,商家可能会要求缴纳定金作为预付款。定金是在合同订立时或者履行前,合同一方为保证合同的履行给付,给另一方当事人一定数额金钱的担保方式。定金对交易双方都有约束力。例如,你预定了一套价值100万元的房子,需要缴纳定金2万元,缴纳定金时会签订合同,约定未来一定时间内缴纳全款购买该房源,并约定交房时间。如果你后来发现房子价值贬值不想购买了,开发商是不会退定金的。然而,如果后来房价大涨,开发商擅自将房源转卖给了其他客户,产生了违约行为,你有权要求开发商支付双倍定金。值得注意的是,定金的金额不能超过主合同金额的20%,超过部分不产生效力。

还有一种预付款形式叫订金,但订金并非一个规范的法律概念,只是当事人的一种支付手段,并不具备担保性质。商品房交易中,如买家不履行合同义务,依旧有权利请求开发商返还订金;反之,若开发商不履行义务,也无须双倍返还订金,但这并不意味着合同违约方无须承担违约责任,具体情况根据订金协议的约定进行。

第五节 财富人生与社会责任

一、财富与个人家庭

(一)认识财富

1. 财富和财富管理

财富是指一个国家或一个地区一定时期所拥有的经过劳动创造和积累起来的物质产品,以及以物的形式存在的精神产品。财富包括物质财富和精神财富,财富的形式多种多样,在不同的社会,物质财富有着不同的表现形式。在奴隶社会,物质财富的主要表现为土地和奴隶;在封建社会,物质财富的主要表现为土地和土地上的产品;在资本主义社会,物质财富的基本形式是商品;在社会主义社会,物质财富的主要表现是商品和货币。

财富管理在个人财富积累中扮演着重要的角色,它能够指导人们更加合理地寻求当前需求和未来需求的平衡点;让资金更加科学地分配在不同的领域,力争实现更多的财富积累。一个家庭如果没有健康的财务状况,不仅不能实现财富保值增值的目标,还会危及家庭财富安全。而财富的管理与规划有助于实现家庭财务健康、财务安全、财务自主,最终实现财务自由的最终目标。甚至累积的财富还可以通过传承为未来家庭成员的生活提供物质保障,帮助实现家族的责任、精神、文化及价值的传承。

2. 标准普尔家庭资产配置图

标准普尔家庭资产配置图是美国标准普尔公司通过调研全球十万个资产长期稳健增长的家庭,分析总结他们的家庭理财方式,提出的一个资产配置方式的建议图。图3-5被公认为最合理的适合多数家庭的资产分配方式。

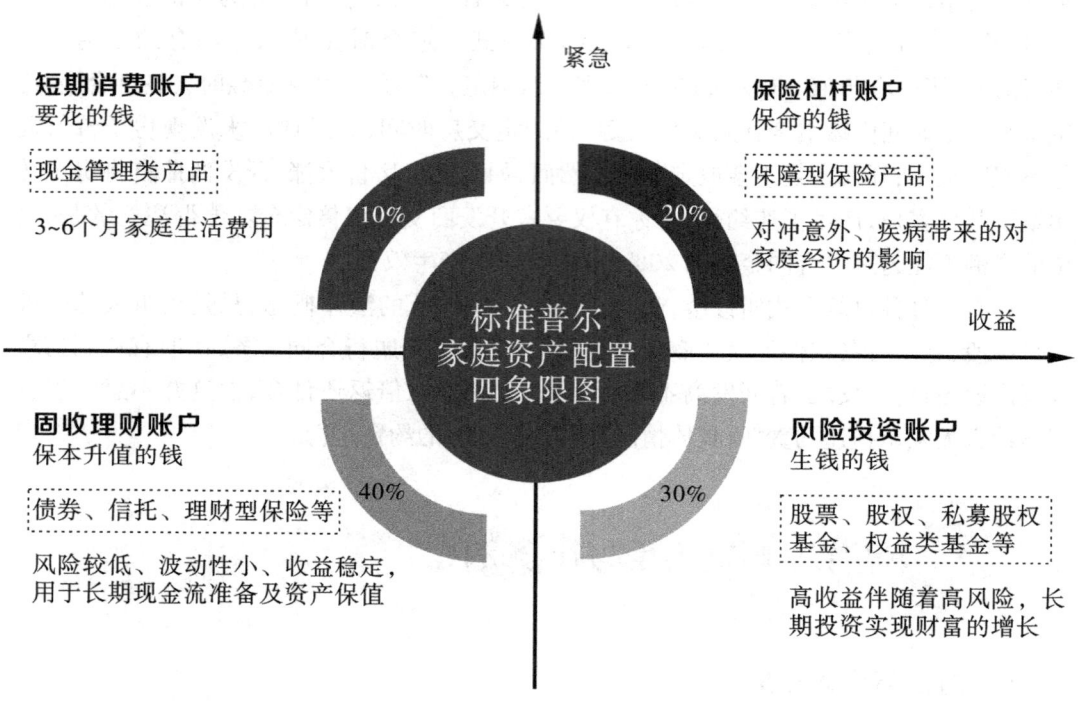

图3-5 标准普尔家庭资产配置图

标准普尔家庭资产配置图把家庭资产分成四个账户,分别是要花的钱、保命的钱、保本升值的钱和生钱的钱。这四个账户功能不同,资金的投资渠道和产品自然也各不相同。我们必须拥有这四个账户,才可能在各种情况下都能保证家庭资产的长期、持续、稳健地增长。

第一部分是要花的钱,一般占家庭年收入的10%,需要满足家庭3～6个月的生活费用,可以设立一个日常开销账户。第二部分是保命的钱,这部分是解决因病或意外的突发大额开支,一般占家庭年收入的20%。第三部分是生钱的钱,一般占家庭年收入的30%,为家庭创造更多财富,可设立一个投资收益账户。第四部分是保本升值的钱,占家庭年收入的40%,一般是家庭成员的养老金、子女教育金、留给子女的钱等未来的长期储备金,是未来一定要用并需要提前准备的钱,可设立一个长期收益账户。

这四个账户就像桌子的四条腿,少了任何一个都有倒下的危险,关键点就在于平衡。当然,并不是所有人都可以直接照搬这个公式去配置资产,每个人每个家庭,目标不同、拥有的资源不同、所处的人生阶段不同甚至家庭人员不同等,都是影响我们具体配置方案的因素,需要我们根据家庭情况具体问题具体分析。

(二)树立正确的财富观

古人有云:君子爱财,取之有道。在人类社会中,财富是一个永恒的话题。每个人都渴望拥有更多的财富,以保障自己的生活和实现自己的梦想。然而,如何获取财富,却是一个需要认真思考的问题。有些人为了追求财富,不择手段,甚至违背自己的良心和道德底线。这种做法虽然在短期内可能会获得一些利益,但最终往往会付出沉重的代价。

首先,"君子爱财"并不意味着我们要盲目地追求财富。我们应该明白,财富的获得应该建立在道德和良心的基础上。如果我们只是为了追求财富而忽略了自己的道德底线,那么我们就会失去做人的尊严和价值。因此,我们应该树立正确的财富观,明确自己的价值观和人生目标,从而在追求财富的过程中保持清醒的头脑和坚定的信念。

其次,"取之有道"意味着我们应该通过正当的手段来获取财富。在这个充满竞争和诱惑的社会中,我们必须时刻保持警觉和清醒的头脑,不要被一时的利益所迷惑。我们应该遵守法律法规,尊重他人的权益和利益。只有这样,我们才能真正地获得财富,并且不会因此而失去自己的尊严和价值。

"君子爱财,取之有道"是我们对待财富和获取财富的基本原则和道德底线,我们应该树立正确的价值观和人生目标,明确自己的职业规划和人生规划,时刻保持清醒的头脑和坚定的信念,不要被一时的利益所迷惑。

"东北彩票王"马洪平两次中奖500万元,然而4年后入狱,充分说明了要正确对待财富。

马洪平是黑龙江哈尔滨人,20世纪60年代出生,家境并不富裕,上完初中后就被迫辍学外出打工,然而没有什么学历的马洪平只能打些零工、刷盘子或者做保安。一次偶然马洪平买彩票中了9816元,从此一发不可收拾,马洪平把所有时间都用在买彩票上,竟然连续中了两次500万,大家也称马洪平为"财神爷"。马洪平每天沉迷于福彩的世界里,不工作每天研究彩票买彩票。随着钱越亏越多,中奖的概率越来越小,三四百万在短短几年内全部亏空,马洪平不相信自己会失算,也不相信自己的推演出现问题,他觉得是因为钱投得不够多,只有不断地买才能获得收益。但这时候的家底早已亏空,没有钱的他打起了亲朋好友的主意。为了能筹集资金,他什么样的谎言都随口而来,编造项目、伪造合同,以各种借口让他一下子借到了170多万元,马洪平向亲友们承诺给予高利息回报,因为之前马洪平大方地借给他们钱,再加上他总是中奖,没有人对他有什么怀疑。

马洪平又借到的钱通通用于买彩票,可根本没有任何中奖的迹象,为了能保住自己的房产,他跟妻子离了婚,把房子过户到了儿子的名下,自己则躲避起来不断研究彩票,借给他钱的人找不到人后,打听之下才知道,原来一切都是马洪平编造的骗局。知道自己被骗了,愤怒地报警处理。经过走访调查法院掌握了所有的证据,马洪平也供认不讳,2009年的4月哈尔滨中级人民法院作出判罚,马洪平因涉嫌诈骗判处有期徒刑10年,并罚款万元。

如果是你和你的家庭的话,会怎么对待这笔财富?

课后思考:

家庭资产负债表是把家庭中的重要财务信息,例如资产和负债做成家庭资产负债表,可以比较清晰地反映家庭的理财状况、负债情况以及资产配置情况。家庭的资产负债表分类不像企业资产负债表那样有比较明确的列报规则。一般情况家庭资产负债表可以分为资产、负债两大类。

家庭资产也按情况分为流动性资产(比如现金、银行活期存款)、投资性资产(比如各类定期存款、股票债券基金投资、投资性房地产、其他投资等)、自用资产(自用住房、自用汽车等,但家庭一般低值的物品就没必要列进去了,并入普通的家用电器)。

负债可以分为消费性负债(比如一般的信用卡欠款、普通的小额消费贷款等)、投资性负债(比如金融产品投资借款、投资性房地产借款、实业投资借款等)、自用负债(如自用房产贷款、自用汽车贷款等)。

请根据上述知识,尝试列出你们家的家庭资产负债表。

二、个人财富与国家财富

改革开放以来,中国经历了食品、服装、家电、住房、汽车等商品消费"排浪式"扩张浪潮。从追求数量到追求舒适,消费从生存型迈向发展型,"人民生活更加殷实"的内涵变得丰富,在国家发展蓝图里奏响幸福的乐章。

(一)个人财富与国家的关系

个人财富与国家财富是小溪与大河的关系。个人财富的增加有利于国家财富的增加,国家财富的增加会助推家庭财富的发展。国家富强了,一系列的精准扶贫工作持续展开,旨在让人民共享发展成果。我们需要认识到个人财富积累和国家发展并不是对立的关系。在市场经济中,通过创造价值、提供服务等手段获取收入是正当合理的行为,并且也可以促进整个社会的繁荣与发展。

创造富足安康的社会是国家和每个公民的责任,国家有责任提供创造财富的机会以及促进财富的优化配置。国家也应该加强监管与引导作用,并鼓励企业将部分收益用于公益事业建设或环保工程上去。同时营造更加公平的竞争环境,采取维护消费者权益的措施,有助于推动市场健康有序地运转。

(二)积极承担社会责任

财富是个人的努力获得,更是一种社会资源的再分配;拥有财富越多,社会责任越大。赚取更多财富不是人生的最终目的,用所赚取的财富去帮助他人、回馈社会,才是生命价值的最高体现。在享受自己成功带来的好处时也要注意回报社会。比如说捐款支持公共事业、参加志愿者活动等方式都可以表达出对于社会的责任感。有影响力的商人们普遍都是爱国的,他们关心自己的家乡,关心国家大事,与国家的发展趋势保持一致。例如我国著名爱国商人邵逸夫积极回馈社会,25年捐赠近50亿,中国各地都留下了逸夫楼的身影。

对于香港来说,邵逸夫缔造了东方好莱坞、创造了TVB的电视神话,稳居超级富豪榜,是一位成功的商人;而邵逸夫能够在内地广为人知,更重要的原因是遍布全国的"逸夫楼""逸夫学校",因为他是一位充满传奇色彩的教育慈善家。

改革开放之初,由于管理资金的极端匮乏,敦煌石窟文物保护事业正处于十分困难的境地,只能因陋就简,许多洞窟还使用着安装多年早已破败不堪的木栅门,甚至还有许多洞窟连简陋的门也没有,只能敞着洞口。1984年,邵逸夫先生出资1000万资金保护敦煌莫高窟壁画,这是敦煌石窟得到的第一笔捐助善款。自1985年以来,邵逸夫先生通过邵逸夫基金,与教育部合作,连年向内地捐赠巨款建设教育教学设施,截至2014年1月,邵逸夫先生捐助内地科教文卫事业的资金达25亿元,捐助项目6013个,其中30%以上为教育项目,受惠学校超过千所,以邵逸夫的名字命名的教学楼、图书馆、科技馆及其他文化艺术、医疗机构遍布中国许多地方。

三、财富规划与管理

(一)财富管理含义

财富管理包括个人财富管理、家庭财富管理以及国家财富管理。个人财富管理指的是个人通过一系列的金融与非金融的规划,构建个人财富的系统性安排。家庭财富管理指的是采取现金、信用、保险、投资组合等一系列的金融手段,将资产、负债流动性进行管理,以满足人生不同阶段的财务需求,以达到降低风险,实现财富保值、增值和传承等目的的全面的财务规划。

家庭财富管理范围包括:现金储蓄及管理、债务管理、个人风险管理、保险计划、投资组合管理、退休计划及遗产安排。

(二)生命周期理论

生命周期理论最早由莫迪利亚尼和布里克斯于1957年提出,他们认为个体的消费和储蓄行为是基于他们一生的收入流,理性的消费者要根据一生的收入来安排自己的消费与储蓄,使一生的收入与消费相等。

生命周期理论将人的一生分为年轻时期、中年时期和老年时期三个阶段。一般来说,在年轻时期,家庭收入低,但因为未来收入会增加,因此,在这一阶段,往往会把家庭收入的绝大部分用于消费,有时甚至举债消费,导致消费大于收入。进入中年阶段后,家庭收入会增加,但消费在收入中所占的比例会降低,收入大于消费,因为一方面要偿还青年阶段的负债,另一方面还要把一部分收入储蓄起来用于防老。退休以后,收入下降,消费又会超过收入。因此,在人的生命周期的不同阶段,收入和消费的关系,消费在收入中所占的比例不是不变的。

生命周期理论的基本原理可以概括如下:

(1)收入流动:个体在一生中会经历不同的收入阶段,一般而言年轻时收入较低,随着年龄的增长,收入逐渐增加,直到退休后逐渐减少。

(2)消费和储蓄:根据预期未来收入的模式,个体会对自己的消费和储蓄做出相应的安排。年轻时倾向于消费较少,而将较多的收入储蓄起来,以便在老年时期能够维持生活水平。

(3)财富转移:在整个生命周期内,个体往往会有一部分财富转移到下一代,这也会对个体的消费和储蓄行为产生影响。

(三)财富规划与管理基本原则

1. 开源节流原则

开源节流是财富管理中的首要原则。曾经有人询问富翁的致富之法,富翁反问他:"如果你有一个篮子,每天早上向篮子里放十个鸡蛋。当天吃掉九个鸡蛋,最后会如何呢?"这个人回答说:"迟早有一天篮子会被装得满满的,因为我们每天都获得鸡蛋,并且放进篮子的比吃掉的要多一个。"富翁笑着说道:"致富的首要原则就是你要有源源不绝的硬币,且当你往钱包里放进十个,最多只能用掉九个。"

源源不绝的硬币意味着开源。开源不仅仅是提升工作技能,增加本职收入,也可以有一些其他的收入来源,例如利用自己的专业技能开启第二职业。开源有助于给自己明确的目标,提升个人能力,从而把握更多的机会,获得更多的收入来源。

节流意味着尽可能减少不必要的支出,或少花钱多办事,花小钱办大事。节流也意味着强制储蓄。科学的储蓄公式是"收入−储蓄=支出",而不是当代大多数人采取的公式"收入−支出=储蓄"。它不仅在于当时存下的钱,重要的是可以把你的财富水库由没水变有水,从水少变水多,更重要的是,有目的有计划的储蓄可以形成一个把未来和金钱统一成一个整体的观念;随着财富水库里水量不断增多,财务上的安全感不断增加,内心变得祥和和宁静。持续养成的储蓄习惯,也可以刺激获取财富的欲望,激发对美好未来的追求。持之以恒地开源节流,是非常智慧的做法,也是财富管理的重要基础。

2. 安全性原则

1981年的诺贝尔经济学奖得主詹姆斯·托宾有一句非常经典的话:不要把所有鸡蛋放在同一个篮子里。这句话之所以经典,是因为它讲了一个非常重要的道理:管理财富的第一要务是"安全"。

对于绝大多数人来说,管理财富时,首先考虑的应该是本金的安全,而不是赚钱。这是重中之重,赚钱很重要,但是保本更重要。有了保证本金安全的意识,在选择财富管理方式时会认真谨慎得多。在选择财富管理方式时尽量不要选择风险较大的方式,一定要保证所选方式的风险在自身可承受和可控范围之内。

3. 持久理财原则

巴菲特曾用"滚雪球"来比喻通过复利的长期作用实现巨大财富的积累。"认识就像滚雪球,最重要的是发现湿雪和长长的山坡。"雪很湿,比喻年收益率高,坡很长,比喻用于复利增值的时间很长。如果想让财富滚雪球,那么科学的财富规划与管理,必须具备初始的外力、长长的坡和厚厚的雪,即本金、利率和时间,缺一不可。

在科学方法的前提下,很长的时间能让财富有足够时间变强。爱因斯坦曾经说过:"宇宙间最大的能量是复利,世界的第八大奇迹是复利。"复利需要足够的时间,财富管理也不是一朝一夕的事情,不可能一蹴而就,不能只凭着三分钟的热情,它是一件长期的事情。我们不要幻想一夜暴富,要在时间的指引下,走向快乐幸福的财富彼岸。

4. 快乐原则

快乐原则是很多人在财富管理中忽视的原则。管理财富之前,应该意识到:人是金钱的主人,不是金钱的奴隶。财富管理是为了让生活过得更美好,是为了提高人生幸福感。开心投资,快乐理财,在没有巨额债务负担的情况下,单纯为了省钱而降低生活水平,不仅违背了财富管理是让生活更美好这一目标,也会让财富管理成为一件苦差事,妨碍了财富管理的可持续性。快乐原则既有利于财富管理的可持续性,也是财富管理的魅力所在。

(四)财富管理的误区

在财富管理的学习中我们应避免以下误区:

1. 误区一:财富管理是"富人"的事

财富管理,不仅仅是富人的事,而是关乎我们每个人的终身大事,懂得财富管理,才能够让自己的生活有保障,更好地追求人生理想,使财富为自己、为社会、为后人创造最大的价值。财富管理是一种生活习惯,对于年轻人来说,每个月可以将自己的闲钱做一个基金定投,长此以往自己会积累起一笔不小的财富。上了年纪的人可以定期将自己的部分闲钱做一些信托资管类的项目,通过理财来为子孙留下更多财富。

2. 误区二:财富管理是"大人"的事

人们常说"富不过三代",原因之一在于父母赠予孩子大量财富,孩子们对这些财富的消费大大高于储蓄和投资,对财富缺乏管理。而被称为最富有的民族的犹太民族非常重视财富的家庭传承,他们认为要培养后代获取创造并传承财富的技能和素质,这些比拥有金钱更有价值,他们从小就会对孩子进行财富管理能力培养的教育,他们从来不认为赚钱是一个需要到达一定年龄才能开展的活动,财商不仅仅是财富能力教育,更是一种品格教育和责任教育。他们从孩子三四岁开始就开设家庭理财课。可见从小培养孩子树立正确的财富观和形成一定财富管理能力,是构建孩子健康的生活态度和积极的人生价值观的重要前提。树立正确的财富观,掌握财富管理的方法不仅仅是"大人"的任务,也是我们每个人都要去学习和面对的。

3. 误区三:财富管理是"个人"的事

财富的创造不仅需要个人的努力,也离不开社会和他人的支持,每个人的财富获得都与国家、社会发展息息相关,国家的稳定和发展促进了个人财富的增加,我们个人和家庭也应有家国情怀,把个人、家庭财富管理变成带动社会进步、国家和谐发展的积极力量。

第四章

财经素养教育和各学科融合教育

财经素养教育是新时期贯彻国家德智体美劳教育方针、落实学校立德树人根本任务、促进学生核心素养发展的重要内容和途径。有效开展财经素养教育需要在正确把握财经素养教育内在行动逻辑、基本原则和主题内容的基础上选择合适的教学方法,才能够体现出财经素养教育的综合性和实践性特征。中国财经素养教育协同创新中心将财经素养教育样式总结为独立专题教学、学科融合教学、综合实践教学、班会活动教学和社团活动教学五种形式。本书团队协同中小学一线教师分别就语文学科、数学学科、英语学科和道德与法治学科,从学科融合的视角进一步探讨和研究教学形式、内容、手段和评价。

第一节 语文学科融合财经素养教育

互联网时代,中小学生消费方式更加便捷,消费欲望更加强烈,消费观念更为超前,消费行为更趋非理性。引导学生树立正确消费、理财观意义重大且迫在眉睫。

古代没有独立的经济学科,但并不是说古人就没有经济思想和经济意识,我国最早的诗歌总集《诗经》中就蕴藏着较为具体的经济意识和观点。《诗经·卫风·氓》中"氓之蚩蚩,抱布贸丝"就是对商品交换的直接叙述;《诗经·陈风·东门之枌》"不绩其麻,市也婆娑"说明当时已经形成了进行商品交换的固定场所——"市"了;《诗经·邶风·谷风》"既阻我德,贾用不售"说明商业交易活动已经渗透到家庭生活之中。司马迁《史记·货殖列传》则为我们展示了当时社会的经济状况和商业发展水平,为历史上范蠡、子贡等良商廉贾树碑立传,并使"天下熙熙,皆为利来;天下攘攘,皆为利往"流传至今。

《义务教育语文课程标准(2022版)》指出,语文课程具有工具性与人文性统一的特点,强调在真实的语言运用情境中,通过积极的语言实践,既要传授语言文字知识、培养语言文字运用能力,也要继承和弘扬中华优秀传统文化,全面提升学生的语文核心素养。面对新时代青少年,语文教学中需要重视财商教育,促进学生全面发展。

语文课程与语言文字密不可分。汉字是世界上唯一使用至今且没有中断的表意文字。汉字是我们中华文明与文化的基石,汉字书写着中华民族悠久的历史,记载着中华民族灿烂的文化,汉字与汉字文化本身也是中华文化的核心内容之一。如何在语文学科中融合财经素养教育呢?下面我们以部编版二年级语文下册识字第3课《"贝"的故事》的教学设计为例来说明。

教学内容:《"贝"的故事》
教材版本:人民教育出版社2024年版
授课年级:二年级
课时安排:2课时
设计者:张晓英　王士枝
执教者:王士枝
授课学校:郑州市郑东新区昆丽河小学

一、学习主题

(一)主题名称

"贝"的故事。

(二)主题解读

(1)核心素养:文化自信。
(2)核心概念:常用偏旁部首"贝"与钱财的关系。
(3)核心主题:感受汉字形体与意义之间的关联。

部编版二年级语文下册识字第3课《"贝"的故事》,"会写字"中的"贝""财"和"钱"都与货币有关。充分体现了新课标"总目标"中的"热爱国家通用语言文字,感受语言文字及作品的独特价值,认识中华文化的丰厚博大,汲取智慧,弘扬社会主义先进文化、革命文化、中华优秀传统文化,建立文化自信"。

从贝壳作为装饰品到成为最早的货币,继而产生一系列以"贝"做偏旁部首的字,诸如"财、赚、赔、购、贫、货"等,引导学生从汉字形体入手,归纳出这些字都与货币贸易有关,再将这些字与"钱"关联起来,从而梳理出货币的前世今生,引导学生树立正确的金钱观、价值观。

二、学习目标

语文教学要从学生生活实际出发,创设学习情境,激发学生好奇心、想象力、求知欲,要以识字、写字为基础,在阅读中增长知识,培养能力,树立文化自信。

1. 课标分析

内容要求:通过《"贝"的故事》这一课的学习,掌握一类字"贝"和"钱",知道贝壳是最早的货币,了解货币的发展简史,建立汉字形义之间的联系,引导学生树立正确的金钱观,形成初步的财经素养。

学业要求:引导学生充分利用网络资源,搜集货币的知识及图片,认识货币作为物质交换媒介物的功能,能够结合图片资料,讲述关于货币历史发展脉络的小故事。

学业质量标准:认识会写"贝""财"和"钱",结合生活实际联系从"贝"的一些字,掌握这些字都与钱财有关,进一步深入理解字形与字义之间的关系,准确把握汉字表意文字的性质。了解"钱"与金属有关,原本是一种农具,后来成为货币的代称,感知父母赚钱的不易,培养勤俭节约的意识。通过资料搜集、故事讲述、手抄报制作等形式多样的活动,对汉字产生好奇心与求知欲,形成语文学科的学习兴趣与合作探究的学习习惯。

2. 教材分析

部编版语文教材在课文篇目选择上突出了经典、文质兼美、适宜教学、时代性等四个标准,并增设了识字单元。单元结构体例上灵活地将"语文素养"框架下的"基础知识""识读写字能力""学习习惯""口语交际"等基本元素融合在课文或课后题中。

《"贝"的故事》在识字单元,也是全书第三单元,本单元还有3篇识字课文,分别是《神州谣》《传统节日》和《中国美食》。《"贝"的故事》这篇课文篇幅短小,只有2个自然段,要求会认的字有"甲""骨"等15个,会写的字有"贝""钱"等9个。

3. 学情分析

学生去海边旅游时会见到或者购买贝壳,精品小商店或者网络上也有很多贝壳和相关工艺品,学生对贝壳并不陌生。通过之前的语文学习,学生已经掌握了一定数量的会认、会写字,初步建立了汉字形与义之间的联系。知道了"江""河"等带有三点水的字与水有关,"柳""林"等带有木字旁的字与"树木"有关,"说''读"等带有言字旁的字与说话有关等,从而为他们探究发现"财""货"等带有贝字旁的字与货币有关奠定了坚实的基础。

三、设计教学活动

教学是师生之间的双向活动,教师是教学的引导者,学生才是学习活动的主体。教学过程中各环节的设计与衔接过渡都要充分考虑学生的身心特点,这样才能有的放矢。

1. 设计思路

(1)设计培养动手能力的实践活动。在课前预习环节,让学生利用网络资源搜集关于甲骨文的相关知识,在课堂上展示"甲骨文小课堂",激发学生的学习兴趣;让学生从形状、颜色、功用等方面介绍他们眼中的贝壳,进一步熟悉课文内容;让学生借助网络资源搜集不同时代的货币,初步了解货币的发展简史。在课后布置手抄报、讲故事等不同形式的创意作业,拓展货币知识,引导学生树立正确的金钱观。

（2）设计勤于思考的探究活动。在熟读课文，知道了"贝"的由来之后，以"财"字为抓手，鼓励学生说出自己认识的字形中有贝字旁的汉字，如：货、贱、贷、质、赏、赐等。继而在已经学习掌握了水字旁、言字旁、木字旁、草字头、鸟字旁等偏旁的基础上，在小组合作探究中发现字形中带有"贝"字旁的字与钱财有关。

（3）设计逐层深入的教学目标。教学目标的设定要紧紧围绕语文核心素养的达成。在阅读中认字识字，在教师指导下正确书写汉字，在小组合作探究中发现汉字形与义之间的联系，再结合生活场景让学生了解父母工作的艰辛、赚钱的不易，培养学生勤俭节约的美德，引导学生树立"君子爱财，取之有道"的价值观。

（4）设计多元有效的评价体系。统筹考虑学生课前预习效果、课堂表现、作业完成情况，以及课后拓展作业成果等方面，建立多元化评价机制，全面衡量学生的学习效果。牢固树立以学生为中心的理念，关注学生在学习过程中的努力、进步与成长，及时给予鼓励和反馈，激发学生的学习兴趣，促进学生的全面发展。

2.教学设计

（1）教学目标：①会认"甲、骨"等15个生字，会写"贝、钱"等9个生字，掌握多音字"漂"。②能够正确、流利地朗读课文，了解"贝"字的起源、作用，掌握字形中带有贝字旁的汉字与钱财有关，进一步强化汉字形义之间的联系。③感受汉字和中华传统文化的魅力，逐步树立文化自信。

（2）教学重难点：①教学重点——识字辨义，了解"贝"字的起源和形义之间的联系。②教学难点——探究形声字形旁表义的特点，体悟传统文化的博大精深。

（3）教学方法：朗读法、研讨法、归纳法。

（4）教学安排：2课时。

（5）教学实施（见表4-1）

表4-1　教学实施方案

教学过程	教学内容	设计意图
新课导入	**情境导入**：创设情境，引导学生说出贝壳的颜色、形状、作用等 **问题**：你们有没有去过海边旅游，有没有捡到贝壳？你见过的贝壳颜色、形状是什么样的呢？你知道贝壳的作用吗？	让学生用自己的话语描述见过的贝壳，思考贝壳在现在的作用，为进一步了解贝壳在古代的用途奠定基础；同时，也借助情境问题设置，激发学生的兴趣与好奇心

续表 4-1

教学过程	教学内容	设计意图
新课学习	**第一课时** **内容一**：初读课文，了解预习情况 1. 展示实物贝壳或者关于贝壳的照片，直观感受贝壳的美 2. 让学生自由读课文，完成以下任务：借助拼音认识文中生字；不熟悉的生字和不理解的句子多读几遍；初步了解课文主要讲了什么内容 3. 展示初读效果：同桌互读生字，如果有不会的，同桌互相教读 4. 强化几个字的读音：珍、饰、赚都是翘舌音；随、损、财都是平舌音；品、贫是前鼻音；漂是多音字，有 piāo 和 piào 两个读音 5. 遮住拼音找学生识读这些生字；再读课文，要求把生字读准确，不能添字、漏字、改字或者颠倒顺序 6. 提问学生：说说课文主要讲了什么？ **内容二**：指导写字 1. 学生自由观察，提醒大家写字时应该注意的地方 2. 指导书写用贝做偏旁的字，提示学生：贝出现的位置不同，后一点的长短有所不同 3. 指导"钱"字的写法，以及在田字格中所占的位置 4. 学生描红，教师巡视指导 **内容三**：布置作业 在书写本上按照要求，认真书写本节课的 9 个生字；借助字典，了解"漂亮、珍贵、损坏、容易"几个词的同义词	1. 激发学习兴趣；在阅读中掌握会认、会写字的读音；完成识字任务，更好地把握课文主要内容 2. 一系列用"贝"做偏旁的字的字形中含有共同的偏旁，意义上也有共同之处，引导学生逐步建立汉字形义之间的联系 3. "钱"从"金"，说明"钱"与金属有关，"钱"的本义指的是类似现在铁锹一类的铲形农具，引导学生探究历史上的"钱"都是什么样的，初步认识货币的作用与常见形式

续表 4-1

教学过程	教学内容	设计意图
新课学习	第二课时 内容一：复习导入，复习上节课学过的生字词 出示本课词语，自由读；随机抽取学生读词语，师生纠正读错的字音；齐读词语三遍；听写含有生字的词语，同桌互改，有错及时订正 内容二：再读课文，深入了解课文内容 1. 学生齐读课文，思考每个自然段各写了什么内容 2. 根据第一自然段，思考下列问题：贝壳是什么样子的？在甲骨文中，"贝"字的样子像什么？引导学生归纳：这一段讲的就是"贝"字的起源 3. 根据第二自然段，思考下列问题：贝壳有什么特点？在古代人们把它用作什么？除了珍贵、漂亮之外，贝壳还有什么特点？它在古代有什么用途？引导学生归纳：这一段讲的是贝壳在古代的作用是作为饰品；由于贝壳不容易损坏，所以古人还把贝壳当作钱币 4. 根据贝壳作为货币的用途，进一步思考：用"贝"字做偏旁的字，大多表示什么？引导学生通过课文里列举的"赚、赔、购、贫、货"等字，归纳出：用"贝"字做偏旁的字大多与钱财有关 5. 请同学们在字典的帮助下，找一找除了书上列举的贝字旁的字，还有哪些贝字旁的字 内容三：细读课文，感悟传统文化的魅力 认真朗读课文，用横线画出贝字的由来；细读课文，用波浪线画出贝的作用及特点；同桌之间互相讲一讲贝的故事，回家后讲给爸爸妈妈听 内容四：拓展延伸 初步感知甲骨文；说一说见过的"钱"（货币）；猜一猜："钱、银、铜"与什么有关？"珍、珠、玲"与什么有关？	1. 温故知新，养成良好的学习习惯 2. 了解甲骨文的常识，知道甲骨文是殷墟故物，甲骨文出土在河南安阳，河南有丰富的汉字资源，增强学生文化自信 3. 引导学生探究，正是因为贝壳不仅珍贵、漂亮，还不容易损坏，古人才会选取贝壳作为货币。正是因为贝壳被作为货币，才有了一系列以"贝"为偏旁的汉字，而这些汉字与钱财有关，不仅凸显了汉字形义之间的联系，也彰显了古人的造字智慧 4. 鼓励学生亲自到殷墟博物馆、中国文字博物馆等场馆，感受汉字的魅力，感悟中华传统文化的博大精深 5. 通过梳理"贝"与"钱"，我们知道，金钱只不过是人们物质交换的中介，金钱本身并没有价值，它存在的意义在于提高了物品交换的效率，促进了物质的丰富。身处商品经济社会，金钱与我们的生活息息相关，我们既要认识货币在经济生活中的作用，也不要盲目崇拜金钱，要牢固树立正确的金钱观，做到君子爱财，取之有道，用之有度
课堂小结	课文共2个自然段，主要介绍了"贝"字的由来、演变以及发展。古时候，贝壳因为漂亮、珍贵，又便于携带、不易损坏，人们便把贝壳当作钱币使用，因此，贝字旁的字大多与钱财有关。由一个简单的"贝"字，引出一系列用"贝"做偏旁的汉字，并由"贝"的字义，探究出用"贝"做偏旁的一系列汉字的大致意思	通过形声字形符的示意作用，归纳出带有"贝"字偏旁的字都与钱财有关；以贝壳为源头，了解货币发展简史，树立正确金钱观、价值观。通过汉字教学，恰当融入思政元素，巧妙进行财商教育，提高学生的财经素养

续表 4-1

教学过程	教学内容	设计意图
作业布置	**作业一**：查阅资料绘制关于甲骨文或者货币发展简史的手抄报 **作业二**：查阅资料讲述关于货币发展简史的小故事 以上两项作业，可根据自己的兴趣爱好，选择一项完成	通过绘制手抄报或讲故事的形式，加深学生对课文内容的理解掌握，并且拓宽学生视野，提高学生的综合能力，有助于多视角评价学生的课堂学习效果

四、持续性评价

教学评价是在新课程评价理念的指导下，根据新课标的要求，对语文教学活动和教学效果给予价值判断并不断改进的过程。教学评价不仅关注学生基础知识的习得、基本能力的提高，更要着眼学生各方面潜能的开发，旨在促进学生的全面发展。

（一）评价依据

新课标指出，语文课程评价包括过程性评价和终结性评价。过程性评价要贯穿在语文教学全过程当中。评价以学生为主体，以教学目标为导向，重在考核学生识字、写字等语文基础知识掌握情况；考查学生是否通过小组合作、问题探究等方式提升了理解归纳与自主学习的能力；考查学生能否感受到传统文化的魅力，并初步形成正确的价值观、金钱观。

（二）评价内容

既关注学生 15 个会认字、9 个会写字，以及多音字"漂"的掌握情况；又重视阅读与鉴赏效果，掌握多种朗读方法与技巧，在阅读中识字并理解词语的含义；与此同时，还要关注学生在案例分析、小组合作中探究汉字形义之间的联系，并能够将结果采用多种方式进行交流与表达。

（三）评价方式

逐步改变传统的单一的教学评价方式，探索多维度的教学评价方式，旨在更加全面、准确地对教师的"教"和学生的"学"做出真实的评价。从知识与能力维度来看，通过提问检测识字情况，从听写检测写字情况，从回答问题检测理解掌握情况；从过程与方法维度来看，通过课堂上小组合作探究，考查学生知识迁移、归纳概括等能力；从情感态度和价值观维度来看，通过"贝"与"钱"的故事，引导学生逐步树立正确的价值观、金钱观、消费观。与此同时，注重评价主体的多元化，评价主体可以是教师、学生，也可以是家长。在课堂教学环节，教师要关注到学生的表现，对主动思考、积极举手回答问题的同学给予肯定和表扬，对不太积极的同学适时鼓励，让他们能够积极主动地参与课堂，营造良好的课堂氛围。在分组合作探究以及课后拓展作业展示环节，要将教师评价、学生自评，以及学生互相评价相结合，提高学生自信心。把学习内容、学习效果分享给家长，让家长给予中肯评价，切实感受到孩子的成长变化。

（四）评价结果

针对二年级学生年龄和心理特征，将多维度、多元化评价的结果具象化，让不同学习程度、不同兴趣爱好的学生都能找到自己擅长的表现形式。因此，在预习环节，让学生准备贝壳的图片，学着描述贝壳的形状、颜色与功用；让学生利用网络资源，搜集古代货币的图片，了解货币发展简史。在课后拓展环节，布置手抄报或者讲故事等不同类型的作业，让学生有选择的权利，从而更加积极主动高效地完成任务。

通过搜集整理贝壳以及古代货币图片（见图4-1），可以帮助学生直观感受贝壳特征与功用，初步了解古代多姿多彩的货币类型，建立货币与生活的联系，培养财经素养。

图4-1 贝壳及古代货币图片展示

通过实地参观以及制作关于甲骨文的手抄报（见图4-2）、讲述关于货币的小故事，让学生探索文字的奥秘，通过甲骨文直观感受文字形义之间的联系。

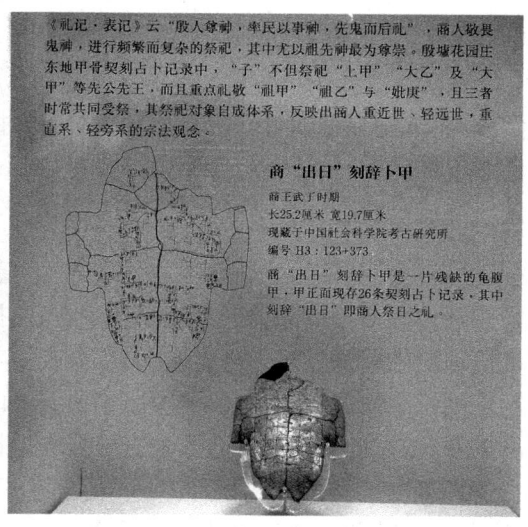

图 4-2　实地拍摄殷墟博物馆照片及货币手抄报

学生讲述的关于货币的小故事：

同学们，大家好！今天我给大家讲一个关于"钱"的故事。过年的时候，小朋友们都会收到压岁钱，我们熟悉的钱是人民币，那古人的钱又是什么呢？早在三四千年以前，人们用"贝"作为货币，到了周朝，出现了空首布，它的形状是仿照农具"钱"铸造出来的，于是"钱"就成了货币的代称。秦始皇统一天下后，货币主要有黄金和铜钱两种；到了北宋时期，出现了最早的纸币——交子；到了 1948 年 12 月发行了第一套人民币，而现在大家更习惯用支付宝或微信支付。

五、教学反思

《"贝"的故事》紧扣新课标的要求进行教学设计。在预习环节，让学生观察贝壳、了解贝壳、介绍贝壳，初步感知贝壳的形状、颜色及功用，激发学生的学习兴趣。课堂上，通过各种形式的朗读，掌握课文内容，了解贝在古代的重要作用——作为货币，继而通过形声字形符的释义作用，引导学生联想从"贝"的一些字，引导他们归纳出这些字与钱财有关。在教学生学习书写"钱"字时，从字形出发，引导学生发觉"钱"字最初应该与金属有关，因为历史上曾把货币铸成"钱"的形状，于是"钱"就成了货币的代称，一直沿用至今。随着时间的推移，科技的发展，货币的基本职能未变，但货币的形式处在不断变化之中，激发他们了解古代货币发展史的兴趣，为课后拓展探究指明方向。

在轻松欢快的课堂上，学生们识字、写字，有感情地朗读课文，深入理解课文主要内容，圆满地完成了习得基础知识、提高识字写字能力，以及养成良好学习习惯的任务，不断夯实语文基本素养；在课后通过实地考察河南省博物院、殷墟博物馆、中国文字博物馆,制作甲骨文、货币发展史手抄报,以及讲述货币的故事等活动,叹服古人的智慧,体悟中华优秀传统文化的博大精深,在潜移默化中增强了学生的民族自豪感与自信心。

在教学各环节,大多数学生都能紧跟教师的节奏,学有所乐、学有所得,但也有小部分学生"游离"于课堂,原因可能是多方面的,但也要引起教师的重视,积极践行因材施教,确保每个学生都能不断进步,语文素养不断得到提升。

第二节　数学学科融合财经素养教育

《义务教育数学课程标准(2022年版)》[以下简称《课程标准(2022年版)》]教材的编写具有以下鲜明的特色:以学生已有的生活经验为前提,呈现学生熟悉的生活情境,编排遵循儿童认知规律,促使儿童主动构建数学知识。小学数学中财经素养的融入情况还是比较多的。经梳理发现,几乎每一年级都有涉及关于财经素养的知识,与生活实际联系紧密。怎样在数学学科中融合财经素养教育呢?下面以"欢乐购物街"这样一个主题教育为例来说明。

教学主题:欢乐购物街

教材版本:人民教育出版社2023年版

授课年级:一年级

课时安排:7课时

设计者:闫德明　李玲

执教者:李玲

授课学校:河南省南阳市第十四中学校

一、学习主题

(一)主题名称

欢乐购物街。

(二)主题解读

(1)核心素养:量感、应用意识与创新意识。

(2)核心概念:元、角、分之间的十进制转化。

(3)核心主题:综合与实践活动。

《课程标准(2022年版)》将一年级的"认识人民币"从数与代数领域中的"常见的量"调整到了综合与实践领域。

（4）课标：综合与实践主题活动的设计有利于加强数学学科与其他学科之间的联系，与此同时，更培养了儿童的应用意识和创新意识等核心素养。因此，在这个过程之中，儿童不仅仅增长了数学知识与技能，更深刻地感悟着数学学科的价值，收获着数学的活动经验，这一切都在无形之中提升着学生学习数学的兴趣，更是日后儿童解决数学难题的动力。

综合与实践领域的教学活动，以解决实际问题为重点，以跨学科主题学习为主，以真实问题为载体，采取主题活动的方式呈现，通过综合运用数学和其他学科的知识与方法解决真实问题，着力培养学生的创新意识、实践能力、社会担当等综合品质。

二、学习目标

主题活动教学是跨学科背景下的数学内容学习，其目标是引导学生在跨学科背景下用数学的眼光观察现实世界，用数学的语言表达现实世界中事物的概念、关系和规律，帮助学生感悟数学与现实世界的联系，培养学生的实践精神。

（一）课标分析

《课程标准（2022年版）》最大的特色是在以往教学要求的基础上，增添了内容要求和学业要求，明确了学业质量标准，这就为教师的教学提供了更具指导性意义的教学方案。

1. 内容要求

"欢乐购物街"一课让学生在实际情景中认识人民币，能进行简单的单位换算，了解货币的意义，具有勤俭节约的意识，形成初步的金融素养。

2. 学业要求

学生能积极投入模拟购物活动，能清晰表达和交流信息，认识元、角、分，知道元、角、分之间的关系；会在真实或者模拟的情境中合理使用人民币；在教师的指导下能够反思并述说购物的过程，积累使用货币的经验；形成对货币多少的量感和初步的金融素养。

3. 学业质量标准

认识货币单位，尝试用数学方法解决问题，积累数学活动经验，形成初步的量感和应用意识。结合现实生活情境，尝试用数学语言描述生活中的实际问题，运用所学的数学知识和方法解决问题，形成初步的量感和应用意识。通过操作、游戏、制作等丰富多彩的活动，对数学产生一定的好奇心，形成学习数学的兴趣、初步的合作交流意识与独立思考的学习习惯。

（二）教材分析

在人民教育出版社2023年版教材中本单元主要是让学生认识人民币的单位元、角、分和它们之间的十进制关系，认识现在流通的人民币的各种面值，会进行简单的计算。本单元的具体知识结构如图4-3所示。

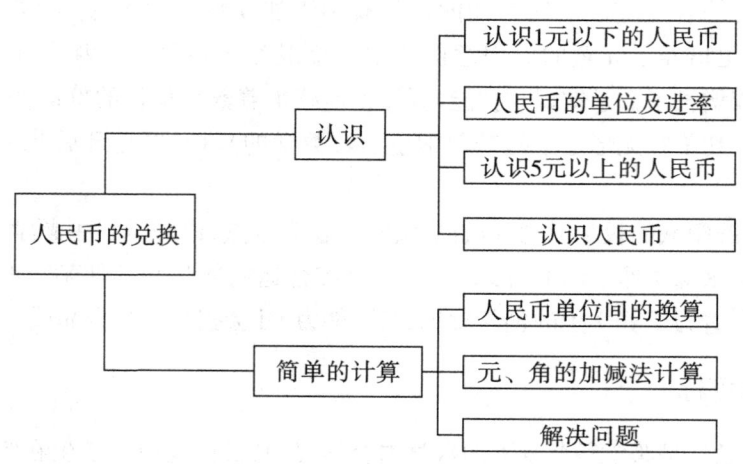

图4-3 单元知识结构

人民币是我国的法定货币,它是价值的一般代表,在人们的生活中起着重要的作用。在一年级学生已有生活经验和掌握100以内数的知识的基础上,认识人民币的目的有三:①使学生初步理解人民币的基本知识和懂得如何使用人民币;②使学生加深对100以内数的概念的理解,体会数的概念与现实生活的密切联系;③为后面的学习,尤其是小数的学习作铺垫。

对比梳理北师大版、人教版和苏教版关于认识人民币的单元内容,可以发现存在一些相同点。①三个版本的内容编排都遵循"小额人民币的认识、单位换算—大额人民币的认识、单位换算—购物解决问题"的顺序;②三个版本在单元的最后一节都安排了购物活动,让学生在实践中加深对知识的理解,用人民币的知识解决实际问题。但不同版本也有各自的编排特色。

北师大版教材是把相关内容编排在二年级上册第二单元,以"购物"为单元主题,分为"买文具""买衣服""小小商店"三个部分进行教学。通过"买文具"这一日常活动理解小面值的人民币,及其兑换和进率,积累购买经验。再通过"买衣服"认识大面值的人民币,积累更多的购物经验,并尝试自己提问解答。最后通过"小小商店"这一综合与实践课将抽象的理论知识与具体的实践活动相结合,逐步加深学生对人民币知识的理解与运用。这三个活动层次递进,由浅入深。

苏教版教材是把相关内容编排在一年级下册第五单元,以"元、角、分"为单元主题,教材例1设计了学生在商场门口的情境,第1课时认识1元及1元以下的人民币,第2课时认识1元以上的人民币,第3课时是实践活动——小小商店。值得关注的是"等值换币"活动,旨在在活动中帮助学生进一步熟悉各种面值的人民币,理解与掌握人民币单位的进率,发展学生的推理意识。

人教版教材是将相关内容编排在一年级下册第五单元,以"认识人民币"为单元主题,呈现的是"认识人民币"和"简单的计算",整个单元教学以人民币知识为主线,更注重知识之间的联系,缺少生活中真实的情境。

通过对教材的对比分析,在教学中应思考充分发挥北师大版教材突出强调的内容,寓教学于情境,让学生在主题探究的实践活动中完成认识人民币的学习。

(三)学情分析

学生在学习之前,在日常生活中都有一定的购物经验,基本有一些获得零花钱、跟随家人去消费的经历。在他们接触过人民币甚至使用过人民币的基础上,对人民币有一些基本的认识。但这些认识是零散的、浅显的,需要进一步梳理使其系统化、明确化。本主题活动应该给学生提供什么样的生长点,应该设计怎样的教学环节,怎样更好地链接生活,尽可能发挥其价值,从而提升学生的数学素养和社会实践能力,让学生充分体会数学与生活的联系,便成为我们思考的关键问题。

单元主题活动设计要解决的核心问题是,学生能够通过这样的有效设计与过程方法突破知识和技能的重难点,撬动深度思考与探究的欲望。深度学习就是要促进学生高阶思维的发展,而这只有基于教师的深度思考才能引发。因此,我们进行了主题构建与设计。

在集体活动中,引导学生知道货币的价值,丰富对量的体验,初步积累数学活动经验。作为综合与实践活动,教学目标除了包含对常见的量的数学知识要求,还要关注学生活动经验的获得和情感态度的发展。不能将教学目标仅聚焦在"认识人民币,能进行简单的单位换算"上,还应考虑将"积极投入模拟购物活动,能清晰表达和交流信息""会在真实或模拟的情境中合理使用人民币""能够反思并述说购物的过程""形成对货币多少的量感和初步的金融素养"等作为主题活动的教学目标。

三、设计教学活动

(一)教学设计思路

在《课程标准(2022年版)》附录1课程内容实例中的例48,给我们提供了设计建议。

例48 欢乐购物街

在购物活动中对商品进行定价或者买卖,在定价、付钱和找钱等具体活动中,认识人民币的相关知识。

【说明】基于生活经验,让学生回顾看到过的和经历过的购物过程,教师设计购物活动,帮助学生在这样的活动中认识并会使用人民币,体会货币单位的换算,加深对加减运算的理解,形成初步的量感。同时,帮助学生感受货币的作用、商品与货币的关系,形成初步的金融素养。

此主题活动可做如下设计。

1.筹备购物街

教师和学生共同筹备,例如:教师准备作为学具的"人民币",引导学生认识人民币,知道不同面值人民币之间的换算;每名学生带2件用来买卖的商品,可以是图书、玩具、文具等;师生共同布置购物街。

此活动可以分多次进行,确保每名学生至少经历一次买和卖的过程,引导学生熟悉货币之间的换算,体会买者和卖者操作过程和思考方式的不同,进一步理解加减法的应用,感悟货币与商品的关系,体会货币交流的过程,形成初步的金融素养。

2. 货币小讲堂

组织学生对购物过程进行回顾和反思,感知货币的意义;引导学生查阅资料,了解中国货币的历史知识,知道人类最初的货币、现代国家的货币和货币单位,并进行交流,感悟货币的价值、货币与商品的关系,了解简单的金融知识。

基于提升学生综合素养的价值诉求,我们将"购物"单元的主题设计为"欢乐购物街",以数学内容与生活的整合链接为主线,整合学习内容与学习过程,以学生积极主动的合作探究参与过程为主要途径,以学具币为整个单元的学习工具,创设师生共同深度学习的情境,充分利用学生原有的认知基础与活动经验,在一次又一次的综合实践与自主探索学习中撬动学生对知识的理解与建构,在不断讨论中让学生反思调整自己本来对知识的理解,迁移解决新情境中的新问题,从而关注学生量感、应用意识等数学核心素养的发展,培养学生交流合作的品质与数学学习的兴趣,关注学生用数学眼光看待问题、用数学思维解决问题和用数学语言解释世界的核心素养。

《课程标准(2022年版)》重视数学与现实生活的联系,强调使学生"初步学会从数学的角度发现问题和提出问题,综合运用数学知识解决简单的实际问题,增强应用意识,提高实践能力"。我们从学生的生活经验和已有的知识背景出发,联系生活讲数学,联系生活学数学,把生活经验数学化、数学问题生活化,体现"数学源于生活、寓于生活、用于生活"的思想。同时,人民币中的单位"元、角、分"是学习小数的常用模型,是儿童身边真实可感的常用的十进制模型。当学生看到小数时并不会感觉它是抽象的符号,而会赋予它真实的意义,从而更好地理解小数,学习有关小数的内容。因此,我们将货币单元进行主题式综合实践活动,让学生真实地学习数学,让学生学习真实的数学。

在购物活动中对商品进行定价或者买卖,在定价、付钱和找钱等具体活动中,认识人民币的相关知识。本活动主要是基于生活经验,让学生回顾看到的和经历的购物过程,师生共同设计购物活动,帮助学生在这样的活动中认识并会使用人民币,体会货币单位的换算,加深对加减运算的理解,形成初步的量感。同时,帮助学生感受货币的价值、商品与货币的关系,形成初步的金融素养。

主题活动的设计提倡多学时的长程学习,可以根据实际情况灵活设计活动内容和形式,有助于学生加深对知识的理解,积累基本活动经验。主题活动的实施要有利于学生参与和体验。指导应面向全体,全程跟进,关注学生的参与情况,包括获得了什么样的体验,如何与他人交流,需要怎样的帮助等;指导学生反思与交流活动,引导学生描述感受、表达收获、总结发现。

单元主题教学实施重在考查学生是否全身心投入积极主动的探究、操作与发现,所经历的活动是否有助于学生的理解与思考,学生是否在过程中展开了积极的合作与沟通,学生在参与中是否能体现单元学习的价值与意义,学生在学习之后是否能够迁移运用到新的情境或现实生活中等。

基于以上分析,我们整合"主题演讲、合作实践、创意设计"三种学习途径,为学生呈现丰富的相关学习资源,从而架构出以"欢乐购物街"为主题的单元学习内容。具体包括认识人民币、筹备购物街、购物进行时、货币小讲堂与购物街活动总结五个环节,如图4-4所示。

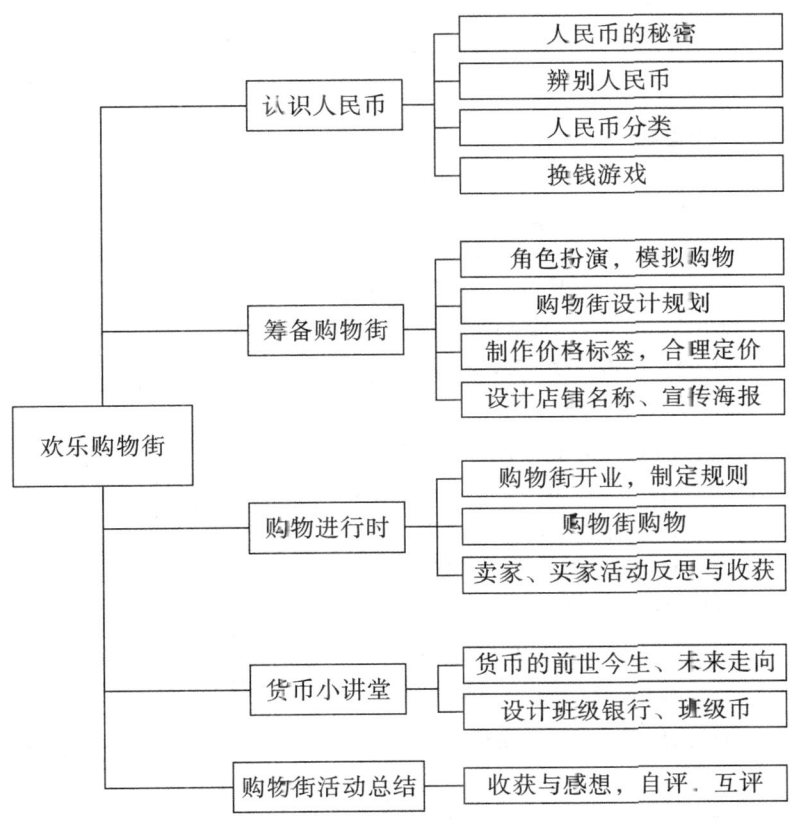

图4-4 "欢乐购物街"的单元主题框架

在教学活动的课时方面也打破原有架构,进行贴合主题的调整(见表4-2)。"欢乐购物街",可以设计7课时完成:第1课时认识人民币;第2课时学习人民币的换算与简单计算;第3课时筹备购物街;第4—5课时开展班级购物活动;第6课时反思、评价购物活动的收获,积累使用货币的经验;第7课时了解货币的发展史,拓展金融知识。

表 4-2　单元内容重构前后对照情况

常规教材中的内容安排(5 课时)	调整后以"欢乐购物街"为主题的单元内容安排(7 课时)
认识人民币 1 课时	认识人民币 1 课时
人民币单位间的换算 1 课时	人民币的换算,简单计算 1 课时
简单的计算 1 课时	筹备购物街 1 课时
解决问题 1 课时	班级欢乐购物街 2 课时
展示交流,反思评价 1 课时	交流互评,自评 1 课时
	发展中的付款方式 1 课时

(二)单元学习规划

表 4-3　单元学习规划设计

课时	学习目标	学习内容	学习活动	学习资源
第 1 课时	1. 初步认识面值不同的人民币 2. 能够将人民币进行分类,知道人民币的单位是元、角、分	教材第 53 页例 1	1. 辨别人民币 2. 人民币分类	学具人民币
第 2 课时	1. 在认识人民币的基础上,掌握 1 元=10 角,1 角=10 分 2. 依据元、角、分之间的关系,能进行人民币的简单计算。感受付钱策略的多样性,发展数感	教材第 53 页例 2 及相关内容	1. 小面额人民币之间的换算,简单计算 2. 换钱游戏	学具人民币
第 3 课时	1. 学生在美术老师的指导帮助下,设计商店海报,布置购物摊位 2. 班级内用学具人民币模拟购物实践活动		师生共同筹备购物街,设计店铺名称、宣传海报	海报用纸,买卖商品,购物所用的物品,交易记录单
第 4—5 课时	1. 在购物活动中,经历认识人民币兑换及简单计算的实践过程,发展数感、量感 2. 了解基本的购物流程,包括选择商品、询价、付款和找零。学会在预算内选择商品,理解合理消费的重要性 3. 在丰富的主题购物活动中提高学生的能力及应用意识		班级内角色扮演卖家、买家,自由购物,并记录购物清单	买卖商品,一定数额的人民币

续表 4-3

课时	学习目标	学习内容	学习活动	学习资源
第6课时	1. 购物街活动总结、收获与感想,自评,互评 2. 通过活动后的反思和评估,获得成功的体验,树立学好数学的信心 3. 理解金钱的价值,培养节约和负责任的消费态度		个人反思,小组讨论,班级交流	购物街的真实活动体验
第7课时	1. 在了解了货币以及人民币,进行了充分的购物活动之后,学生再次结合现实情况了解购物的另一种付款方式,对比思考、深度探究当前付款方式的利弊 2. 在了解发展中的付款方式以及对未来支付方式的想象中,让学生初步感受信息时代支付的便捷,培养创新意识	现代及未来社会的付款方式	社会实践、班级分享货币的前世今生及未来走向	微信、支付宝等支付方式的呈现,数字化工具和资源

四、持续性评价

主题活动评价以教学目标为依据,内容主要包括:学生对相关知识内容的理解,对现实情境与数学表达之间关系的把握;学习活动中操作、思考、交流、创意等方面的表现;学习过程中的作品、报告等物化成果的评价。

对"欢乐购物街"主题活动,我们评价的出发点不再局限于原来突出强调的知识与技能,而是更加关注有益于学生发展的过程与方法、情感态度和价值观等。以教学目标为依据,发挥评价的育人导向作用,坚持以评促学、以评促教。

1. 评价内容多维

评价既关注学生对人民币知识内容的理解和对现实购物情境与数感、量感、数学应用关系的把握,又重视学习活动中操作、思考、交流、创意等方面的表现,重视学习过程中的作品、报告等物化成果的评价。

2. 评价形式多样

评价不再拘泥于书面练习,而是采取多元评价。本次主题活动结合人民币知识、学生学习特点,选择书面练习、活动报告、课堂观察、课后访谈、课内外作业、成长记录等评价方式。通过班级购物活动观察了解学生的学习过程、学习态度和学习策略,从筹备活动、购物活动中了解学生基础知识和基本技能的掌握情况,从海报制作(见图4-5)、总结反思活动中了解学生独立思考的习惯和合作交流的意识,从成长记录中了解学生的发展变化。

图 4-5 "欢乐购物街"海报

3. 评价维度全面

评价不仅要关注学生对人民币相关知识及运算技能的掌握,还要关注学生对模型思想的把握、购物经验的积累;不仅要关注学生分析书面问题、解决实际问题的能力,还要关注学生在前期筹备、中期购物、后期总结过程中遇到的困难,引导他们提升发现问题、提出问题的能力。全面考核和评价学生数感、量感、数学应用素养的形成和发展,用数学思想分析、解决实际问题的能力,由现实问题抽象出数学问题的能力。

4. 评价主体多元

评价主体有教师、学生、家长等。综合运用教师评价、学生自我评价、学生相互评价、家长评价等方式,对学生的学习情况进行全方位的考查。在学习单元结束时,教师要求学生设计一个学习小结,让学生对学习情况进行自我评价,组织学生在小组、班级展示交流,让学生互评,以及让学生自评总结自己的进步,反思自己的不足,汲取他人值得借鉴的经验。学习小结带回家给家长分享在学校的购物体验,让家长感受孩子的成长变化,并给予评价。

5. 评价结果使用

根据低年级学生的年龄特征,评价结果的呈现以定性的描述性评价方式为主。更多地关注学生的进步,关注学生已有的学业水平与提升空间,为后续的教学提供参考。在分析全班学生评价结果的变化中,了解到自己教学取得的成绩和存在的问题,分析、反思教学过程中影响学生能力发展和素质提高的因素,寻求改善教学的对策。同时,以小奖状、小礼品的方式,在日总结、周总结和班会的时候将学生的进步和积极的表现及时反馈给学生,增强学生学习数学的自信心,提高学生学习数学的兴趣,使学生养成良好的学习习惯,促进学生核心素养的发展。

从学生反馈的货币小报可以看出,本次主题教学活动的每一个环节都给学生留下了深刻的印象。学生不仅知道了人民币的面值,会换算和解题,而且呈现了丰富多彩的与我们生活息息相关的有趣的货币。

学生的展现成果主要包括以下几个方面:

第一种是基于认识货币的演讲、分享与交流之后的货币科普小知识,如货币的发展史、货币的种类、现代的付款方式、各国货币面额及各国货币与人民币的汇率、货币的作用、货币符号等(见图4-6)。这些精彩呈现不是学生单纯学习的结果,而是学生在教师引导下积极参与深度学习探究后的产物。

图4-6 货币科普小知识

第二种是全面学习货币之后对人民币知识的一次完整、全面梳理,以思维导图的形式呈现,包含内容要点与举例说明。

第三种是两次体验购物实践活动之后延伸到生活以及小报中的情境图与问题解决。"超市小计算"与"汇率与食品价格"都很好地体现了学生将数学知识应用到生活中的意识。教学中渗透给学生的数学思想是最美丽的,学生会用数学眼光观察现实生活中的购物问题,而且能用数学的思维来思考出现的问题,并用数学的语言描述和解决问题。

最后一种是关于未来货币或校园乐学币的创意设计,它充分发挥了学生的想象力与创造意识,让学生既基于教材又超越教材,既尊重课堂又超越课堂。这样设计的主要意图是,给学生一个自由开放的空间,让学生的获得不止于课堂教学与实践活动,而是延伸到课外,具有发展性与研究性,通过课堂内外的综合实践活动,让学生形成初步的财经素养。

五、教学反思

本单元教学设计依据新课标的要求,设计了"欢乐购物街"这一主题活动。以此为主线,活动前让孩子们认识元、角、分,知道元、角、分之间的关系,会进行简单的换算及计算,跟着爸爸妈妈去生活中体验购物,积累一定的经验;联系美术老师在美术课上指导孩子制作了自己的商铺小海报;准备好了自己要出售的商品。在此基础之上,开展了真实的班级购物活动、年级购物活动,给学生足够的活动时间和空间,让学生在真实的情境中真切地体验买和卖,经历付钱、找零的计算过程,并用自己的语言讲述自己参与购物的过程,反思购物活动中遇到的困难、收获及想法,引导孩子们合理使用人民币,形成初步的金融素养。

购物活动后,让学生们查找资料了解货币发展史,了解货币的前世今生及未来走向,提高学生对货币的意义及其在人们社会生活中的作用的认识。让孩子们发挥想象自行设计未来货币及班级乐学币,引发学生将思考、探究、交流进一步延伸,让课堂学习成为学生数学思考、数学探究的一扇窗。

在这样的活动中,全体学生都积极参与体验,将所学的人民币知识应用到真实情境活动中,学生在购物、分享、交流等实践活动中体会和运用人民币,把知识的学习融入丰富的活动,实现深度探究的学习过程,感受数学源于生活、用于生活。学生的应用意识和创新意识都得到了发展,既培养了学生思维的灵活性,又让学生体会到了解决问题策略的多样性。在这样的活动中,孩子们体会到成功的喜悦,获得学习数学的信心和热情。

第三节　英语学科融合财经素养教育

财经素养教育是一种基于财经知识、理财技能、财富管理和人生信念等基础修养的生活教育、思想教育、情感教育。[①] 通过财经素养教育,可以促使青少年在高中毕业时顺利完成以下角色:可以成为一名自食其力的劳动者,积极创造社会财富和累积个人财富;可以成为一名成熟的个体消费者进入经济生活,打理个人财务;可以作为一名合格的公民理解国家乃至世界经济活动,知晓国家经济与个人财务之间的关系;可以作为一名财富管理者,拥有正确看待贫穷与富有以及正义、道德的财富观念与信念,既彰显个体经济能力的自我价值,又从中享受创造财富带来的社会责任与人生意义。[②] 财经素养教育可

[①] 中国教育科学研究院财经素养教育调研组:《中小学实施财经素养教育认知调查报告》,载《大学(研究版)》,2018年11期,第53—67页。
[②] 张男星、楚晓琳、刘文权等:《青少年财经素养教育标准的"中国范儿"》,载《中国教育报》,2017年3月2日第2版。

以有效地融入中小学英语课程体系中,教师在课堂上结合教学内容对学生进行财经素养能力的培养是实施财经素养教育的有效方式之一。

《义务教育英语课程标准(2022年版)》指出:英语课程以习近平新时代中国特色社会主义思想为指导,全面贯彻党的教育方针,落实立德树人根本任务,以培养有理想、有本领、有担当的时代新人为出发点和落脚点。英语课程内容的选取遵循培根铸魂、启智增慧的原则,紧密联系现实生活,体现时代特征,反映社会新发展、科技新成果,聚焦人与自我、人与社会和人与自然等三大主题范畴。① 三大主题范畴中都包含财经素养的内容,见表4-4。

表4-4 主题内容要求(三级)

范畴	主题群	子主题内容
人与自我	生活与学习 做人与做事	零用钱的使用,合理消费,节约意识;货币常识,理财意识,理性消费,信用维护
人与社会	社会服务与人际沟通	志愿服务与公共服务
人与自然	环境保护	人与自然相互依存,绿色理念和行为;环境污染与原因,环保意识和行为

英语课程标准的主题内容里包含财经素养的培养,所以在中小学英语课程中培养学生的财经素养和英语课程标准的要求是一致的。

中小学生的年龄和个性特点不同,财经素养的培养方法应有所不同。一些小学家长认为,素养类的教育应该是浸润式的,财经素养教育不要变成传统的课程,应该融入现有的课程体系里,由教师传授理论知识,家长加以正确引导,在潜移默化中培养孩子的财经素养。一些中学教师认为,财经素养教育的课程设置应该从"学以致用"的角度出发,设计项目式、活动式的课程体系,既要有宏观的顶层设计,也要将理论与实践有机融合起来。② 《中国财经素养教育标准框架》包含五个维度:收入与消费、储蓄与投资、风险与保险、制度与环境、财富与人生。③ 中小学英语教师应以这五个维度为参照,结合教学内容,设计合理的教学活动,把财经素养自然融入英语课程体系。

小学生积极、活泼、好动、好奇心强,注意力不能集中较长时间,形象思维能力比较强,抽象思维能力比较弱,所以小学英语课堂上可以采用游戏、表演或者启发讨论的活动形式来培养学生的财经素养。

---

① 中华人民共和国教育部:《义务教育英语课程标准(2022年版)》,北京师范大学出版社,2022年版,第2页。
② 中国教育科学研究院财经素养教育调研组:《中小学实施财经素养教育认知调查报告》,载《大学(研究版)》,2018年11期,第53-67页。
③ 中国财经素养教育协同创新中心:《中国财经素养教育标准框架》,载《大学(研究版)》,2018年1期,第9-35页。

初中生思维活跃,积极性高,有强烈的好奇心,形象思维能力比较强,有一定的抽象思维能力和分析问题的能力,所以课堂上可以采用启发讨论的活动形式来培养学生的财经素养。

高中生思维活跃,形象思维能力比较强,有较强的逻辑思维能力,有一定的批判思维和创新思维能力,所以课堂上可以采用启发、分析和讨论的活动形式来培养学生的财经素养。

下面以小学英语融合财经素养为案例做以说明:

单元主题:Shopping

教学材料:人教版小学英语(三年级起点)2013 年版四年级下册 Unit 6

授课年级:四年级

课时安排:第 4 课时

设计者:李伟杰

执教者:赵珂

授课学校:郑州市纬五路第一小学

一、学习主题

(一)主题名称

该主题属于"人与自我"范畴,涉及"零用钱的使用,合理消费,节约意识;货币常识,理财意识,理性消费,信用维护"。

(二)语篇研读

What:本语篇为小学生日常生活购物对话。内容围绕 Sarah 和妈妈到商店买短裙展开。妈妈带 Sarah 到商店买短裙,妈妈选中一件非常漂亮的短裙,Sarah 也非常喜欢。她们向售货员询问价格,得知为 89 美元,价格较贵。尽管 Sarah 非常喜欢这件衣服,但是由于价格较贵,妈妈没有为 Sarah 购买。

Why:本语篇设计分为明线和暗线。明线是:Sarah 和妈妈在商店购物,尽管 Sarah 喜欢这个短裙,但是由于价格较贵,妈妈没有为 Sarah 买这件短裙。暗线是:作者的意图是通过本次购物活动,让学生学会合理消费,培养学生的节约意识,同时要学会体谅父母挣钱的辛苦,不盲目攀比。

How:本语篇是比较典型的学生日常购物对话,涉及商品类词汇,如 skirt;以及描述和评价商品的词汇,如 pretty,expensive;购物使用的核心语言,如 Can I help you? How much is…? It's…,How do you like…? It's…;对话中人物在购物时,使用的是一般现在时。学生们对购物这一话题非常熟悉,有助于他们理解本篇对话。

二、学习目标

通过本课时学习,学生能够:

(1)在看、听、说的活动中,获取、梳理对话中 Sarah 和妈妈的购物体验。

(2)在教师帮助下,分角色表演对话。

(3)分析妈妈没有为 Sarah 买短裙的原因,学会体谅父母挣钱的艰辛,不盲目攀比。

(4)设想 Sarah 对妈妈做法的不同反应,并评价哪一种反应是合理的,学会合理消费,树立节约意识。

(5)设计一个义卖捐助活动,帮助山区的贫困儿童。

(6)核心短语和单词:How much,pretty,skirt,expensive。

(7)核心句型:How much is...? It's...,How do you like...? It's...。

三、设计教学活动

表4-5 教学过程设计

教学目标	学习活动	效果评价
1.在看、听、说的活动中,获取、梳理对话中 Sarah 和妈妈的购物体验 2.分析妈妈没有为 Sarah 买短裙的原因,学会体谅父母挣钱的艰辛,不盲目攀比	1.学生观看小猪佩奇和父母一起购物的动画,之后讨论自己日常的购物感受 2.学生根据老师展示的图片,预测对话的内容 3.学生观看新课的动画视频,验证自己的预测是否正确,理解对话内容 4.学生再次观看新课的动画视频,详细学习和理解对话,如"How does Sarah like the skirt? How much is the skirt? Is the skirt expensive?",找出 Sarah 的感受以及短裙的价格 5.学生在教师引导下,讨论妈妈没有为 Sarah 买短裙的原因,学会体谅父母挣钱的艰辛,不盲目攀比 6.学生借助图片和教师的动作,理解购物对话的词汇,拼读单词和短语,如:how much, dollar, eighty-nine 等 7.学生借助语境理解句型,如:How much is...? It's...,How do you like...? It's... 8.学生听录音跟读、分角色朗读对话,注意句子的语音、语调、重读、连读、弱读等	1.观察学生对动画是否感兴趣,能否参与互动与交流,主动分享自己的感受,对学生的回答给予鼓励 2.教师观察学生回答问题的情况,针对学生的表现给予指导、反馈、鼓励和表扬 3.教师根据学生分析的不同原因,引导学生讨论体谅父母挣钱的艰辛,不盲目攀比,对学生的反馈作出正确的评价 4.教师观察学生对词汇和句型的理解情况,及时反馈,针对出现的问题,及时解决 5.教师针对学生的跟读和朗读情况,及时指导和鼓励
设计意图:小猪佩奇动画的导入能激发学生的学习兴趣,小组讨论能激活学生关于购物的背景信息,为理解课文做准备。预测能激发学生的好奇心和求知欲。学生们通过观看视频,在语境中由浅入深地理解对话的内容,印象深刻,学生们在语境中更容易理解词汇和关键句型。学生跟读和朗读对话,能进一步加深对对话的理解,为后面的应用实践阶段奠定基础		

续表 4-5

教学目标	学习活动	效果评价
在教师帮助下，分角色表演对话	1. 学生在教师的引导下，归纳对话的主要句型，并使用老师在 PPT 上面提供的图片和词汇进行替换练习，之后做游戏"开火车"巩固句型。 参考句型： -How much is it? -It's… 2. 三人一组分角色表演对话，一人扮演售货员，一人扮演妈妈，一人扮演 Sarah	1. 教师观察学生在"意义练习"以及游戏中的问答情况，给予及时鼓励和表扬 2. 教师观察学生能否借助幻灯片上的图片和提示语分角色表演对话，并对学生的表现给予及时鼓励和表扬
设计意图:本阶段是在学习理解活动基础上的应用实践活动。在归纳出主要句型的基础上，学生们对句型的意义练习和游戏活动能进一步巩固和内化句型。角色扮演能在语境中更进一步巩固和内化语言，为迁移创新阶段做好铺垫		
1. 设想 Sarah 对妈妈的做法的不同反应，并评价哪一种反应是合理的，学会合理消费，树立节约意识 2. 学生能够设计一个义卖捐助活动帮助山区的贫困儿童	1. 学生在教师引导下，三人一组讨论。每人设想一种 Sarah 对妈妈的做法的反应，并评价哪一种反应是合理的 2. 学生在教师指导下，六人一组设计一个义卖捐助活动，帮助山区的贫困儿童，并分角色表演，学会帮助生活中有困难的人 3. 小组成员向全班介绍本小组的义卖捐助活动情况 4. 学习总结	1. 教师根据学生设想的 Sarah 对妈妈做法的反应，引导学生做出合理判断，对学生的反馈做出正确的评价 2. 教师观察学生在小组内运用所学的语言进行购物交流，以及大家表现出的爱心，针对学生的表现进行鼓励和表扬 3. 教师观察每个小组义卖捐助活动的汇报情况，表扬学生们的爱心，对学生进行正确评价，评价教与学的效果
设计意图:本阶段学习活动是在应用实践活动基础上进行的迁移创新活动。第一个小组活动让小组成员每人设想一种 Sarah 对妈妈的做法的反应，并评价哪一种反应是合理的，该活动能提高学生的批判思维能力，让学生学会与父母沟通，达成合理使用零花钱的一致意见，合理消费，树立节约意识。第二个小组活动让学生以小组为单位设计一个义卖捐助活动，帮助山区的贫困儿童，学会帮助生活中有困难的人，该活动能培养学生的爱心以及创新思维能力，从而达到立德树人的目的		

四、持续性评价

(一)评价依据

《义务教育英语课程标准(2022年版)》指出:教师要准确把握教、学、评在育人过程中的不同功能,树立"教-学-评"的整体育人观念。"教"主要体现为基于核心素养目标和内容载体而设计的教学目标、教学活动,决定育人方向和基本方式,直接影响育人效果;"学"主要体现为基于教师指导的、学生作为主体参与的系列语言实践活动,决定育人效果;"评"主要发挥监控教与学过程和效果的作用,为促教、促学提供参考和依据。要注重三者相互依存、相互影响、相互促进、发挥系统育人的功能。

(二)评价内容

在学习理解阶段,关于小猪佩奇购物的动画视频能有效地激发学生对"购物"主题的兴趣,预测活动能激发学生的学习好奇心。之后学生观看动画视频,通过回答教师的问题理解对话内容,在理解过程中,在教师的引导下,学生们分析妈妈没有为Sarah买短裙的原因:因为短裙太贵,超出了妈妈的预算,所以要理解家长,更不能哭闹强迫家长购物。另外,我们不能见到任何自己喜欢的东西就让父母为自己买,从而造成多余和浪费。在消费时,要控制欲望,量入为出,不过度消费,不盲目攀比,要学会合理消费。该活动符合《中国财经素养教育标准框架(小学)》维度一:收入与消费,结构二:个人消费与规划,目标三:形成观念与态度"学会控制欲望,量入为出,不过度消费,不盲目攀比。"[①]该活动能培养学生体谅父母、合理消费的意识,提高批判思维能力,该活动在学习理解阶段自然融入课堂,有效地提高了学生道德品质和财经素养,也体现了"育人"要贯穿始终的理念。同时,学生们在语境中学习生词和主要句型,对意思理解更为深刻。

在应用实践阶段,学生们在教师的图片提示下,进行意义性练习,对句型进行巩固。游戏活动增加了学习的趣味性和学生的学习主动性,进一步内化巩固句型。小组分角色扮演对话提高了学生的学习兴趣,更深一步巩固和内化语言。

在迁移创新阶段,学生在教师引导下做小组活动,每人设想一种Sarah对妈妈的做法的反应,并评价哪一种反应是合理的,能有效性地提高学生的批判思维能力。在教师的引导下,学生进一步讨论学会与父母沟通,合理使用零花钱。该活动符合《中国财经素养教育标准框架(小学)》维度一:收入与消费,结构一:劳动与个人收入,目标二:形成观念与态度"能够与父母沟通,达成合理使用零花钱的一致意见"[②],进一步提高了学生道德品质和财经素养,实现了育人目标。接着,学生在教师指导下,小组活动。每组设计一个义卖捐助活动,帮助山区的贫困儿童,学会帮助生活中有困难的人。该活动让学生们能

---

① 中国财经素养教育协同创新中心:《中国财经素养教育标准框架》,载《大学(研究版)》,2018年第1期,第9-35页。

② 中国财经素养教育协同创新中心:《中国财经素养教育标准框架》,载《大学(研究版)》,2018年第1期,第9-35页。

够针对身边有困难的人,设计并组织实施帮扶活动。让学生懂得社会救助与社会优扶是国家制度,但也是社会责任、个体良知的体现。尽管在《中国财经素养教育标准框架(小学)》中,没有符合该方面的财经素养目标。但是《中国财经素养教育标准框架(初中)》财经素养目标可以借鉴,但是要降低活动难度。例如:《中国财经素养教育标准框架(初中)》维度三:风险与保险,结构二:商业保险与社会保障,目标二:获取方法与技能:"能够针对身边有困难的人,设计并组织实施帮扶活动",目标三:形成观念与态度"社会救助与社会优扶是国家制度,但也是社会责任、个体良知的体现"[①]。该活动既能培养学生使用英语购物的交际能力、创新思维能力和合作学习能力,又能培养学生助人为乐的品质,进而能提高学生的道德品质和财经素养。

(三)评价方式

为了全面反映出学生"学"得怎样,和教师"教"得如何,本节尝试探索从单一评价模式向多元化多维度的评价模式转变。秉持"以学生为中心"的教学理念,分别在学习理解阶段、应用实践阶段和迁移创新阶段三个螺旋逐级递进、能力逐步提升的过程中探索多元评价。教师将评价嵌入教学的全过程,实施基于课堂的形成性评价,向学生提供持续性反馈和帮助,激发学生的学习主动性,使学生成为评价的设计者、参与者和合作者,培养学生的综合能力,进而提升评价实效。

(四)评价结果

本节课从学习理解语言、应用内化语言到使用所学语言进行迁移创新,提高了学生的语言能力、批判思维和创新思维能力、合作学习能力,让学生懂得"体谅父母,学会控制欲望,量入为出,不过度消费,不盲目攀比""社会救助与社会优扶是国家制度,但也是社会责任、个体良知的体现",培养了学生的道德品质和财经素养,实现了语言学习和学科教育立德树人的统一。教师在教学过程中密切关注学生的学习表现和学习效果,并给予及时反馈,有效地实施了"教、学、评"一体化。

五、教学反思

本节课教学设计以主题为引领,语篇内容为依托,结合学情,以英语教学活动观为指导,通过语境,设计了由浅入深、层层递进、逻辑关联的学习任务活动;提高了学生的听、说、看的语言能力,培养了学生批判思维和创新思维的能力,提升了学生的合作学习能力,并深度挖掘文本信息,培养了学生的财经素养,提高了学生的文化意识,实现了学习知识和育人的双重目标。

附:案例语篇

Mother:Sarah,how do you like this skirt?

[①] 中国财经素养教育协同创新中心:《中国财经素养教育标准框架》,载《大学(研究版)》,2018年第1期,第9-35页。

Sarah: It's very pretty.
Saleswoman: Can I help you?
Mother: How much is this skirt?
Saleswoman: It's ＄89.
Sarah: I like it, Mum.
Mother: Sorry, Sarah. It's too expensive.

第四节　道德与法治学科融合财经素养教育

思政课是落实立德树人根本任务的关键课程,道德与法治课程是义务教育阶段的思政课。《义务教育道德与法治课程标准(2022年版)》优化了课程内容结构,加强学科间相互关联,带动课程综合化实施,强化实践性要求,而财经素养是新时期素质育人背景下的重要组成要素。将财经素养有效融入道德与法治学科教育活动当中,能够助力道德与法治课程在新时期实现深化改革,从而为实现素质型人才有效培养提供重要的行动参考。经梳理发现,初中道德与法治课程明确提及财经知识虽不多,但依然有可以融合的切入点。如何在道德与法治学科中融合财经素养教育呢?下面以八年级道德与法治上册第二课第一框《网络改变世界》的教学设计为例来说明。

教学内容:《网络改变世界》
教材版本:人民教育出版社 2017 年版
授课年级:八年级
课时安排:1 课时
设计者:宋伟　何新华
执教者:宋伟
授课学校:河南省南阳市宛城区第十七中学

一、学习主题

(一)主题名称

网络改变世界。

(二)主题解读

本次教学活动紧扣初中道德与法治八年级上册第二课第一框《网络改变世界》,有机融合财经素养教育,契合时代脉搏与学生成长需求,蕴含多重深意与目标。

"网络改变世界"点明网络已全方位渗透生活,它打破信息壁垒,让知识唾手可得;革新社交,拉近人际距离;重塑消费模式,网购、移动支付司空见惯。借此基础融入财经素养教育,帮助学生理解网络支付原理、电商运营逻辑,知晓财富在数字世界的流转。锻炼学生批判性思维与实操能力,引导学生甄别网络财经资讯,识破诈骗套路;模拟网络理财、创业小项目,亲身体验资金运作,提升合理规划、科学决策的本领。使学生能够辩证看待网络,既认可其便利,激发探索、创新精神;又警惕网络财经风险,筑牢安全防线,树立正确消费观、财富观。让学生未来投身网络经济浪潮时,合法、合规、稳健前行,成为有责任感、懂财经的数字时代公民。

二、学习目标

(一)教学依据分析

1. 教材分析

学生逐步扩展的生活是道德与法治课程建构和实施的基础,从中学生所处的成长环境来看,他们身处经济全球化和社会信息化的大背景下,是互联网世界的"原住民",享受着经济全球化和互联网技术发展带来的时代福利,同时也面临着一些风险和挑战。这个机遇与挑战并存的时代,为中学生的发展提供了更多可能,也对他们提出了更高的要求。

互联网开创了人类社会生活的新空间,初中学生也是网络社会的公民。为了更好地引领初中学生适应互联网时代的生活,本单元带领学生深入了解网络怎样从日常生活、经济、政治、文化和科技创新等方面改变人类社会,理解网络在丰富日常生活和推动社会进步的同时,也给人们的生活带来一些问题,如不良信息诱惑、沉迷网络、网络安全等,进而引导学生合理利用网络,做守法、理性、负责的信息化时代的公民。

2. 课标分析

本课所依据的课程标准的相应部分是"我与国家和社会"中的"积极适应社会的发展",具体对应的内容标准是"合理利用互联网等传播媒介,初步养成积极的媒介批评能力,学会理性利用现代媒介参与社会公共生活"。这就要求学生能够了解网络的特点及影响,掌握网络对个人与社会的积极和消极影响,并培养学生正确使用网络的能力,提升在网络环境中的辨别力和自我保护能力,引导学生树立正确的网络观,学会理性参与网络生活,增强社会责任感,积极为净化网络环境、传播正能量贡献自己的力量。因此在学科核心素养的培养上,本课主要体现为道德修养、法治观念和责任意识。

3. 学情分析

随着互联网的迅猛发展,人类社会进入信息化、数字化、网络化时代。信息化、数字化生存,已经成为一种重要的生活方式,尤其是互联网发展到移动互联网的阶段,青少年和网络已经是"零距离"接触。一方面,囿于青少年学生对互联网的浅层次运用,他们对互联网技术给人类社会在经济、政治、文化和科技创新方面带来的影响理解不足,不能深入认识基于互联网技术的大数据等对人类社会进步的重大意义。另一方面,与现实生活不同,虚拟性的网络给青少年提供了一个相对宽松的空间,纷繁芜杂的网络信息、多样性文化与价值观削弱了家长和教师在学生面前的权威性。同时,青少年作为网络交往的主体,既参与构建网络文化,也深受网络文化的影响。在充分享受互联网带来的便利与社会进步的同时,冗余信息、不良网络文化甚至网络中的违法犯罪,也给心智尚未完全成熟的中学生的成长带来一定的困扰。因此,引导学生正确认识互联网,合理利用互联网等媒介,提高青少年的媒介素养,是教育面对的一个迫在眉睫的时代课题。

(二)设计的可行性

1. 融合财经素养教育可行性

综合课标、教材和学情的分析,在本课中融合财经素养教育具有一定的可行性。从课程内容关联角度看,《网络改变世界》这一课中的一些小栏目涉及与财经活动密切相关的内容,如网络购物、移动支付、防范网络诈骗的方法与技能、个人信息保护。学生在网络生活中会接触到一些消费行为,通过融合财经素养教育,可以引导学生正确认识网络消费,学会理性消费、合理规划资金,避免在网络中盲目消费和陷入浪费陷阱。

另外,从学生发展需求角度来说,八年级学生逐渐开始有一定的自主消费能力,尤其在网络环境下,他们更容易受到各种消费诱惑。将财经素养教育融入其中,能帮助学生树立正确的金钱观和消费观,培养他们的理财意识和能力,为他们未来的生活做好准备。

2. 网络素材的丰富多元化

网络本身就提供了丰富的财经教育素材。例如网络上的财经新闻、理财案例等,可以作为教学资源引入课堂,让学生结合网络生活实际,分析和讨论财经问题,提高他们的财经素养和分析问题的能力,以更好地满足学生成长和发展的需求。

三、设计教学活动

(一)教学设计思路

1. 清晰界定道德与法治和财经素养的教学目标

明确通过"网络"这一主题,让学生理解网络对生活、社会的积极和消极影响,同时培养学生正确的财经观念和行为习惯,如理性消费、正确的金钱观、网络防骗意识、认识网络经济模式等。确保教学目标可测量、可评估,以便在教学过程中及结束后检验学生的学习成果。

2. 有机融合道德与法治和财经素养的教育内容

引用生活中的案例,创设情境,并由八年级在校学生演绎,拍摄成视频。例如,在讲解网络丰富日常生活时,可以引入网络购物等财经相关案例,创设网购的情境,由学生扮演角色,通过视频播放,分析网络消费的便捷性以及如何在网络购物中保持理性消费。选取具有时代性和现实意义的案例,既反映网络发展的最新动态,又能体现财经素养在网络环境中的重要性。

3. 以学生为中心设计教学活动

考虑八年级学生的认知水平和兴趣特点,采用多样化的教学方法,如小组讨论、案例分析、角色扮演等,激发学生的学习积极性和主动性。鼓励学生自主探究和合作学习,提供问题情境,引导学生利用网络资源进行调查研究,培养学生的信息检索和分析能力,同时通过小组合作培养学生的团队协作和沟通能力。

4.设计与生活实际紧密结合的实践活动

让学生制定家庭网络消费预算、分析网络创业案例等,使学生在实践中运用所学知识,提高财经素养和道德与法治意识。引导学生将网络道德规范和财经行为准则落实到日常生活中,培养学生的良好行为习惯和社会责任感。

5.建立多元化的评价体系

综合考虑学生的课堂表现、作业完成情况、实践活动成果等多个方面,全面评价学生的学习效果。采用过程性评价与终结性评价相结合的方式,关注学生在学习过程中的进步和发展,及时给予反馈和鼓励,促进学生持续学习和成长。

(二)教学设计展示

1.教学目标

(1)通过"小毅"的网络经历,思考感悟,认识到网络是把双刃剑,有积极影响,也有消极影响,培养对网络生活的正确态度。

(2)通过案例分析、小组讨论等活动,能够正确认识网络在财经领域带来的机遇与挑战,培养理性的财经观念和风险意识。

(3)通过分享网购经验和防范网络诈骗的方法,提高在网络环境下保护个人财产安全和维护财产权益的方法。

2.教学重难点

(1)重点:懂得网络是把双刃剑,不回避网络生活,享受健康的网络生活带来的便利和乐趣。

(2)难点:提高在网络环境下保护个人财产安全和维护财产权益的方法。

3.教学方法

主要方法有案例分析法、思考法、讨论法、实践操作法。

4.教学实施(见表4-6)

表4-6 教学实施方案

教学过程	教学内容	设计意图
新课导入	图片导入:出示与互联网相关的图片 问题:欣赏这些图片,你有怎样的感受呢?	让学生直观感受,随着时代发展,生活因互联网而更加丰富,网络生活也是社会生活的一部分

续表 4-6

教学过程	教学内容	设计意图
新课学习	**第一目　网络丰富日常生活** **活动一：**播放视频《小毅的周末》 八年级学生小毅，在一个周末的上午，用平板电脑在网上查阅资料，完成教师布置的课前预习任务。作业做完后，他还给奶奶打了微信视频电话，告诉奶奶中午去看望她。下午，奶奶想让小毅帮忙在网上购物，可是小毅也不知道怎样进行网购。晚上回到家，小毅在QQ上回复了研学时结识的外地朋友的留言。 思考问题，并回答： 1. 从小毅的周末生活中，你感受到互联网给我们的生活带来哪些便利？ 2. 你有网购的经历吗？分享你的网购经验，教教小毅如何在网上购物。 **第二目　网络推动社会进步** **活动二：**播放视频《小毅的想法》 小毅最近迷上了网络直播带货，在热闹的直播间里看到一个个光鲜亮丽的主播们，激情澎湃地推销着各种商品，一些商品刚一上线就被抢购一空，小毅看得心动不已，他想：等我长大了，也要做网络带货主播，赚大钱。 小组讨论，回答问题： 1. 你或者你的家人有在直播间购物的经历吗？你怎么看待"直播带货"？ 2. 网络直播带货也有一些不规范的现象，你若发现了，该怎么反映这些问题呢？ 3. 除了网络直播带货，你还有哪些网络创业的金点子，请你简单分享。 4. 你觉得网络对社会发展起到什么作用？	同为八年级学生，很多学生与视频中的小毅有相同的生活经历，通过这个情境设计，学生分享自己上网购物的经验，比如：上网购物的程序、购买物美价廉的商品的技巧、移动支付的方法等。这种经验的分享，使学生感同身受地认识到网络对生活的积极影响。同时，还渗透财经素养中的消费观念，会使用移动支付的方式进行消费行为 通过问题思考，让学生能辩证认识到网络对经济注入新活力，网络直播促进经济发展，但也存在一些不规范的现象，可以登录相关管理部门的网络平台进行举报或者建言献策，让学生能感受到网络推动社会进步。同时用网络直播带货这个新兴行业，激发学生的经济头脑，进而能够产生网络创业的想法

续表 4-6

教学过程	教学内容	设计意图
新课学习	**第三目　网络是把双刃剑** **活动三：**播放视频《小毅的遭遇》 小毅自从学会了网购，闲暇时间总爱浏览一些购物平台，好朋友约他一起打篮球，他都懒得去。有次小毅在闲鱼 App 上看见有低价代购某品牌篮球鞋，随即与发布该帖子的代购人员取得联络。按照对方提供的联系方式，小毅添加了对方的微信，在微信中，与对方约定线下交易可在原优惠基础上再打八折，约定好 2 双鞋子优惠后共计 3700 元，议定价格后小毅向对方微信转账 3700 元，一周后对方迟迟不发货，在反复催促后将其拉黑。小毅此时才意识被骗。 思考问题，并回答： 1. 我们在网购的时候应当注意什么？ 2. 小毅的遭遇，给了我们怎样的启示？ **活动四：**播放视频《小毅的犹豫》 小毅被 QQ 上自己不知何时添加的"好友"拉进一个 QQ 刷单群，群中发消息称微信余额大于 5 元截图可以领 3888 元奖金，但需下载一个刷单 App。小毅想得到这 3888 元的奖金，但又想起之前网购被骗的遭遇，到底要不要下载呢？小毅一时犹豫不决…… 小组讨论，回答问题： 1. 你会替小毅做出怎样的决定？说说你的理由。 2. 如何预防这种网络诈骗的陷阱呢？分享你的想法	通过小毅的网购遭遇，让学生明白，网上购物是有一定经济风险的，要提高防范意识。同时还要认识到网络是把双刃剑，带给我们方便快捷的同时，也有网络陷阱 学生认识到网络是把双刃剑，在上网时要学会辨析网络信息，通过这个情境和问题思考，让学生能够识别和防范网络诈骗，要有反诈意识和经验，保护个人信息，不随意添加网友，同时还培养学生合理赚取收入，不取不义之财，管理好个人的经济信息等财经素养

续表 4-6

教学过程	教学内容	设计意图
课堂小结	由学生分享本节课的收获。 教师总结：本节课聚焦网络与财经素养。网络似神奇纽带，打破时空，信息畅达、购物便捷，催生多元电商模式。但网络金融骗局暗藏，大家要擦亮双眼，善用网络优势，提升辨别能力，为未来经济生活筑牢根基	此课堂小结设计意在帮学生系统梳理知识，明晰网络对生活、经济的"双面"影响。借小结强化财经素养，让学生洞悉网络支付、理财的方法；警示网络诈骗，促其树立正确消费、理财观，日后能理性触网，巧用网络创富、避险
作业布置	作业一：设计一份网络购物或者防范网络诈骗的手抄报，记录你的经验智慧 作业二：制订一份网络创业计划书 作业三：制作一份家消费清单，记录你的持家小技巧 以上三份作业，请根据自身情况选择一份完成	采用手抄报和计划书的形式，可以锻炼学生的综合能力，有助于评价学生的课堂学习效果

四、持续性评价

评价是检验提升教学质量的重要方式和手段，本课主要是通过介绍互联网发展、互联网发展带来的利与弊等相关内容，促进学生客观、全面认识网络，认识互联网在给我们带来便利的同时，也有一定风险，要提高自己的防范意识和能力，享受互联网的乐趣。因此，在评价理念上，要着力通过评价促进学生能力的发展和情感态度价值观的改变，淡化知识评价。

（一）评价依据

教学评价依据主要包括课程标准、教学目标以及学生的实际表现。依据课程标准，确保教学内容符合道德与法治及财经素养教育的要求，涵盖网络对生活、社会及经济的影响等方面知识。以教学目标为导向，考查学生能否准确阐述网络的影响的具体表现及在财经领域的应用；看学生是否通过问题探究、小组合作等方式提升自主学习和团队协作能力；观察学生是否树立正确的网络观和财经观。

（二）评价内容

评价内容包括评估学生对网络的影响的原理、网络经济现象及财经知识的理解。考查学生分析网络案例、解决网络消费中问题的能力，以及在小组活动中的沟通协作能力。判断学生对网络的正确认知和对合理消费、理财的态度转变。评价采用的案例分析、小组合作等方法是否有效激发学生兴趣和参与度。同时，对教学过程的完整性、互动性以及时间安排合理性进行评估，确保教学环节流畅，学生积极参与，时间分配得当。

（三）评价方式

在评价方式上，采用多元评价方式，进行多维度的评价。如课堂表现评价，观察学生在课堂上的参与度、发言积极性、小组讨论的投入程度等。对于积极参与讨论网络对经济的影响以及合理网络消费的学生给予肯定和表扬，对表现不够积极的学生适时鼓励，促使他们更加主动地参与课堂互动。再如作业评价，布置与网络和财经素养相关的作业，如制作与网络购物相关的合理消费、购物小妙招、家庭购物清单等手抄报，撰写网络创业策划书等。从作业的完成质量、内容的准确性和创新性、书写规范等方面进行评价，以此了解学生对知识的掌握和运用能力。另外，学生自评和互评也不可忽视。让学生对自己在学习过程中的表现进行评价，反思自己的收获和不足。同时，开展小组互评，促进学生之间的交流和学习，培养学生的客观评价能力。家长反馈也可以作为一种参考，了解学生在家庭中对网络的使用情况以及是否有一定的财经意识，从侧面反映教学的效果。

（四）评价结果

评价结果呈现不仅关注学生的知识学习，还注重学生的能力培养和情感态度价值观的塑造。根据八年级学生的特点，评价结果的呈现主要以文字描述、作品展示等形式，让学生清晰地了解自己在这一课程中的学习成效。学生可以直观地看到自己对网络改变世界的知识掌握程度、在财经素养方面的进步以及综合能力的提升情况，从而明确自己的优势与不足，为后续的学习提供方向。同时，根据作业情况，以奖状的方式，在班级内评选出网购小达人、持家小能手、创业小精英、反诈小专家等，增强学生学习的自信心，提高学生学习的兴趣，使学生养成良好的学习习惯，促进学生核心素养的发展。

可以看出，本次教学活动给学生留下了深刻的印象。学生不仅知道了网络的相关知识，如网络对生活、学习、社交等方面的影响，而且也提高了对财经素养方面概念的认识，如理性消费、网络理财、网络诈骗等的理解和掌握程度。

学生的展现成果主要包括两种。第一种是手抄报，制作手抄报要求学生对网络购物和网络诈骗的相关知识进行系统梳理，深入了解网络购物的流程、优势与风险，以及网络诈骗的常见手段、防范方法等内容。在这个过程中，他们会主动查阅资料、整合信息，从而加深对这些知识的理解和记忆。手抄报给予学生充分的发挥空间，还可以起到宣传教育的作用。将学生制作的手抄报在班级或学校内展示，能够让更多的人了解网络购物和网络诈骗的知识，提高大家的防范意识。这不仅有助于营造一个安全的网络环境，也能让学生在分享知识的过程中获得成就感。第二种是网络创业计划书。在当今数字化时代，网络创业已经成为一种趋势。网络创业计划书这种形式有助于培养学生的创新思维和实践能力，提高学生的问题解决能力。通过亲自动手撰写策划书，学生能够将网络知识与财经素养有机结合起来，还可以提前了解创业的过程和挑战，为未来的职业发展做好准备。即使学生不打算真正创业，这种学习方式也能让他们更好地理解经济社会的运行规律，提高自身的综合素质。

(五)反馈和持续改进

在以"网络"为主题的道德与法治教学中融合财经素养教育,是一种创新的教学尝试。通过以上持续性评价方法,可以全面、客观地评价学生的学习情况。及时发现学生的问题和不足,给予反馈和指导,帮助学生提高学习成绩和综合素质。同时,也可以根据评价结果调整教学策略和方法,提高教学质量,实现教学目标。

五、教学反思

(一)教学亮点

1. 内容融合巧妙

将道德与法治学科的"网络"主题与财经素养教育有机结合,通过运用贴近学生生活实际的案例,如网络购物、网络直播带货、网络诈骗等,让学生既认识到网络对生活、社会各个方面的巨大影响,又学习了财经知识。例如,在讲解网络对生活和社会的积极影响时,引入网络购物的案例,分析网络消费的便捷性以及如何理性消费,避免盲目跟风和冲动购物。同时,结合网络推动经济发展的内容,探讨网络创业的机遇与挑战,培养学生的创新意识和风险意识。

2. 教学方法多样

采用了多种教学方法,激发了学生的学习兴趣和积极性。小组讨论让学生在交流中碰撞出思维的火花,案例分析帮助学生深入理解抽象的理论知识,角色扮演则使学生更好地体会不同情境下的网络行为和财经决策。

3. 注重实践应用

设计了与生活实际紧密结合的实践活动,如让学生制定家庭网络消费预算、分析网络创业成功案例的关键因素等。这些实践活动不仅提高了学生的财经素养,也让他们将道德与法治的知识运用到实际生活中,增强了学生的社会责任感和实践能力。

(二)存在问题

1. 部分学生参与度有待提高

虽然采用了多样化的教学方法,但仍有部分学生在课堂上表现不够积极主动,在小组活动中缺乏合作意识和沟通能力。

2. 教学深度有待挖掘

在融合财经素养教育方面,虽然引入了一些案例和实践活动,但对于一些复杂的财经概念和问题,讲解还不够深入透彻,可能会影响学生对这些问题的全面理解。

(三)改进措施

1. 关注学生个体差异

对于参与度不高的学生,要更加关注他们的学习需求和心理状态,采取个性化的教学方法,鼓励他们积极参与课堂活动。通过小组分工明确职责、给予更多的鼓励和肯定等方式,提高他们的合作意识和自信心。

2. 深化教学内容

在今后的教学中,要进一步挖掘道德与法治学科和财经素养教育的融合点,深入讲解复杂的财经概念和问题。通过引入更多的实际案例、邀请专业人士讲座等方式,拓宽学生的视野,提高他们分析和解决问题的能力。

通过本次教学,认识到道德与法治学科融合财经素养教育是一项具有重要意义的挑战。在今后的教学中,应不断总结经验,改进教学方法,提高教学质量,为培养具有良好道德品质和财经素养的新时代青少年做出更大的贡献。

第五章

我国财经素养教育的区域学校实践

财经素养关系个体幸福、家庭财务健康,更关乎社会稳定和国家经济安全。时代在召唤财经素养教育,国家在推进财经素养教育,学生需要财经素养教育。通过教育,培养学生养成正确的劳动观、合理的金钱观、正义的财富观。让学生了解和遵循市场经济规律,做到公平交易和诚实守信;掌握和运用财经决策分析方法,识别和控制财务风险;学习和熟悉财经法律法规,依法维护自身合法权益;培养自控、专注、诚信、分享等良好的行为习惯,切实成为一名"自食其力的劳动者""成熟理性的消费者""诚信规范的理财者""保有财富的管理者""财富人生的创造者",这正是财经素养教育的重要目标,也是新时代党和政府的殷切期望。财经素养教育,可以全面提升公民素质,开启个人幸福人生;财经素养教育,是国家素质教育的重要一环,是实现共同富裕的重要手段。

第一节 四川地区财经素养教育实践

四川天府新区第七小学,简称"天府七小",坐落于四川天府新区核心区,以"与儿童共创"为学校教育哲学,构建了涵盖学生全方位成长的积分评价系统,历时五年时间迅速崛起为"四川省义务教育优质发展共同体领航学校"。学校的财经素养课程依托评价系统、师生协同共创的生动实践,学校许多独特的想法、做法及其实效既有趣又有料。

一、缘起:建平台 立规范 成飞轮

2021年春,学校积分评价系统进行了全方位升级,积分卡和七小币两种实物介质的引入解放了教师,也彻底打通了家庭、学校、社会在评价项目上的壁垒,构建起了多方协同互动的系统平台(见图5-1)。系统运行带来的除了成长记录的全面客观,还有因七小币运行衍生的一系列"经济现象"乃至"经济问题",诸如"倒票行为""民间借贷""投资经营"……

敏锐的七小教育人意识到这是一场挑战,更是源于大多数孩子真实生活的课程机遇,财经素养课程在天府七小具备了自然的生长土壤。然而,课程怎么"长"?"长"成什么样?对此,学校课程研发部早有谋划,天府七小课程审议制度、天府七小课程分类管理规范等文件让财经素养课程一生根即能符合国家和省级课程方案,同时也为后续课程内容的开发与实施提供了重要的规范保障。

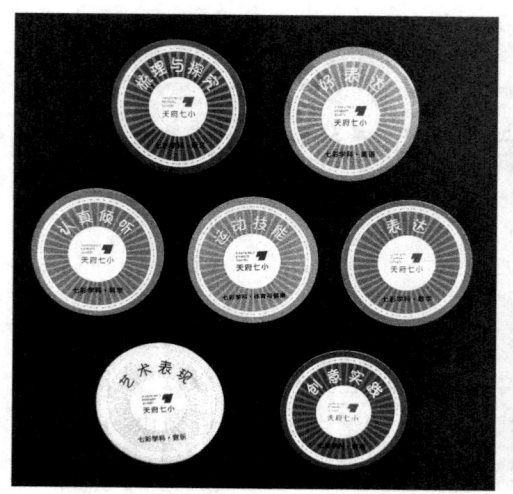 

图 5-1　天府七小积分卡和七小币

基于七小币运行的无限可能,学校财经素养课程,尤其是自生性财经素养课程迅速形成了"好项目→共创好课程→审议→实施→复盘→新项目"的正向课程飞轮,不仅使越来越多的师生参与其中,还使所有参与者的思考和实践深度不断加强,可以说评价系统的平台支撑和师生共创的教育哲学确保了财经素养课程在天府七小的生生不息。

二、思想:育人立场　整合思维

在天府七小,财经素养教育的核心视点是育人,这是七小教育人对"五维三标"的学习体悟,也是对小学生财经素养丛书(以下简称"丛书")的教学体验。当回归到育人立场,我们会发现财经素养教育也是成就儿童、成全生命的一种方式,其本质与其他学科学习并没有区别。当然,财经素养课程在学校的落地势必要面对的问题就是国家课程方案中课时量固定。财经素养课程教学课时从哪儿来?纵向时间轴上的课时量不能违背国家课程方案,天府七小可以做的就是在横向课时教学内涵的丰富、多元性上下功夫了。天府七小课程团队精心设计了主干课程、辅助课程和拓展课程三类财经素养课程。主干课程以《小学生财经素养教育》为主要学习素材,借用校本课程课时完成,但所有的课程内容须由课程研发团队进行二次开发后方能实施;辅助课程为跨学科渗透课程,不单独占用课时,但需要由各学科教研组在期初教研中讨论确定财经素养教育课时渗透细目表(见表 5-1);而拓展课程则指向师生共创的基于真实生活中真问题的自生性项目课程,该类课程实施完全不占用教学时间,所有的项目运行因其"自生性"特点自动成为孩子学校或家庭生活的一部分。上述三类课程实践不仅有效突破了课时数的限制,更为财经素养课程的多元化、个性化生成创造了无限发展的空间。

表 5-1　财经素养学科渗透课程分析表

课题	财经素养教育元素分析	渗透方式	思路与方法
圆的认识（一）	"圆与节约"——数学知识在财经领域的具体应用	合作讨论	完成圆的知识建构后提出讨论话题：为什么大型餐会都是圆桌？背后的道理是什么？
欣赏与设计	几何设计作品的艺术价值与经济价值	创作、交流	完成基于圆的艺术设计后小组交流：这些艺术作品可以衍生出哪些价值？
百分数的应用（一）	利息、利率、本金的概念及其关联与算法	短片、自主探究	借助财经领域的短片完成利息、利率、本金等概念的建立；通过对概念的深度解读探究三者间的关系并提炼出基本算法
百分数的应用（二）	纳税光荣	练习、讨论	通过税务问题的具体解决了解国家税务运行的规律和常见税务问题（个人所得税）的基本算法，形成纳税光荣的意识

三、行动："儿童城市"里的财经素养课程

（一）科学的"财经体系"为课程提供原动力

2021年之前，天府七小已经推出了积分评价系统 App，但每节课后的点选，加大了教师工作量，学生和家长对积分无感，积分评价的维度指向不清晰，成为瓶颈问题。2021年初，积分卡和七小币两种实物介质进入评价运行系统。在实践之初，积分评价项目组的教师拟定了详尽的积分卡和七小币的发行管理规范，对积分卡的维度设计、评价标准设定、七小币的发行量等一系列问题进行了充分论证，最终形成了基于一般财经规律的学校相关规范。在此基础上设计并发行了第一代积分卡和七小币，为确保"经济运行系统"的良性运转，学校成立了配套的"中央银行"、七小超市，推出了一系列实物和虚拟奖品，完成了年级试点并实现了全校推广。

两种实物介质激活了评价系统，带来了"儿童城市"（校内对天府七小的另一种叫法）里财经素养课程不竭的动力源和课程生长的迫切性。七小币运行过程中激起的学生对银行、货币、财富等概念的浓厚兴趣自然引发了普及性财经素养课程（主干课程）的学习需要；而随着每个孩子七小币拥有数量的差异不断加大，如何合理合规地获取更多七小币成为许多孩子自发关注的新问题。围绕这些新问题，总有"先行者"去探索实践路径，于是各种"创富"项目被提出来，这些项目在"第一责任导师"的关注下大多能够按"自生性项目课程运行规范"最终成功生成并实施。这一类基于校园内"经济运行系统"的个性化思考和探索因其适应性强、弹性空间大而广受师生欢迎，自生性财经素养课程也就有了非常广泛的生长基础和成长动力。

（二）"儿童城市"里的财经素养课程实践

任何一类课程实践的好坏其根源性问题在"人"，即作为实施者的教师是如何理解课程、怎样思考和设计课程的？作为学习者的孩子是否主动参与其中、以什么样的方式学习的？就前者而言，学校的独特做法是每年面向全校教职工发出"财经素养教师招募令"征集有财经素养研究兴趣、有课程研发能力、有创新实践意识的教师"入伙"，再根据教师们的主动申报情况设立学段教研组，由学段教研组进行"丛书"的二次开发与实践、跨学科辅助课程细目的实施监督以及本年段学生自生性财经素养课程的管理与服务。学校以财经素养学段备课组为单位，每两周进行一次教研，教研的主要内容聚焦在对照"标准"对"丛书"进行深度解读，用课程研发的眼光进行"丛书"的二次开发。课程二次研发的基本流程设计为：对标解读，提出新开发思路，年级备课组完成开发（形成内容标准），课程研发部组织审议、修订与实施、评价与复盘。对"丛书"进行解读和二次开发并不是每一个主题都需要重构，有的仅进行解读，而有的主题则通过二次开发拓展出了长周期项目。关于长周期项目课程的研发，学校有相应的课程准入和审议制度确保课程的科学性和可操作性。在这样的研发式教研过程中，教师们也经常会因为财经专业知识的不足产生诸多困惑，此时大家通常会将问题汇总，通过向中心的专家们请教、咨询财经大学相关教授等方式解决。经过几年的实践和沉淀，天府七小的财经素养主干课程较好地做到了"基于丛书，贴合实际"。关于学科渗透的辅助课程，非常容易理解，在财经素养课程研讨时，教师们主动提到了各学科教材中其实蕴含着丰富的财经素养教育元素；因此，跨学科渗透财经素养作为财经素养教育的辅助课程显得非常必要。对此，天府七小的做法是"以学科教研组为单位进行财经素养学科渗透专项教材分析"，整理了"分学段财经素养学科渗透课程内容列表"并在分科教学管理中予以落实。

发端于真实问题的拓展课程是天府七小财经素养教育的特色所在。"儿童城市"里的生活，经常会出现一些问题，为让"城市"更好地运转，也会产生更多需求，在解决问题、满足需求的过程中，自生性财经素养项目课程应运而生。在师生共创的教育哲学指引下，短短两年时间内，仅课程研发部登记在册且规范运行完结的自生性财经素养项目课程就已经达到了30余个，其中既有同班五六个同学组队完成的，也有以班级或年级为单位策划和实施的，还有跨年级组队经营的。下面以"柒晓吧"为例来说说拓展课程的实施。

2022年3月之前，"柒晓吧"只是一辆放置在校园里四年多的废旧公交车，其间教师们也有过关于公交车改造的提议但因各种原因而搁置。直到2022年3月，学生们提出了将公交车变废为宝的想法。与之前不同的是这次大家的指向更为明确——将公交车打造成为"儿童城市"里的消费场景，即售卖饮品的小驿站。几个高年级的学生找到朱娅君校长，请学校把公交车交给他们经营，朱校长说："可以啊，请按规范向课程研发部提交你们的项目申请。"于是，他们开启了自生性项目课程的第一步——向课程研发部提出申请，同时根据学校《自生性项目运行规范》，邀请学生发展部方昱昕老师作为"第一责任导师"参与项目运行。这里特别要说明的是，在天府七小，项目的第一责任导师在前期更多担任的是合作伙伴的角色,只要不出现安全、价值观等方面的问题,导师即使知道学生们可能出错,也不去介入,更不会参与决策,整个过程都是学生主导,完成他们自己的方案,而不是导师做好方案,他们去执行。

经过近一个月的反复讨论,"公交车改造项目组"提出了项目审议要求,进入了自生性项目课程运行的第二阶段——项目答辩,第一次答辩项目组并没有通过,原因是他们没有做资金规划。于是学生们又找到校长,提出需要资金,朱校长说:"可以,请在优化方案时提交详细的经费预算。"一周以后,学生们通过实地考察、线上询价等方式按设计规划给定了详细的资金规划,并向学校申请了7000元专项资金用于项目实施。更为可贵的是学生们通过资金预算讨论意识到了资金使用的双线管理原则,即管钱的和用钱的不能是同一人,所有资金使用须由项目组一半以上的成员同意才行,这些基本的财经规范在孩子们的项目化学习中自然成为自身素养的组成部分。

当学生们修订完操作方案后,项目即进入了第三阶段——项目实施阶段。前期的经历使学生们自发形成了统筹规划和节约意识,在资金规划设计过程中他们主动修改前期方案中一些容易产生浪费的部分,好几处原来设计要去买成品的地方变成了手工制作,计划请工人粉刷的变成了自己动手。经过近两个月的努力,学生们将公交车改造完成,并给它取了一个好听的名字"柒晓吧",还为它设计了专属标识(见图5-2)。

"柒晓吧"开业的当天下午课后服务时段,项目组的学生们和第一责任导师完成了第四阶段——复盘反思。在学生们的讨论中不仅有冒着酷暑考察装修材料价格的辛劳,更有亲自动手实现理想的成就感;在复盘反思进行到"深水区"时,项目组的学生们还达成了新的共识——向学校申请"柒晓吧"的经营权。

说干就干,成型后的"柒晓吧"已经不仅是物化的劳动成果,还成为下一个自生性项目开展的实施场域。要经营、要挣钱,项目组再次提交项目申请,这一次,他们的方案在规范性、可行性、细节设计等方面都有了很大的提升,比如,考虑到了要招聘员工、定价等因素。类似这样的财经素养课程方向的项目化学习内容天府七小还有很多,比如,直接指向财经素养教育的"财经博悟园""货币之路"、依托自然学校课程的"拓印作品"展售会、与综合实践融合的"打造三星堆儿童体验区"系列课程、基于语文课的"名著我来演"的课本剧展演项目、与艺术展联动的"七小苏富比"等。各种场域建设和一系列自生性课程实践,不断丰富着儿童城市里的生活,为财经素养课程的实施提供了无限可能。

历时3个月,经历2轮项目答辩与修订,学生们最终完成了从方案设计到内部整理与软装、营销策划与宣传、产品设计与定价等一系列工作,成功地将"柒晓吧"变成了校园里的网红打卡地。讲到这里,大家肯定会非常关注"他们用哪些时间来完成自生性财经素养项目课程",这就不得不谈到天府七小财经素养课程的又一特点:多元的课程组合突破了财经素养教育的时空限制。前面提到,自生性项目团队的成员组成形式多样,不一定来自同一个行政班,课间、午餐后、放学后、周末等碎片化的时间,都能成为他们的学习、讨论时间,线下没说完的事情,还可以在线上接着讨论,只有在复盘反思时,第一责任导师才会组织学生们集中,而这个时间通常是在课后延时。

图 5-2 柒晓吧

回到财经素养课程的育人价值上看,这样的财经素养课程早已不只是"钱"那点儿事了!这样的课程不正是五育融合的最佳表达吗?站在学生的立场不难发现,在项目运行的每一个阶段都是财经素养教育与五育融合发展的自然表达:在"柒晓吧"的内部设计阶段,学生需要充分调研各类软装材质的价格,并从色彩搭配、质感等艺术审美的角度给出最佳方案;在饮品设计与定价阶段,孩子们需要充分调研同学们的财富状况和消费心理,在多角度分析的基础上最终设计出最适切的饮品,在这样的经历中用知识解决问题,劳动与收入的关系体认将会非常充分;当"柒晓吧"进入具体经营阶段,每月一次的产品迭代以及和"儿童城市"里税务部门的税务结算,数学知识必不可少……财经素养课程因其超学科整合课程特性,成为天然的五育融合的整合器,促进了学生的全面发展。

四、复盘:活动评价设计

本次活动从设计和实施上强化了课程育人导向,通过探究、服务、制作、体验等方式进行学习,综合运用各学科知识分析、解决现实问题,尊重学生的自主选择与创造,真正让学生"活"起来,"做"出来。

根据综合实践活动学习的四大目标:价值体认、责任担当、问题解决、创意物化,本次评价紧扣目标,制作了过程性评价单,并且从四个维度分别进行自评、互评、师评三个评价主体的评价。评价单上对四个维度进行星级评价,评价表中还设计"我的荣誉"栏,这是学生对自己的表现进行预判,进行申奖,教师综合学生们的申奖情况进行分类的荣誉奖励,完成奖励性评价。荣誉奖励包括:最佳团队、最佳组长、最会合作小达人、设计制作小明星、口才达人……评价单上还设计"我的感言"一栏,这是自主的描述性评价,同时也促进学生进行反思。项目结束后,教师还鼓励学生利用周末以日记的形式记录整个活动的过程和收获,进一步将财经素养的跨学科影响推向了深入。

第二节 广东地区财经素养教育实践

一、关注社会热点:校园贷大揭秘

(一)内容概况

东莞外国语学校是一所十二年制公办院校,作为东莞地区教育综合改革试点学校,大胆探索,开展多种形式的财经素养教育活动,已取得了一定的成效。该校组织了财经素质教育课题研究组,施教对象主要为初中年级的学生,倡导并引领教师和学生积极参与财经素养教育的实践探索。东莞外国语学校举办的"校园贷大揭秘"实践活动对学生产生了重要的影响,该活动主要通过介绍贷款利率的计算,向学生揭秘了校园贷背后的危害。

(二)活动目的

第一,通过本次活动的进行,让学生了解校园贷具有的高利贷的性质,进一步了解高利贷的危害,培养学生的安全防范意识。

第二,通过环境模拟,让学生对贷款利率的计算有进一步的认识,并学习复利的计算方法。

第三,引导学生对贷款进行正确的认识,能够对不正规、不合法的贷款进行初步的辨别,发现其中可能存在的陷阱。

第四,让学生意识到"天上不会掉馅饼",在平时的学习和生活中,合理安排自己对零花钱、生活费的使用,合理消费。

(三)活动设计

1. 课前准备和提出问题

本次活动,教师们以两个不同的背景向学生们提出问题。

(1)站在历史的角度感受历史进程中的"高利贷"。首先,教师向学生介绍关于王安石变法的一项措施——"青苗法",此变法正是在百姓丰收之际以高价回收粮食,当百姓的粮食不足之际,朝廷可放低息让百姓借贷粮食,从而使百姓的生活安定幸福。接着,教师向学生提了两个问题:①当时朝廷放息的利率是多少?②当时朝廷贷款年利率是很高的,为什么还称之为"低息"?这两个问题为学生了解古代贷款利率设置了悬念,并要求他们在寒假中探索答案。

(2)感受身边真实事件,了解贷款。教师向学生们讲解了现实生活中离学生很近的校园网贷的事件。如2019年,东莞一名在读高中生刘某因创业资金需要,向某贷款公司借了6万元,并签订了借款合同。但此公司仅提供了3000元的借款,并口头约定月息

600元。贷款公司浩某经常向这个高中生讨债,并时常伴有威胁行为。为归还贷款,刘某被迫多次签订新的借条,最后,欠款金额合计为39万元,迫使刘某提供商品房抵债。后刘某父亲被迫以124.8万元将该房买回。这个事件中,刘某的借款连本带息翻了几倍,充分地显示了校园贷的利息之高。接着,教师向学生设置了一个生活情景:向学生展示一个网络平台的校园贷产品,贷款1万元分12个月偿还,每个月还本付息为932.33元。之后,教师向学生提出了以下四个要求:

第一,要求学生在网上搜寻有关贷款的计算器,计算正确的贷款利率。用贷款计算器计算后,发现实际的贷款利率为21.248%,比学生自己计算的贷款利率要高出许多,这往往就是一些校园贷的陷阱。而这个利率差额涉及了学生的知识误区——等额本金贷款和等额本息贷款。教师让学生计算利息差额,主要是让学生感受校园贷的陷阱,也让学生对贷款有更深层次的了解。

第二,要求学生寒假期间在网上了解等额本金贷款与等额本息贷款的计算方法与不同之处,让学生感受贷款利率计算的复杂性。

第三,要求学生计算如果贷款10万元用于资金需求,比较通过校园贷与正规银行贷款的总的利息,计算之间的差额,使学生们了解校园贷的利率比普通银行高出许多,并认识到校园贷的危害。

第四,要求学生做出选择:在了解校园贷的高利率之后,如果自己需要贷款,会选择普通银行贷款、校园贷贷款、其他形式贷款中的哪一种形式,并给出自己的理由,使学生明辨贷款,认识贷款选择的重要性。

基于以上要求和学生在寒假调查学习关于校园贷的信息,完成寒假作业关于校园贷的小论文,充分表达学生对校园贷的看法。

(3)教研组研究"校园贷"课题。学校对"校园贷"课题设计组织相关教师开展进行。要求本次活动教研组把校园贷与之相关的知识清楚明了地传授给学生,创新课堂设计,全面解答学生寒假学习调查中对校园贷存在疑问的相关问题。

(4)学生寒假完成作业。学生在寒假期间完成教师布置的问题及要求,可以通过网上学习、走访调查、小组讨论等方式,收集资料,解答疑惑,完成论文作业。

2. 成果展示和教师研讨

(1)学生作业展示及评比。开学之后,组织班会进行寒假作业的成果展示,由学生个人对自己的作业成果进行讲解,课题组教师旁听,在所有参加此次活动的学生中评出第一、二、三等奖若干名,并挑选其中有代表性的优秀作品,发布在学校的微信公众号上。

(2)教师深入讲解校园贷。在之前学生自我探究的基础上,教师对校园贷的相关事件进行补充。先从校园贷的具体案例入手,给学生讲解校园贷利率的计算方法,通过讲解存款利息和高利贷贷款利息计算的推导,用数学知识学会计算复利,进而了解贷款利息的计算。

单利和复利是两种主要的计息方式,单利是按照固定的本金计算利息,只有本金在存款过程中产生利息,不管存款期限有多久,所生利息均不加入本金重复计算利息;复利计息是指每经过一个计息周期,就要将该期所派生出的利息加入本金再计算利息,逐期滚动计算,俗称"利滚利"。而贷款利息的计算方式通常分为两种,即等额本金还款法和等额本息还款法。等额本金还款法最大的特点是每月的还款额不同,每月还款额呈逐月递减的状态,这种还款方式的还款额是将贷款的本金按还款的总月份均分,再加上上期余额剩余本金产生的利息。在这种方法中,人们每月归还的本金额是相同的,而利息随着本金额的减少而减少。因此,等额本金还款法第一个月的还款额最多,之后逐月减少。等额本息还款法最大的特点是每月的还款额相同,也就是说,从第一个月开始还款利息所占的比重是逐月递减的,本金所占的比重是逐月递增的,而月还款数是相同的。这就是平时大家所说的在贷款买房还房贷的过程中,前期还的利息比本金高几倍的原因。在等额本息还款法中,银行一般先收取剩余本金的利息,后收取本金,因此,在每月还款额不变的情况下,利息在月供款中所占的比例会随着本金的减少而降低,本金所占的比例会随着还款期数的增多而升高。

等额本金还款法的优点是可以节约更多的利息,有利于提前还款,不足之处是前期还款压力大。等额本息还款法的优点是每月还款压力较小,不足之处是需要支付更多的利息以及不利于提前还款。

根据以上计算方法,结合之前作业内容和案例,进行计算讲解,让学生意识到校园贷到处都是陷阱。

3. 模拟场景和角色扮演

在进行对以上利息的讲解之后,教师还通过角色扮演的方式,让学生体验了贷款客户的角色。目的是考验学生是否因为某些不规范的校园贷中隐藏了欺骗性的条款,加上学生的风险意识较弱,而陷入由"校园贷"演变而成的"高利贷"陷阱。然后教师指出高利贷的本质也是数学算理的问题,按照"九出十三归"的隐藏条款,贷款1000元,若不能按时还款,两年后要归还本息高达37.8万元!通过这种计算过程,让学生切身体会到贷款中隐藏的风险。

4. 交流研讨和教师指导

与学生探讨"贷款的需求、选择及理由",学生积极进行交流,从购买商品是我们需要的还是我们想要的、我们是否有还款的能力、如何防范风险等角度畅所欲言。教师在此过程中可结合某些初中生贷款赌球、消费的案例,引导学生思考、体会量入为出和理性消费的重要性。

5. 教师学生总结交流

(1)教师总结。本次班会的圆满举行,使学生认识并深入了解关于校园贷的陷阱与贷款的知识。学生通过寒假教师布置的相关问题,通过古今贷款利率的对比,一方面,感受到古代官员王安石忧国忧民的爱国情怀,以及一直为百姓办实事的优良作风。他推行的"青苗法"比当时社会商贾贷款的利率要低得多,真正做到了为百姓牟利。另一方面,通过校园贷事件给受害者带来的危害,使学生深刻认识要正确进行贷款,正确选择正规银行进行贷款,正确明了自己的贷款需求以及目的。总之,学生在任何时候万万不能被校园贷所诱惑。预估自己的贷款能力,做好贷款计划,保持自己的信誉额度,是学生保持理财、保持理性消费的基本需求。

(2)学生总结。本次班会的举行,对学生正确认识贷款具有深远的影响,让学生从"无知小白"一转而成"破险大师"。而对高利贷的评判不能基于自己的主观臆断,也要根据当时的社会形态和历史条件去研判。

(四)活动效果

学生在撰写财经素养小论文的过程中,查阅了大量与校园贷相关的信息,学习了一些调查研究方法,比如走访调查法、资料分析法等,锻炼了学以致用、总结分析及概括表达的能力。通过自主思考、学习研讨,学生明确意识到:一是贷款利率与存款利率的算法是不一样的;二是从知识层面上认识到校园贷实质是一种利率较高的贷款;三是随着社会的发展,新的经济产品层出不穷,这就需要不断学习,提高风险防范的意识;四是意识到树立正确的价值观、提高个人财经素养不仅要练就一双"慧眼",更要拥有一颗"慧心",才能真正做到防范金融风险。

二、关注财经生活:园游活动中的财经素养

(一)内容概况

"园游活动中的财经素养"实践活动由深圳市南山外国语学校(集团)高级中学实施,该校全面贯彻"立德树人"的根本任务,坚持"办研究型卓越学校,有国际化创新人才"的办学目标。学校以校徽内涵发掘为起点,从精神文化、制度文化、课程文化、物质文化四个维度,构建了以"像树一样成长"为核心的学校文化体系。

"园游活动中的财经素养"实践活动是一种很有效的实践方式,可以帮助学生们在游戏的过程中学会正确的财经观念。财经素养不单单是知识层面的学习,还包括对学生的信念、结构和道德体系的反思。活动可以通过游戏,让学生了解到"价格"和"价值"的区别,从而引导学生认识到金钱、物品等的价值是不能等同于价钱的。

(二)活动目的

第一,丰富校园生活,增添校园生活的趣味并开阔学生的视野,提高学生的学习兴趣与财经素养。

第二,为学生提供更多的锻炼机会,提高学生的能力,展现校园青春活力和良好学风。

第三,通过活动为学生提供财经学术范围,营造良好的学习氛围,激发学生的学习热情,深化学生的理论知识,提高学生的财经技能和财经素养。

第四,培养学生创新意识,并树立正确的金钱观、价值观。

(三)活动设计

本活动的形式为理论与实践课相结合,活动时长为 3 个月,由该校政治科组教师负

责。活动分两个阶段:理论学习阶段和实践探索阶段。

1. 活动准备

理论学习阶段:本活动结合当今社会对财经素养的要求与该校学生的实际情况,有针对性地设计了家庭收入与消费、合理理财、财富创造及正确认识信贷等财经素养教育的内容。采取理论知识讲解、模拟场景训练、财经游戏互动等方式,实现学生掌握知识、提升素养、学以致用的目的。

(1)收入与消费。

1)主要学习内容:家庭收入、职业收入差距、家庭收入来源的形式与类型、影响收入的因素等。

2)活动目标:使学生能够对不同的职业形成正确认知;能够通过调查了解不同职业的收入差距;能够对家庭收入进行分类,制作家庭收入结构表。

此课程可使学生形成正确的职业观,使学生认识到学习可以帮助个人提升技能,增强就业能力。同时,明白工作不只是为了获取收入,更是为了实现自身价值与自我发展。

(2)储蓄与投资。

1)主要学习内容:货币、利率与汇率、利率的种类与计算方法等。

2)活动目标:能够掌握利率尤其是复利的计算方法;能够通过汇率的变化判断币值的变化。

此课程可使学生树立正确的金钱观;明白随着经济的不断发展,汇率与币值并非一成不变的;明白储蓄存款的收益会因通货膨胀而缩水。

(3)风险与保险。

1)主要学习内容:社会保险、保险的功能、社会保险的具体内容、购买社保对个人的生活保障等。

2)活动目标:能够初步学会计算社保缴纳金额;能够初步运用社会保险相关知识帮助家庭成员了解社保的缴纳情况。

此课程培养了学生的维权意识,使学生意识到社会保险与每个人息息相关,是企业责任、国家保障公民基本权益的体现,并学会运用合法途径维护自己的权益。

(4)制度与环境。

1)主要学习内容:经济制度与体制,证监会等金融监管机构的职能,法治社会对经济活动的要求,有关劳动合同、消费者权益保护等法律的重要内容。

2)活动目标:使学生能够学会运用法律维护自身的合法权益;了解要合法参与经济活动,依法维护自身合法权益。

(5)财富与认识。

1)主要学习内容:财富与个人家庭、信用货币时代财富的象征、财富与个人家庭的关系。

2)活动目标:使学生了解通过诚实劳动可以创造财富;树立正确的财富观;使学生意识到君子爱财,取之有道,用之有度。

实践探索阶段：

(1)确定园游会活动组织机构与成员。

(2)明确活动要求。

(3)明确摊位要求。

(4)制定好园会活动安全预案。

2. 活动进程

(1)南外币的策划与发行。本次园游会活动将发行有纪念意义的南外币，南山外国语学校(集团)滨海学校园游会的南外币是本次活动"唯一合法流通货币"，面值有1元、5元、10元、20元、50元、100元。通过物价涨跌情况来确定南外币的汇率标准及变化。

(2)南外币的使用规则：①南外币兑换无手续费；②设定专门的兑换通道；③规定兑换时间；④摊位的竞拍。

所有摊位均采用竞拍方式，价高者得摊位。竞拍活动持续两周，一般按照一人一个摊位参与竞拍，同时要求缴纳竞拍保证金，目的在于防止投机心理。也有部分学生通过众筹的方式联合竞拍。联合竞拍培养了学生的团队意识，加深学生对商品互补或替代关系的理解。同时，联合竞拍的摊主对摊位的设置更加立体化和视觉化，这也是联合竞拍的亮点。

学生摊主们为了吸引顾客也是绞尽脑汁、煞费苦心，有在摊位前吆喝的、有唱歌的、有跳舞的、有派发传单的。活动现场气氛热烈，到处散发着青春的气息。在活动即将结束前的一个小时，部分摊主"打折"促销，甚至有"大甩卖"等，这无不体现摊主的营销策略。

(四)活动效果

本次园游会活动前期做了大量准备工作，包括理论学习和时间准备，理论与实践相结合，并在活动内容和形式上推陈出新，注重对学生财经知识、创新精神和实践能力的培养。

本次活动采取"理论与实践"相结合的方式，坚持创新，激发了学生的学习兴趣与参与热情，调动了学生学习的主动性与积极性。通过本次活动，初步达到了"提高学生的财经技能和财经素养""培养学生创新意识，并树立正确的金钱观、价值观"等目的。

三、关注财经实践：模拟商品交易会——黄金摊位众筹大赛

(一)内容概况

广州市第十六中学于2003年开始每年举办模拟商品交易会，整个流程模拟真实的经营场景，并于2018年推出"黄金摊位众筹大赛"活动，为学生提供了一个良好的学以致用的平台。该校在此实践活动的基础上研发校本金融特色课程，成为广州市高中特色课程重点项目精品内容之一。本实践活动的施教对象为高一、高二年级学生，共计200人左右。活动中鼓励学生了解使用财经、金融方面的知识。

(二)活动目的

第一,通过模拟股权众筹等经济活动,引导学生了解投资与普通储蓄存款的区别,了解投资的风险和收益,并做出合适的选择。

第二,让学生从实业中了解实业投资与金融投资的区别,了解成本核算、创业的基本条件等知识,树立风险自担的意识和勇气。

第三,通过开展创业项目的众筹展示会活动,锻炼学生的协作、表达沟通、随机应变能力。

(三)活动设计

1. 组织人员

教师发出倡议,引导学生自行组队,所组创业团队报名参加模拟商品交易会"黄金摊位众筹大赛"活动。

2. 赛前具体准备

评委:物色三位众筹活动的评委,对创业活动、经营流程、方案设计进行点评,有一定经验的社会人士、大学生创业者、社团活动负责人等优先考虑。

创业团队:原则上由同班同学构成,人数5人以内;成员之间沟通方便,有一定的协调和应变能力;成员需要具备较强的个人表达能力、多媒体整合能力,进行众筹展示;每个团队选一个负责人作为日常事务的联系人和召集人。

众筹团观众:在高一、高二年级公开募集众筹团的观众。每人入场费30元,可作为入股创业团队的股份。每班最多4人参与,总人数为96人,参与学生创业团队的成员不能参加。众筹团的观众在展示互动中有一次30元的"投票权",观众可以选择投给一个创业团队,也可以选择不投给任何团队。众筹团的观众可以在现场自愿"加码"投票量:30的倍数,如60元或者90元,加码价钱等于投票权,每人最多可购买3次。参加众筹团投票,并且所投创业团队成功获得前6名的观众,有机会成为创业团队的监视员,监督团队的经营行为,有机会按比例分享创业团队摊位经营的利润分成。

3. 活动过程

创业团队通过抽签决定出场顺序,向观众及评委介绍自己的经营方案。吸引众筹团的募资,竞争黄金摊位。每个创业团队有3分钟的介绍时间,要在这有限的时间尽可能地完全展示出自己团队的想法及创意,要展示出自己小组方案的亮点在哪里,才能吸引到众筹团的"投资"。在创业小组进行展示的过程中,其他创业小组在场外候场区准备,互相不了解对方的经营思路。在所有小组进行完展示之后,由评委分别对他们进行点评,众筹团观众综合自己以及评委老师的意见投票,进行现场唱票并进行结果的公示。获奖的创业团队获得商品交易会中"黄金摊位"的免费使用权,以及相关创业基金。

(四)活动效果

1. 提高了学生对财经素养活动的参与度

学生参与活动的广度和深度大幅提高,激发了学生的学习兴趣,提高了学生的核心素养。在此过程中,成员各司其职,为实现小组的共同目标而合作,制作并展示创业规划,学生了解投资与收益的知识目标,了解实业投资与金融投资的区别。学校在学生的评价反馈中发现,所有的学生都参与了活动,他们各司其职,从网络查询知识、制定问卷调查、实地考察到发布等环节都积极投入。

2. 提高学生的自信心,激发学生对财经教育的兴趣

通过参加这次众筹活动,学生摆脱了模拟商交会就是"跳蚤市场"的简单看法,对于商业活动中经营创意、资金筹集、成本控制等环节都有了更加深刻的认识和体会。本次活动更注重主体参与,肯定学生已有的发展成就,增强学生的自信心,激发学生对今后活动的兴趣。

第三节 江苏地区财经素养教育实践

财经素养是个体应对经济生活所必备的财经知识、理财技能、财富观念和人生信念等基础修养的总和。"财经素养教育要从娃娃抓起",3~12岁是儿童财经启蒙的关键时期,这个时期给予孩子恰当的财经教育,能够培养孩子全方面的财经思维和能力,培养孩子正确的金钱观和价值观。在当前背景下,通过学校系统地加强财经素养教育,对于个人发展、家庭幸福、社会稳定乃至国家安全都具有重要意义。

目前,我国小学财经素养教育开发与实施有许多优秀的经验做法,主要实践形式包括:开设特色课程、共建实践基地、开展学校教师专题培训、组织社会实践活动等。本节以江苏地区小学为例,为小学阶段开展财经素养教育提供借鉴和参考。

一、学校自主开发财经教育特色课程

特色财经课程是最基本也是最主要的财经素养教育形式,如何开展高质量专业化的财经教育课程成为学校持续探索的目标。财经教育课程经过多年发展,一些学校自主开发形成了完备的课程体系,同时,社会上也有公益组织为学校提供优质的教学资源,这些财经教育课程为学生培养财经素养,树立正确的价值观、财富观打下良好的素质基础。

(一)学校自主开发课程

淮安市淮安区开展金融知识纳入小学课程试点工作,通过"金融知识+学生课堂"的形式,打造"1+1>2"的教育模式,将财经知识纳入基础教育体系。相关单位根据小学生的认知能力和金融知识普及的需求,联合编写兼具趣味性和实用性的特色校本教材《金融知识读本》,并配套编写教案,通过"金融素养"这个教育支点,以校内课堂教学、校外互

动体验为载体,让金融教育走进淮安区各小学。通过教育学生,实现带动家庭、辐射社会的良好效果,推进构建学校、家庭、社会"三位一体"的立体长效教育模式,提升社会公众整体的金融素养。

许多小学持续积极探索财经课程,如江苏省苏州市东中市实验小学校开发了具有校本特色的"'尚诚'财经素养教育课程",构建了五大课程模块:财经知识课程、学科融合课程、主题特色课程、实践探究课程和环境场域课程。

江苏省苏州市东中市实验小学校开设的"网络中的经济学"课程纳入全国"财经素养教育与劳动教育融合"课堂教学课例,该课程融合了财经素养教育、劳动教育和品德教育,教学环节设计巧妙,选材符合学生生活实际,通过创设真实情境将财经素养与生活相结合,唤醒学生的生活经验,学生参与度高,问题设计有针对性,以学生为中心开展财经素养教育,帮助学生树立正确的劳动观、财富观和价值观。

南京市金陵中学实验小学展示课例"小保险,化风险",将保险知识与身边事例相结合,以互动形式讲解保险的作用和内涵,帮助学生认识主要的保险产品,理解保险的分类以及保险的原理等,让孩子们在活动中认识保险,理解保险的原理,制定出合理的保险购买方案。

南京师范大学相城实验小学教师和南京师范大学专家团队共同构思,参与编写教材,将"小学生财经素养教育"纳入该所小学的特色课程,开展基础教育阶段的特色财经素养教育。

(二)协同公益组织合作教学

一些财经教育资源相对匮乏或者乡村偏远落后的学校与一些非营利性公益组织开展合作,积极引入财经教育教学资源,成为开展校园财经教育的有效途径。

1. 社会公益组织

佰特公益是一家开展乡村儿童及青年财经素养教育的非营利组织,它的服务内容包括财商教育和创业教育课程,主要受益对象为3~25岁的城乡儿童和青年。佰特公益打造了"阿福童"儿童财经素养教育项目,包含针对学生的多种特色财经课程,特色课程有"阿福童财商网络课"和"小学阿福童社会理财课程"等。其中,"小学阿福童社会理财课程"针对7~12岁的小学生,通过五大主题的课程板块,即认识与探索自我、权利与责任、储蓄与消费、计划与预算、社会与商业创业,旨在培养小学生的自我认知能力、社会交往能力、领导力、财商技能以及创业能力,解决儿童所面临的自信心缺乏、合作能力差、理财能力薄弱、缺乏计划性、创新意识淡薄等问题。

为了让财经素养课程更加普及,佰特公益还面向全国各地的乡村儿童开设线上直播课程,江苏地区也不例外,课程采用双师制模式,由佰特公益专业讲师直接授课,本地小学教师作为助教协助引导学生进行学习。课程遵循"以儿童为中心"的理念,采用参与式教学的方法,将教学置于具体的生活情境之中,激发儿童的兴趣和学习内驱力,引导儿童通过小组合作,主动探究问题,协助儿童逐步建构财商知识体系。进阶课程中,每学期深度探究一个财商主题,如互联网集市、广告探究等,通过小组合作完成一个项目,并在项目结束时,进行反思和总结。许多学校通过引入类似佰特公益等公益组织的专业课程,成为校园开展财商教育的有力补充。

2. 地方博物馆

开展学校和博物馆之间的交流与合作是丰富教学实践、实现资源共享的典型方式,通过更加新颖多元的教育形式,探索和发挥博物馆的社会教育职能。

苏州基金博物馆是全球首家以基金为主题的金融教育公益博物馆,展馆划分中国金融史、全球基金发展史、中国基金发展史、丝路金融文化、苏州金融生态五大主题展区,并定期推出各类特展、巡展,全面展示各自的沿革、现状及其对民众生活的影响。苏州工业园区星汇学校等小学组织参观苏州基金博物馆,博物馆讲解员为学生介绍中国古代金融发展史,带领大家深入了解了各个时期的货币和金融机构,以及著名的货币理论和金融人物,认识"人民币的前世今生",学习家庭理财计划,还为学生详细介绍《姑苏繁华图》,领略清代姑苏的商贸繁华。在博物馆的公益基金专题展区,讲解员为学生科普公益基金的概念和国内外著名的公益基金组织,这种实地参观形式能够进一步加深学生对财经知识的理解,提升学习兴趣。

除了实地参观外,苏州当地多所博物馆推出种类丰富的财经线上课程,走进小学课堂,在更大范围内开展校馆合作,实现知识资源共享。例如,苏州基金博物馆开展了多种线上课程,让博物馆里的财经知识更多地进入小学课堂。苏州博物馆开展"方寸之金——中国与罗马古钱币探秘"教育课程进校园活动,通过腾讯视频"云课堂"为苏州科技城外国语学校一、三年级学生带来财商教育课程。课程中带领学生云游展厅,感受古钱币的独特魅力,多个角度探索中国与罗马两大古钱币体系的异同点,发掘隐藏在古钱币中的历史故事。

(三)财经高职院校开发特色课程

南京财经高等职业技术学校推出针对小学阶段儿童的财商公益课程——"财商启蒙"系列课程项目。该课程走进南京市金陵汇文学校(小学部)等学校,让孩子学会从小和钱做朋友,深受学校和学生的欢迎。

该课程项目由南京财经高等职业技术学校金融系资深专业教师,开发出面向小学3—6年级学生的十大主题特色启蒙课程,内容包括财经基本知识、理财基本知识、投资保险、风险防范等方面。十节财商课内容丰富,有"认识我们国家的货币""认识金融职业""认识消费""认识保险""认知风险"等。课程项目将各种专业的财经概念以通俗易懂的方式植入孩子们的脑海,让他们从财商启蒙开始,到成为理财小能手。

项目针对中小学生缺乏理财观念、乱花钱现象等普遍问题,主要开展与日常生活紧密相关的职业了解活动,让学生通过观察、模仿、游戏体验等形式,发现并了解自身的兴趣爱好,感受学习乐趣,增强学习自信心,引导学生形成基本的职业自我认识,初步培育职业兴趣,养成良好习惯。财商启蒙教育教会孩子的不仅是用钱这点事儿,它还帮助孩子建立正确的金钱观和价值观,也让他们学习规划梦想、管理人生。授课过程中,教学团队采用互动式教学方法,包括案例分析、角色扮演、小组讨论等,组织各种课堂教学活动,让学生在轻松愉快的氛围中学习财商知识,课程形式和内容受到了学生们的普遍欢迎。课堂中设置有多种互动环节,如在有奖竞答环节中,孩子们获得了金融系制作的财商启蒙成长币,在活动结束之际,可以前往"奖品兑换处"进行最后的决策兑换,利用所获得的最大价值的印章置换想要的物品。课后,教师给每位学生发放了金融系精心制作的《财商启蒙训练营手册》,并布置相应的课下练习。截至2023年底,"财商启蒙"志愿课程项目被银城花园社区邀请参加社区公益活动3次,开展面向中小学生的公益课程,课程服务受到了学生们的喜爱。

二、校企合作共建财经素养教育课程基地

校企合作共建课程基地是非常值得借鉴且可行的教育实践形式,其中比较典型的有江苏省苏州市东中市实验小学校开展的校企实践项目。

江苏省苏州市东中市实验小学校与江苏银行苏州姑苏支行共建"尚诚"财经素养教育课程基地。江苏银行苏州姑苏支行向学生代表赠送财经知识读物,帮助同学们了解更多的财经知识。江苏银行苏州姑苏支行的指导教师与同学们进行金融知识科普互动游戏,在趣味游戏中学习财商知识,参观学校"尚诚"财经素养教育课程基地。该基地再现民国钱庄的运营场景,旨在引导学生了解中国及苏州钱庄业演变历史,传承钱庄运营契约文化脉络,在沉浸式体验中树立正确的劳动观、合理的金钱观和正义的财富观。

江苏省苏州市东中市实验小学校还与民生银行苏州分行合作开发财商课程,开展"金融启蒙进校园"财商启蒙活动。银行深耕亲子家庭需求,活动形式丰富多样,搭建民生财富小管家体系,打造多元化的特色权益;同时利用体系化的财商教育,暖心的金融工具和增值服务,为苏州的众多家庭提供系统化的寓教于乐亲子体验。中国民生银行财商指导教师给学生介绍财商课程体系以及"财商启蒙——争做'财'智好少年"活动的具体内容。学生汇报的"水果店""盲盒店""旅游公司"等商业计划,加入了创意无限的内涵。活动中为优秀学生作品设置创业证书,激励学生争做"财"智好少年。

三、学校开展专业财经教育教学培训

如何开展专业化的财经教育教学活动是每个学校不断探索的,但是部分学校自身的财经素养教育师资力量和教学经验相对欠缺,组织教师参与专业的教学培训成为提升财经教育教学质量的有效途径,除了不同学校间的交流学习活动外,还可以参加外部专业化体系化的培训课程,提升教师的财经教学知识技能,补充财经教育师资力量。

(一)财经教育教学交流学习

中国财经素养教育协同创新中心(以下简称财经教育创新中心)主办了"小学财经素养教育在课堂"线上交流展示活动,来自全国各地的中小学、幼儿园等单位的教师在线参

加交流讨论会,该活动定期开展,向常态化发展,成为交流学习的良好平台和范例。交流讨论会邀请财经教育创新中心的教授,以及来自南京、成都、济南、深圳和重庆等多地的小学教师代表共同探讨方法。交流展示会设有经验分享、教学展示、专家点评三个环节。

财经教育创新中心专家团队莅临江苏等地多所小学,具体指导学校深入推进学校财经素养教育研究。同时,财经教育创新中心开展江苏区域小学财经素养教育创课展示与研讨会,南京师范大学相城实验小学、东中市实验小学校、南京师范大学吴江实验小学、南京市摄山星城小学、南京市软件谷小学、南京外国语仙林分校以及徐州商聚路小学等小学的教师研讨交流,展示10节课堂教学案例。不同学校的教师通过分享优秀课程案例,交流教学经验,相互借鉴学习,为开展财经教育课程提供了丰富的教学素材和经验指导。

(二)公益组织开展培训

佰特公益除了提供多样化的财经素养课程,同时还开展校长教师财经教学培训,开发线上和线下两种模式,与许多小学开展"指向核心素养的青少年财经素养教育专题研修营"等财商教育项目活动,专题研修营包括校长工作坊、优秀教师培训等,为提升小学财商教育质量开展专业化的指导,为小学开展财商教育提供更加专业更加成熟的课程体系和师资力量支持。

同时,佰特公益与线下江苏省常州市星河实验小学等多所院校合作,邀请来自全国各地的校长和教师参与培训,帮助其了解以财经知识学习和场景体验为核心的校园文化管理体系,在校园中体验真实的经济生活场景,了解财经素养教育是如何与学科教育、体验劳动、德育管理等融合起来。佰特公益多次邀请财经素养教育先行学校的老师分享如何利用财经素养教育课程,助力特色校园建设,打造各自校园的独特强项文化,如财经素养与学科融合建设、校园公益文化建设以及回应新课改需求等,为各类院校提供了财经素养教育的有力指导,帮助其打造特色财经素养教育体系。

(三)社会资质证书课程培训

小学教育阶段,"注册少儿财商指导师"证书是一种专为提供儿童财商教育与指导的职业技能认证证书。少儿财商教育是一门结合经济与管理学、商学与市场学、金融与理财学、创新与创业技术、教育心理与教育技术学、少儿游戏以及财商通识等学科的综合性交叉型复合学科,对从业者的知识储备和综合能力有一定的要求。社会上也有针对少儿财商教育的资质证书。例如,少儿财商指导师是专业从事提升少儿财商而进行少儿理财教育的、具备相应知识和技能的专业教育工作者,这个证书是由国培网(原中国国家培训网)在线颁发的职业技能学习证书,能够在一定程度上体现从业者在少儿财商教育行业的职业能力和专业资质。它分为助理少儿财商指导师、少儿财商指导师和高级少儿财商指导师三个等级,设置有专业的儿童财商教育培训课程体系和相关考试,完成课程学习和考试即可取得证书,这也成为提升从业者相关知识储备和技能的一个重要补充。

四、江苏地区财经素养教育实践活动案例

(一)校园流通代币

南京师范大学相城实验小学创新推出在校园内流通的代币"能行币",学生通过学习相关知识、职业体验、获取能行币、流通使用等,增强对货币收支的认知,培养学生树立正确的劳动观、合理的金钱观和正义的财富观①。

学校德育处联合教务处和任课教师,综合考核学生在德、智、体、美、劳各个方面的表现,制定具体的发放规则,将赚取能行币与学生日常表现和活动竞赛结合起来,定期以发放能行币的形式进行奖励和激励。赚取能行币有多种途径,比如元宵节活动中,猜出30条灯谜的同学可以获得2个能行币的奖励,在各类竞赛中获奖也可以获得相应数额的能行币奖励⋯⋯以此种种,将各种奖励以这种代币的形式量化,能够充分调动学生参与的积极性。当然,能行币之所以激励学生努力获取,离不开其丰富多样的校园使用场景,例如,学校的烹饪教室每周定期开放,同学们可以用能行币购买在烹饪教室制作的健康食物;在学校的"魔法学院"里,能行币作为代币还能够实现理财功能,同学们可以用能行币换取使用科技器材的机会;手头能行币宽裕的同学,可以将其存入学校的"金银岛银行",换取"利息",也可以到"口袋超市"购买商品。学校举办形式多样的活动,让能行币在校园里真正流通起来。能行币的使用让学生在实践中增强对劳动收入的认知,主动学习合理消费和财富规划,是非常值得借鉴的财经素养教育案例。

学校代币制作为一种新型的管理方式,对学校机制建设方面提出了更高的要求,代币的顺利流通需要完备的体系建设。首先,学校代币制的实施需要明确代币的发放标准和使用范围,建立完善可行的制度规则。发放标准方面,学校可以将学生的学习成绩、课堂表现、社会实践等方面分级评定,与相应数量的代币挂钩;使用范围方面,丰富拓展代币使用场景,覆盖学生食堂消费、图书馆借阅、体育设施使用等方面,使学生能够更好地享受到代币制带来的便利,增加代币的吸引力。其次,学校代币制的实施需要建立完善的代币管理系统,实现实时、透明结算。通过借助现代化的信息技术手段,建立包含代币发放、使用、结算等各个环节在内的管理系统,实现账户信息实时更新,确保代币的发放和使用过程公平、公正、透明,提升代币的公信力。最后,学校引导学生正确使用代币,培养他们的理财意识和消费观念,同时开展相关的教育宣传活动,向学生普及代币制的制度规则和使用技巧,引导他们理性、合理地使用代币,避免出现浪费和滥用的现象。

(二)跳蚤市场及爱心义卖

1. 跳蚤市场

跳蚤市场是非常传统的财经教育活动,孩子们在市场中可以低价购买或者互换文

---

① 培养学生树立正确劳动观、金钱观和财富观流通起来!校园"能行币"很吃香,苏州新闻网,https://www.163.com/dy/article/G45PFR1T0534B975.html.

具、书籍、玩具、零食小吃、手工制品等各类物品。学生们运用数学知识，来计算物品的价格，进行买卖交易。学生不仅学会了如何使用货币进行交易，更学会了如何在交易中寻找最优惠的价格。这种真实的交易场景，让孩子们在活动中学习到了筹备、宣传、售卖、统计、利润等知识，也增强学生对金钱和市场交易的认识。跳蚤市场活动与小学教育阶段的学生的认知能力水平相匹配，规则内容相对简单，是在小学财经素养教育中非常普遍的活动形式，受到广大师生的欢迎。

江苏省睢宁县城西小学将财经素养教育融入数学课堂实践活动，学校面向一二年级学生举办"玩转人民币，购物乐翻天"的跳蚤市场活动（见图5-3）。活动由数学教师组织开展，制定活动方案，确定活动流程，并提前为孩子们认真讲解活动的规则和注意事项。活动当天，学生精心布置摊位，整齐摆放物品，贴上价格标签，放置提前准备好的宣传海报，吸引人气。同时，本次活动将数学学科和实践活动结合起来，融入财经素养教育，给学生提供一个锻炼自我、展示自我的舞台。通过游戏化、生活化的学习活动，激发学生学习数学的热情，加深对"元、角、分"的深刻理解及应用，取得一举多得的良好效果。

跳蚤市场可以融入多元化的校园主题活动，将财经素养教育与其他素质教育相结合，通过跳蚤市场的这种寓教于乐的趣味形式，在实践活动中培养和提升学生的综合素质能力水平，实现素质教育的目的。例如，苏州工业园区唯亭实验小学将财经教育元素融入"书香润泽多彩童年 阅读点亮幸福人生"读书节活动，通过开展包括图书跳蚤市场活动等各类读书活动，最大限度激发师生的读书热情，提高学生财经素养，打造书香校园、和谐校园。前期准备方面，制定活动方案，由后勤部门及各班班主任安排前期摊位摆设，按班级划分区域，保证现场秩序；教师在活动前开展学生动员会，填好班级销售图书汇总表，并对参与销售的同学进行培训；学生提前挑选可供售卖物品，构思摊位广告创意。活动现场，当天班级学生对本班摊位提前进行布置，创意设计摊位，正式开始后由各班在班主任带领下有序进场进行购买，最终所有售书款给提供图书的学生。

图5-3　江苏省睢宁县城西小学跳蚤市场活动现场图片

2. 爱心义卖

爱心义卖是指以慈善为目的的商品交易,其所获收益将捐赠给社会公益事业。它的活动形式与跳蚤市场很类似,只是所卖钱款用于慈善捐赠,不归物主个人所有。这种义卖活动不仅丰富了学生的校园生活,提高了学生的财经素养,还让同学们从小树立关爱他人的意识,养成乐于助人、乐于奉献的良好品质。

南京市六合区双语小学开展"心缘集市"爱心义卖活动,在义卖活动现场,各班教师、家长志愿者参与筹备,学生在班级划定区域搭建了具有本班特色的爱心小铺,制作了展板、宣传海报等物料。活动中除了制作宣传海报,还融入了抽奖、折扣促销等营销方式,充分发挥学生的创新创意和主观能动性。学校安排双语小学少年交警队员参与指挥现场环境,为同学们指引方向,维持活动秩序,学生组织参与活动秩序管理,有助于学生集体形成自我管理和自律守信的良好公德意识(见图5-4)。

图5-4　南京市六合区双语小学爱心义卖活动现场图片

南京市瑞金北村小学(南京航空航天大学附属小学)举行"微光成炬 温暖'童'行"爱心义卖活动。爱心义卖活动是该校延续多年的一项温暖行动,瑞金北村小学将义卖所得的善款成立了专项"爱心基金",专门帮助需要关爱的儿童,如陕西省商洛市丹凤县花瓶子镇九年制学校的留守儿童、贵州张洹阳光小学学生,以及手拉手结对学校溧水区东庐小学学生等。

南京市鼓楼实验小学"小海燕"公益队参加了由鼓楼区凤凰街道凤凰西街社区、江苏省妇女儿童福利基金会和乐灵能豆豆研学组织的"童行动·益起来"户外图书义卖活动,面向社区居民开展图书义卖,这种活动形式不仅传递爱心与关怀,更是一次凝聚社区力量、促进和谐共融的美好实践。义卖所得款项向江苏省妇女儿童福利基金会进行捐赠。

第四节　广西地区财经素养教育实践

一、财经素养教育区域实践特征

财经素养是一种品德和价值观的引导,不仅有利于培养大学生的责任感,形成良好的行为习惯和正确的价值观,同时为地区发展提供具备健全财经思维、适应区域经济发展的大学生人才,促进经济可持续发展。未来高校教育应打破大学教育人才培养的界限,将财经素养纳入通识教育体系中,促进学生综合素质的全面提升。

由于我国区域经济发展不平衡,各地区经济发展水平存在差异,学生家庭情况的特点与所在区域的经济发展水平也有着极大的关系。一项广西民办高校大学生财经素养调查研究报告显示[1],由于地域等条件的局限性,绝大多数学生能够接触的"财经经验"有限,学生家庭对于经济类问题考虑较少,学生的财经素养普遍较低,在广西地区高校开展财经素养教育势在必行。广西的高校开展的财经素养教育非常具有典型性,广西地区经过多年的探索和发展,在高校财经素养教育方面有许多优秀的经验做法值得其他地区参考借鉴。

(一)汇集多方资源,搭建财经素养教育指导服务平台

2017年,广西地区成立中国财经素养教育协同创新中心广西分中心,落户广西财经学院,是全国第一个中国财经素养教育协同创新中心的地方分中心,也是第一个落户地方高校的财经素养教育协同创新机构实体。[2] 广西分中心旨在成为服务区域经济发展、提升公民财经素养的学术研究基地和创新型智库机构,为财经素养提升提供科研服务和实践指导,它的成立,进一步推动了地方财经素养教育的创新探索和协同发展,推动教育类院校、机构和财经类院校、机构的深度合作,促进跨界学科合作和区域经济发展,为实现多方资源共享、合作共赢打开新局面。

(二)创新教学模式,鼓励教师探索财经素养教育路径

2019年中国财政经济出版社成为中国财经素养教育协同创新中心协同单位,并出版了"中国财经素养教育系列丛书",2020年中国财政经济出版社与广西财经学院签署战略框架合作协议,在广西以及周边地区推广"中国财经素养教育系列丛书",为广西地区高校开展财经素养教育课程提供了实际教学参考,为教师提供了丰富的教学资源和案例指导,有助于教师更好地开展财经素养教育工作,让财经素养教育真正落实到教学课程中。

---

[1]　徐世俊:《广西民办高校大学生财经素养调查研究报告——以H大学为例》,载《2023年第五届生活教育学术论坛论文集》,2023年版,第545-556页。
[2]　中国财经素养教育协同创新中心:《中国财经素养教育协同创新中心——广西分中心简介》,载《大学(研究版)》,2017年第12期,第2页。

有了专业课程教材的加持,广西地区高校持续鼓励教师创新财经素养教育路径,形成课程教学与课外实践结合、校内实施与校外推进结合的财经素养教育教学新方式。通过创新课程体系,广西财经学院、防城港职业技术学院、广西经贸职业技术学院等学校探索将财经素养教育纳入人才培养方案中,广西梧州商贸学校等学校在相应专业开设财经素养课程,广西中医药大学、广西金融职业技术学院等学校开设了财经素养选修课、大讲堂等。目前,许多学校最普遍的做法是通过学科融合的方式开展财经素养教育。

(三)开展校企合作,培养高素质财经应用型人才

校企合作是对高校财经教育实践课程的有力补充,能有效弥补高校传统教育中理论丰富、实践匮乏的不足。校企合作通过依托双方资源优势,共同创新人才培养教育模式,把高校建成金融行业的人才培养储备基地,培养优秀的本土化金融人才,服务实体经济发展,推动形成企业-高校共建、共享、共赢的良好局面。广西地区诸多高校纷纷与当地银行等金融机构建立了良好的合作关系,在财经人才培养和输送、共建实习实践平台、促进产教融合、加强资源交流、探索科研创新等方面形成优势互补,极大地丰富了高校的财经素养教育资源,为高校提升财经素养教学水平和培养财经素养人才提供了良好的平台和丰富的资源。例如,梧州学院与中国农业银行梧州分行签订战略合作协议、广西民族大学与桂林银行签署合作框架协议、广西经济职业学院与武鸣农村信用联社签署银校战略合作协议、广西大学新闻与传播学院与桂林银行顺和开展校企合作座谈会、广西金融职业技术学院与广西北部湾银行开展座谈交流、百色学院与桂林银行共建"产教学融合"基地、广西民族大学相思湖学院与国海证券股份有限公司举行校企合作签约暨揭牌仪式等,各个高校通过开展多层次、多形式、多领域的合作,直接或间接地助力高校财经素养教育水平的提升。下面对其中的典型案例进行详细介绍。

1. 广西职业技术学院与阿里巴巴集团合作[①]

2013年7月,广西职业技术学院商学院与阿里巴巴集团签署了校企合作协议,由阿里巴巴集团免费提供系统、流程及培训等支持广西职业技术学院商学院在校内建立"阿里巴巴服务站"创新创业实训基地,合作开展大学生财经素养及创新创业教育。通过阿里巴巴集团平台提供的创新创业培训,大学生对相关企业经营文化、工作生活环境以及企业运作管理模式等都有了提前性的接触和了解,并能参与相关工作的实际操作与管理流程。通过电商平台的实践,大学生掌握了创新创业的含义和基本条件,学会撰写创业文案,能够设计并实施市场调研,不断适应市场变化,从而提升就业竞争力和创业能力;对我国税收制度、个人信用制度和企业信用制度及大学生创业的相关政策有基本了解;认识到在经济活动中建立并保持良好信用记录,在合法合规的金融机构办理存贷款业务,合理选择现代化金融服务方式;能够识别投资风险,进行谨慎与合理规划。这些丰富

[①] 杨兴华、戴初、李小青等:《校企合作背景下财经素养和创新创业能力培育研究——以A学院阿里巴巴电商平台实践为例》,载《现代商贸工业》,2024年第8期,第148—150页。

多样的财经素养教育内容,不仅提升了大学生的就业创业能力,帮助学生毕业后更快融入社会和适应工作,更能够帮助大学生在未来的经济生活中树立良好的财富观和价值观,提升理财能力,满足当前经济社会发展需求。

在阿里巴巴电商平台开展的大学生财经素养教育,实现了"工学结合""做中学"的创新教育模式,大学生通过全真的商业环境,在校内外教师双重指导下,实践技能、职业素养、创新思维、创业能力等各方面财经素养都得到了大幅提升。

2. 广西大学与商业银行联合招收科研人员

校企联合招收博士后人员能够更好地培养、吸引和使用高层次优秀人才,探索金融体制改革和银行经营管理创新,促进金融研究成果更好地向生产力转化,是助力高校财经学科建设和促进科研成果转化的有效途径。一方面,广西大学商学院有应用经济学、工商管理两个一级学科博士点和硕士点,设有应用经济学学科博士后科研流动站,有良好的科研资源和平台;另一方面,广西北部湾银行始终坚持人才兴行,建设有高层次人才研究基地,加大引才汇智工作力度,已获批建设广西壮族自治区博士后创新实践基地。广西北部湾银行与广西大学合作建设了广西大学应用经济学学科博士后科研流动站广西北部湾银行分站,围绕近年来银行业重点、难点、热点问题开展各类政策、金融课题、人才培养等研究工作。实行双导师制,即每名博士后由广西大学和广西北部湾银行各指派一名合作导师,根据博士后所选研究方向,导师以及工作地点可在广西大学应用经济学博士后科研流动站和广西北部湾银行之间选择。校企通过优势互补和资源共享,不仅培养出更多高层次财经人才,同时助力科研探索,为高校学科研究和企业战略发展提供助力。[1]

二、财经素养教育课程案例

广西财经学院是广西唯一一所财经类院校,在探索高校财经素养教育方面有许多优秀经验做法。中国财经素养教育协同创新中心广西分中心与广西财经学院校团委联合开展"财经素养大讲堂"第二课堂讲座系列活动,围绕国家产业发展前沿和自治区特色优势产业动态,组织优秀企业家共同开展"财经素养教育+产业动态""财经素养教育+科技前沿"等系列讲座的特色财经课程,打造了特色财经课程品牌,形成良好的社会示范效应。课程选题内容聚焦政府经济政策文件,结合区域经济发展和大学生日常生活,帮助广大学生了解国情、区情,为扩大育人格局、开阔学生视野提供基础支撑,为打造特色精品财经系列课程和教学案例提供优秀借鉴,本部分重点选取了几个课程案例进行展示。

(一)区域特色产业经济

大学生是社会经济生活的重要参与者,将财经素养教育与传统特色文化和区域发展

---

[1] 广西民族大学与桂林银行2024年联合招收博士后研究人员公告,广西人才网,http://www.guangxircw.com/sydwzpDetails_F770A668712E206C.shtml.

紧密结合,不仅帮助大学生形成并优化应对经济生活的价值观、思维方式与知识视野,而且有助于弘扬和传承优秀传统文化,培养适应区域经济发展的后备人才,促进经济可持续发展,可谓一举多得。

广西财经学院将地区特色的香文化与财经素养结合,开发特色财经课程。我国作为世界上最大的天然香精香料生产国,有着悠久的香文化,广西则是我国大宗香料的主产区,是我国进出口香料的主要集散地,被誉为世界香料原料库。作为广西大学生,了解广西的香料资源情况,认清广西香料产业的发展情况,有助于大学生了解广西社会经济发展现状,扩大学生的知识视野,让学生运用专业知识思考并解释社会经济现象,对学生拓展思考的广度和深度、提升财经素养综合运用能力十分有帮助。

"财经素养大讲堂"针对地区特色香文化开展主题讲座,邀请广西沉香协会副会长来学院讲学。讲学内容以中国香文化作为切入点,介绍了西汉时期以来的发展简史、中国传统用香方法与器具等,同时详细介绍了"嗅觉经济"背景下广西沉香产业经济发展情况。在讲座过程中,设置了体验互动环节,现场制香、闻香、品香,并重点介绍了芳香减压的方法,让同学们更加直观地感受香料,更深刻地体会香文化,并通过芳香方法帮助同学们在学期末的考试阶段适度减压,激发同学们对"嗅觉经济"、广西香料产业经济发展的兴趣,加深对区域特色产业经济兴起和发展路径的思考和认知。

(二)保险风险管理

"财经素养大讲堂"开展关于保险风险管理的主题讲座,广西财经学院邀请广西国富人寿保险股份有限公司相关工作人员主讲,主题是保险风险管理,内容包括大众眼中的保险、保险理赔规则、如何购买适合自己的保险三部分。行业导师用生活中常见的事件作为案例,引导同学们从保险的角度对其进行分析,并导入专业保险知识,让同学们了解生活中的保险问题并形成风险管理的意识,以便了解在未来的生活中如何运用保险给予自身保障。课程设置多个互动与提问环节,现场气氛十分活跃。

(三)开展风险防控教育

"财经素养大讲堂"开展关于大学生经济类法律风险防控的知识讲座,活动邀请了广西广合律师事务所谢定晓律师主讲,内容包括恋爱关系中产生的经济纠纷、网贷、网络信息犯罪活动等生活中常见的经济类法律风险及防范方法。在讲课过程中,谢定晓律师还注重结合实际办案经验,贯穿国家最新的金融法律、刑法等相关法律条款,使同学们更加深入了解到经济类法律风险防控的重要性。

(四)财富与人生

"财经素养大讲堂"开展财富与人生的主题讲座,由中国财经素养教育协同创新中心广西分中心王会来博士主讲。王会来博士从财富与人生之于财经素养教育的重要意义、中国传统文化的义利观与国内外名人的财富人生,以及当代大学生如何树立正确的财富观与人生观三个方面进行讲授,通过案例剖析,引导学生联系日常财经行为中的问题、反思当下若干不健康的财富观,以帮助大学生更好地树立积极健康的财富观与人生观。

三、财经素养教育社会实践案例

（一）开展金融社会实践活动

广西财经学院金融与保险学院赴广西崇左市龙州县金龙镇双蒙村板池屯和天琴壮寨，开展以"红色金融边疆行，同心共筑中国梦"为主题的 2024 年暑期大学生"三下乡"社会实践活动。青年学生走村串户，深入基层，面向当地村民、老党员及少年儿童进行红色金融史故事案例专题宣讲。学生通过实地调研，了解金融支持当地的非遗壮锦、天琴旅游文化产业和乡村振兴产业发展状况，边民金融需求以及目前困境等问题。通过与边民、商户和当地政府的沟通，明确专业服务的需求和方向，普及金融知识助商兴农，助力乡村振兴相关知识宣讲，助力当地产业巩固脱贫攻坚硕果。

（二）"三下乡"暑期龙州实践活动

广西大学工商管理学院"三下乡"暑期龙州实践团赴广西崇左市龙州县开展以"直播带货促振兴，电商助农青年行"为主题的实践活动。通过与当地电子商务服务中心工作人员座谈，同学们了解直播行业对当地经济所起的促进作用以及遇到的困难，如产量大销量小、直播流量少、知名度不高等。学生不仅与村民交流和实地考察，还观摩当地的直播带货流程，从采摘、直播、收到订单到打包发货等。通过现场讲解，了解并学习当地特色的绿色农业发展模式，当地村民通过采用有机农业种植技术提高农产品的品质和附加值，同时注重农产品的包装和品牌建设，以此提升农产品的市场竞争力。这些鲜活的例子使学生身临其境地感受该村通过农业种植、养殖以及农产品加工等多种方式来实现农业增效，对农业直播电商的运作模式以及其对乡村振兴的积极意义有了更加深刻的认知，同时真切地感受到了农民劳作的辛苦与丰收的喜悦，不仅让同学们增长了农业知识，更加了解国家政策，而且鼓励学生投身到共同推动乡村振兴的事业中，为乡村振兴贡献自己的智慧和力量，起到财经素养教育与思政育人的双重效果。

（三）实施乡村振兴大学生实习计划

国海良时期货与广西大学开展助力乡村振兴大学生实习计划，国海良时期货广西分公司的业内工作人员组成讲师队伍，赴广西大学商学院开展期货金融知识培训。本次大学生实习活动分为理论宣讲、模拟实践和考察交流等三个模块，通过理论和实操相结合的复合模式帮助大学生更好地理解金融期货知识，掌握应用能力。

课程培训方面，广西分公司几位业内讲师分别开展了期货及期货交易实战技法、期货基础知识等方面的讲解和培训。除了主题课程培训，实习期间学校组织学生前往广西南宁五象新区总部基地的 GIG 国际金融中心，参观广投数字经济示范基地展示中心，了解广西数字经济的发展现状，以及在大数据时代背景下广西数字经济的蓬勃发展，参观广西北部湾股权交易所，由股交所的老师介绍多层次资本市场，讲解企业挂牌上市的流程及典型的案例等。通过现场参观实地讲解，加深学生对区域性经济发展现状的了解,启发学生对经济案例的思考,提升财经素养水平和实习实践能力,助力未来金融经济人才的培养。

(四)组织学生赴香港开展研学活动

长期以来,香港发挥着连接内地金融市场与国际金融市场的纽带作用,香港作为国际金融中心,在经济全球化的大趋势下,具备难以替代的基础功能和独特优势,香港的经济金融发展史也成为各财经类教材中的典型案例。广西大学工商管理学院组织学生赴香港开展研学活动,取得了良好的学习效果。

研学活动中,将学生分成研讨小组,每组配备工作经验丰富的导师开展指导,研学课程围绕金融专业知识、财务风险规划、模拟基金操盘、金融团队竞赛、职业生涯规划、香港社会人文等方面展开,让学生们系统了解金融相关的知识和概念。导师还与大家分享了AM动机分析测试和香港职场文化,共同探讨职业规划与人生未来发展,为学生们今后的发展和规划提出了针对性建议,将财经素养教育与职业规划指导有机结合起来。

活动中学生通过参与游戏,沉浸式体验投资理财过程,能够更加深入学习和理解如何分散投资风险、合理制订投资计划以及分析市场行情,这种寓教于乐的教学方式更加受到学生的欢迎。学生还实地参观香港交易所,了解港交所的历史、重要功能和金融市场运作的过程;参访世界500强企业,了解企业文化以及发展历史。这些系列活动不仅为学生拓宽了眼界,增加了财经专业知识的了解,提升了财经素养,还对今后的学习和工作具有积极意义。

(五)组织学生开展实习实践活动

广西财经学院组织首届税务硕士研究生赴国家税务总局广西壮族自治区税务局进行专业实习,学生分组进入相关业务处室及部分市局开展为期三周的实习实践教育。实习开始前,税务部门工作人员讲解了广西税务部门在税收征管现代化进程中的举措与成效。实习过程中,学生通过实际工作业务,学以致用,夯实财经教育方面的学习及实践成效。

广西财经学院与当地税务部门在科学研究、人才培养、干部培训等方面建立长期、紧密的合作关系,不断强化产教融合和协同育人机制。这是加强高等教育与经济社会的紧密结合,充分利用高校与合作单位的优质资源,共同打造创新型、复合型的人才培养示范平台,提高研究生的财经素养培养质量的重要举措。

第五节 河南地区财经素养教育实践

河南是农业大省,在中原崛起战略的指引下,经济发展日新月异。河南地区的财经素养教育实践活动的推进和普及以河南财政金融学院最为典型,因为该校不仅具有实施财经素养教育的天然优势,更是契合了实施财经素养教育的良好时机,在持续推进国内财经素养教育理论研究和实践探索上取得了阶段性的成果。

一、河南财政金融学院具有实施财经素养教育的天然优势

河南财政金融学院由原河南财政税务高等专科学校与河南教育学院合并组建。学校有象湖校区和龙子湖校区2个主校区。象湖校区的前身是始建于1953年的河南财政税务高等专科学校,是河南最早以培养财税、金融、会计等专业人才为主的学校,是财经应用和经济管理人才培养的重要基地,具有鲜明的"财经"特色。龙子湖校区的前身是始建于1955年的河南教育学院,是省属成人本科师范院校,是河南省教师教育培养、培训基地,在基础教育领域享有较高声誉,具有鲜明的"教育"特色。因此该校既有积淀深厚的基础教育资源,又具覆盖经管专业的财经教育。

两校区实质性融合后,在推进"新文科""新工科"建设,以及服务河南省创新驱动、科教兴省、人才强省战略和数字化转型战略过程中,以互联网、大数据、人工智能、区块链等最新科技为代表的信息技术在人才培养中的作用日益突出。"财经""教育""科技"共同构成了学校在应用型人才培养过程中的三大要素。聚焦"融合、转型、提升"主要任务,学校在实现平稳过渡转型的基础上,充分考虑融合前两校区"财经"和"教育"的办学积淀以及融合后现代化河南建设对"科技"人才的现实需求,提出坚持"一体为主、两翼助推",着力培育"一体两翼"办学特色,即推进以经济学、管理学为主体,以"财经+科技""财经+教育"为两翼,多学科交叉融合发展的应用型人才培养体系建设。

"财经+教育"为其中"一翼",即学校整合校内师范、财经专业,优化调整专业结构,着力发展优势交叉学科,为学校发展注入新的理念、寻找新的增长点。为此,学校依托继续教育学院和河南省青少年财经素养教育基地等部门制定了"'财经+教育'双向互动""财经教育培训品牌""教育干部、教师教育+财经素养教育培训""'财经+教育'师资培训"等实施方案。发挥学校长期积淀的教育理念、经验、优势,助推财经类专业教学质量的全面提升,广泛开展财经教育社会服务,加快推进财经特色鲜明、办学优势突出的高水平应用型财经类本科院校建设。

二、河南财政金融学院契合了实施财经素养教育的良好时机

河南财政金融学院的"财经+教育"发展战略和国家当下推行的财经素养教育行动不谋而合。为推进财经素养教育,学校具体做法总结为"有机构、有政策、有教学、有培训,有成果,有协同"。一是有机构,学校受中国财经素养教育协同创新中心委托成立了"河南省青少年财经素养教育基地",紧紧围绕与财经素养方面有关的教育、培训、指导、课程开发、协同发展等开展活动,对河南省相关教师和学生开展财经素养教育培训、诊断、指导、测评、规划等专业服务。二是有政策,学校在合格评估中,依托继续教育学院和河南省青少年财经素养教育基地等部门制定了"'财经+教育'双向互动""财经教育培训品牌""教育干部、教师教育+财经素养教育培训""'财经+教育'师资培训"等实施方案,推进"财经+教育"融入学科、专业和课程建设。三是有教学,在校内把财经素养教育内容列入人才培养方案中,编写自编教材,开设专业核心课程"财经通识""财商训练"

"财经伦理"。四是有培训,学校利用自身教育干部培训的优势,打造特色培训品牌。以孟玉红院长为首的继续教育学院团队把财经特色课程纳入全省高中校长任职资格培训和"国培计划"骨干教师培训之中,为全省的基础教育工作者传授财经素养教育理念,搭建交流研讨平台。五是有成果,学校涌现出了一批财经素养教育的教学科研成果,由颜敏副校长带领团队的"以学生为中心的高等财经教育学习成果测评研究与实践"项目获得河南省教学成果一等奖,赵红卫、彭博参与编写了国家财经素养教育协同创新中心组织的全学段《财经素养教育读本》系列丛书等,还有学校多名教师在公开刊物上发表财经素养教育论文若干,申报省级、厅级相关研究内容项目若干,以科研带动教学,以教学推动实践,以实践助推社会服务和产学合作。六是有协同,由继续教育学院牵头,学校签订六所财经素养基地校,为基础教育参与财经素养教育提供平台和机遇。

长期以来,学校立足河南,面向全国,为行业和地方培养适应经济社会发展需要,具有高度社会责任感、较高人文素养、较强创新创业精神和实践能力的高素质应用型人才。学校倾力开发各类财经素养教育特色教材、打造财经素养教育系列精品课程,开展财经素养教育社会服务工作,让学生通过学习财经素养教育知识,认识当下经济格局,积极探索未来世界,厚植家国情怀,最终成为合理规划人生、从容应对风险、积极建设国家、努力回馈社会的新时代高素质人才。

三、河南财政金融学院广泛开展财经素养教育实践活动

河南财政金融学院基于自身实施财经素养教育的天然优势,广泛开展形式多样的财经素养教育实践推荐活动。首先,在校级层面上,由副校长牵头组织校内团队,通过申报省级教改项目实施财经素养理论研究,对学校第一届本科生开展大学生财经素养增值测评研究;其次,学校继续教育学院利用自身教育管理干部培训优势广泛在各类教育培训中融入财经素养教育内容;最后,校内多个二级学院利用自身专业优势将财经与教育融合,把财经素养教育列入人才培养方案,开设相关特色课程,凝练专业建设特色,搭建大学生实践平台。

(一)学校开展首届本科生财经素养增值测评研究

该测评依托省级教改项目"以学生为中心的高等财经教育学习成果测评研究与实践"(教高〔2021〕449号),借鉴国际先进的评估方法,结合学校实际,通过开发财经类本科专业学生学习成果测评工具和组织实施测评,运用布鲁姆教育目标分类法和层次分析法等,设计基于学业挑战度的高等财经教育学习成果测评内容与指标、测评方式、分析方式。该项目具体操作为,依据国际项目PISA的测试工具,为进行新生入学后财经素养摸底测评设计财经素养测评试题"PISA+",为后续财经教育获得后的增值计量剔除水分,统一基础,将其结果作为计算大四毕业生财经教育学习成果增值的比较基础。

1. 研究现状

现代社会的大学生具有多重身份:既是教育及学校管理的对象,也是教育市场的消

费者,还是独立自主的学习者。大学教育的水平不仅取决于学校的人才培养目标(计划)、教育教学条件、教师水平、课程设计及教学方法等,还有赖于学生的学习态度、学习投入和努力程度,以及由师生互动、教与学行为共同构成的生机勃勃的教学过程。

从近年的发展趋势来看,国际上教育评价在高等教育领域,特别是对质量及标准的评价中明显表现出两大基本特征:一是突破国家及其他单一教育系统的局限,建立起以"实质等效"为原则的跨国家互认学历的国际认证标准及程序,使不同学校的教育过程与国际劳动力市场的出口直接连接,如欧洲的"博洛尼亚进程",工程教育的"华盛顿协议"等;二是改变传统的、以教育投入及条件为内容、主要依据经验判断的评价模式,形成以学习者为中心、以可显现证据为基础、以教育成果及绩效为核心的教育质量评价与监控体系,使教育产出的人才具备公认的、可测量的水平与标准。

2. 测试目标

本课题组借鉴国际经合组织(OECD)发起的"国际学生评估"项目(PISA)中的财经素养测试试题(Financial Literacy Assessments),设计了财经素养增值测评试题。该试题一是用来对经管类专业新生入学后财经素养摸底测评,分析学校经管类专业新生在认知、技能、态度等三个维度的初始状态;二是用来作为毕业生的财经素养测评工具,经与新生财经素养测试比较,计算毕业生在校学习期间财经素养"增值"或"收益",以此作为学生在校期间财经学习能力提升和学习成果获得的重要参考依据。

3. 测试工具

增值评价作为一种全程性、发展性的评价方法,能够很好地对学生主体进步情况做出持续有效的监测和评价,从而在提高教育绩效并兼顾教育公平的基础上改善办学质量,因此在教育评价中所显现出的独特魅力让学界大为青睐(苏林琴等,2014)。计算增值最常见的方式有两种:①截面设计或横向评估,即对于不同组群的新生和大学四年级学生同时进行考量;②纵向设计或纵向评估,即在学生刚进入大学的时候测量一次,在他们即将毕业的时候再测量一次,或称追踪研究,成绩的变化就是成绩的增值。学生的增值是学校教育质量的根本体现,增值评价改变了大学以往过多以输入为标准、以经验判断为主要依据的评价模式,构建起了以学习者为中心、以可显现证据为基础,以教育过程及学生学习结果为核心的一套新的教育质量评价体系,是对以往高等教育评估模式的超越。

4. 测试对象

大一新生和大四毕业生,分别是2019级全体经管类专业本科生共1994人,2017级全体本科生共1703人。

5. 测试方式和评阅方式

采取传统的纸质试卷闭卷考试,封闭式的选择题和开放式的任务题相结合。

阅卷方式采取人工评卷。

6. 测试标准

借鉴2015年PISA采用五个连续精熟度水平来衡量学生财经素养程度的做法,本试题评价标准采用五级制,其中,1级是最低水平,该阶段的学生仅具备最基本的财经知识和技能;5级是最高等级,难度最大也最具挑战性,需要学生具有较宽阔的财经视野,能在较为复杂的经济情形下分析和理解财经问题,能够解决非常规的财经问题,较少学生能达到这个标准;2级是及格线,该阶段的要求是学生能够识别常见的金融产品、金融术语和概念,具备基本的金融知识。每一级的具体评价标准见表5-2。

表5-2 财经素养增值测评的五级评价标准

评级	财经素养水平分级描述
1级	学生可以识别常见的金融产品和术语,并解释与基本金融概念有关的信息。他们可以识别想要和需求之间的差异,并可以对日常支出做出简单的决定。他们可以识别日常财务单据(例如发票)的目的,并在自己可能经历过的财务环境中应用单个和基本的数字运算(加,减或乘)
2级(及格线)	学生开始运用常见金融产品的知识以及常用的金融术语和概念。他们可以使用给定的信息在与他们直接相关的情况下做出财务决策。他们可以认识到简单预算的价值,并可以解释日常财务文件的突出特征。他们可以应用单个基本数字运算(包括除法)来回答财务问题。他们显示出对不同财务要素之间关系的理解,例如使用量和产生的成本
3级	学生可以将对常用财务概念、术语和产品的理解应用于与其相关的情境。他们开始考虑财务决策的后果,并且可以在熟悉的环境中制订简单的财务计划。他们可以直接理解一系列财务单据,并可以应用一系列基本的数字运算,包括计算百分比。他们可以选择解决相对常见的金融知识背景下的例行问题所需的数字运算,例如预算
4级	学生可以将对不太常见的财务概念和术语的理解应用于与他们成年后相关的情境,例如银行账户管理和对储蓄复利计息。他们可以解释和评估一系列详细的财务单据(例如银行对账单),并解释不太常用的金融产品的功能。他们可以在考虑到长期回报的基础上做出财务决策,例如了解偿还长期贷款的总成本含义,并且可以在不太常见的财务环境中解决常规问题
5级	学生可以将对更宽泛的财务术语和概念的理解应用于可能仅与长期生活息息相关的环境。他们可以分析复杂的金融产品,并可以考虑重要且未声明或不能立即发现的财务单据的特征(例如交易成本)。他们可以高度准确地工作并解决非常规财务问题,并且可以描述财务决策的潜在结果,表明他们对更广泛的财务状况(例如所得税)有所了解

7. 结论及分析

总体来看,经过学校四年本科阶段的培养,学生的财经素养得到显著提升,财经素养能力趋于更高的水平,学习能力得以加强,学生的财经素养水平差距在降低,整体趋近更高的水平。非经管类专业学生由于没有得到系统性财经素养的培养,财经素养水平未得到显著改善和提高,与经管类专业学生入学水平近似。从性别区分来看,入学初期女生在财经素养测试中表现略好,显示出有更高的财经素养水平,特别是经过四年培养后,女生在大学学习阶段获得了更多的财经素养知识和处理经济生活的能力,平均分提高幅度、不及格率降低幅度、中高位分数段上升比例和空间均超过男生。

财经素养成绩的提高原因并不单一,应客观分析测评结果。OECD这样定义财经素养:学生对财经概念和风险的知识和理解,以及运用这些知识和理解以在各种金融环境中做出有效决策,改善个人和社会财务状况的技能、动力和信心,并使人们能够参与经济生活。从对财经素养的定义可以看出,此定义包含两个部分。第一部分涉及表征领域的各种思维和行为,第二部分涉及培养特定素养的目的。素养被视为个人一生所建立的一套不断扩大的知识、技能和战略,而不是要跨越的一条线。素养所涉及的不仅仅是积累知识的再生产,它还涉及认知和实践技能的调动,以及态度、动机和价值观等其他资源的调动。PISA财经素养评估系统关注学生参与经济社会生活和其他学校教育获得的财经生活能力以及预判社会不确定的未来的能力,因而,PISA评价的财经素养能力是学生的一种综合财务能力,类似于考察宽泛的财经通识能力,上述测试工具是一套相对较合理的评测学生财经素养能力和财经学习能力的工具。

从测试的结果来看,经管类专业的学生在四年培养之后表现出比其他专业更好的财经素养水平,原因可能不仅仅因为在校期间系统的课程学习和教师的专业指导,可能还来自社会、家庭和同伴合作性学习。后者对于学生财经素养的提升可能起到更大的作用。随着年龄的增长,学生接触到了更多的社会经济生活中的场景,结合自己在校期间的学习经验,对一些经济问题有了更深刻的理解。除此之外,大学生活是群居生活,大家从高中的家庭生活走入高校的集体生活,和同伴之间吃住在一起,在生活或学习上有了更多的思想碰撞和语言交流。同时,培养方案中实践、实训课时的实施,课后团队作业的完成,第二课堂给予学生创造的更多交流学习机会,都会使学生通过在学习生活中不断积累经验而促使其对经济生活认知的快速提升。

8. 反思与改进

本次增值测评无论在测评工具上还是测试组织上均有需要改进之处,具体表现如下:

(1)测评工具需要进一步改进。首先,进一步完善符合本科阶段学生的财经素养增值测评工具。虽然本报告设计的增值测评工具对原适用于15~18岁高中学段学生的PISA测试试题进行了改进,增加了试题的难度和深度,但从测试结果来看,仍显得稍微简单了些,"天花板效应"略现,即大部分学生在测试中表现良好,结果区分度不够,无法为学校人才培养提供更多可参考的有效信息。

目前国内已经出现学段相对完整的财经素养教育标准框架体系,即由中国教科院中国财经素养教育协同创新中心研发的《中国财经素养教育标准框架》。该标准框架面向幼儿园、中小学、大学等学段的学生群体,以"五维三标"体系作为评价大纲,即从收入与消费、储蓄与投资、风险与保险、制度与环境、财富与人生五个维度,了解知识与事实、获取方法与技能、形成观念与态度三个方面拟订财经素养教育目标。目前,以《中国财经素养教育标准框架》为大纲,中心编写并出版了"中国财经素养系列丛书",其中《中国财经素养教育(高中版)》和《中国财经素养教育(本科版)》可以作为参考用于本报告下一轮增值评测工具的开发。另外,使用本国的评测体系和框架来开发工具测试学生,相对于"舶来品"应该会更接地气,更能真实有效地反映中国学生的财经素养水平。

其次,评测内容应多样化。高等教育的质量有多种评价视角,除学生学习结果之外,还有科研、财务状况、学生体验、教育公平等,每个视角都有一种甚至多种测评工具。学习结果测试只是衡量教学质量的工具之一,是一整套高校质量测评工具中至关重要的一部分,但不能代表全部。采集到的数据需要与其他各种测评数据相结合,以便描绘高等教育教学质量的全景图。

(2)测试组织需要进一步完善。本次学生财经素养成绩数据来源真实可靠,对考察学校学生财经学习能力研究有一定的参考和借鉴的意义,但是组织过程存在着不完善之处,导致数据有缺失和准确度不够。首先,毕业生缺考率高。缺考人数多会降低数据样本容量,影响数据分析结果。其次,部分学生对测试不重视导致成绩未能如实反映学生的财经素养水平,降低了分析的准确度。由于财经素养测试成绩未纳入学生成绩绩点计算,因此,成绩好坏对学生不会产生任何影响,致使部分学生答题时漫不经心、应付了事,甚至一些经管类专业的学生出现了不符合常理的低分现象;个别经管类专业学生的不及格率更是让人大跌眼镜。最后,2019级新生测试遗漏了对非经管类专业的测试,是本次分析的一个失误,缺少了这个数据,不能有效地分析经管类专业和非经管类专业新生在财经素养上的差距,更不能观测非经管类专业学生在经过四年的培养后财经素养究竟是否有所提升,提升了多少,拟在下一轮的测试中予以弥补和改进。

(二)继续教育学院财经素养教育实践案例

作为应用型财经类本科高校,河南财政金融学院具有财经类专业学科优势和丰富优质的教学资源。学校的继续教育学院作为非学历教育培训的二级机构,依托"两个中心、四个基地",多年来一直从事地方财政税务系统和会计行业的在职人员培训,拥有专业的管理团队和丰富的管理经验以及优质的课程资源。培训工作由继续教育学院负责统筹组织,具体承担项目设计、课程设置、教学组织和班级管理等任务。培训项目设有项目负责人、班主任和联络员组成的管理团队,负责培训实施过程和学员管理,以及授课教师的聘请、后勤保障等工作,为学员培训期间提供高效、舒适的学习氛围和轻松、愉悦的生活氛围,为培训的提质增效打好了坚实的基础。

1. 在全省校长培训和"国培"骨干教师培训中融入财经素养教育

为普及财经素养教育理念,提升基础教育教师财经素养教育实践能力,继续教育学院在全省2021年普通高中校长任职资格培训项目和2021年"国培计划"——农村骨干教师能力提升市级骨干教师培训项目中,开设财经素养特色选修课程,举办系列财经素养特色讲座。讲座由学校质量管理中心彭博副教授、金融学院黄祖梅副教授等人主讲,主要内容有普及财经素养教育基本概念和知识体系,解读国家相关财经素养教育政策,介绍财经素养教育协同创新中心的教育理念和学术成果,推广中心区域学校的优秀实践成果。

继续教育学院利用河南青少年财经素养教育基地,整合优质资源,利用河南省教育干部培训中心、河南省中小学教师继续教育中心的平台,将财经素养特色课程融入中小学校长培训和国培计划之中,聘请全国更多的财经素养教育专家、学者和实践工作者来河南讲座和交流,普及财经素养教育理念,提升河南教育工作者财经素养能力,让更多的基础教育工作者了解财经素养教育并参与其中,共同服务河南的区域经济建设。

2. 面向财经行业开展职前职后财经特色培训

继续教育学院是河南财政金融学院的非学历教学单位,建有河南省财政干部培训基地、河南省会计专业技术人员继续教育基地、河南省注册会计师行业后备人才培养基地等,分别与中央财经大学、中南财经政法大学、河南大学联合设立了中国财政发展协同创新中心河南研究基地、中国收入分配研究中心河南基地、中原发展研究院财政研究所等,先后与国家税务总局登封市税务局、国家税务总局郑州经济技术开发区税务局、九阶管理咨询有限公司等行业、企业建立了校内外实习、实训基地193个,覆盖了所有本科专业。

继续教育学院作为短期培训的专门机构,拥有一支高水平高素质的管理团队,为创建财经培训品牌,实行成熟的项目管理运作机制提供了人员保障。学院面向全国聘请培训名师,建成了以经济学科为主体的由600名省内外名师组成的师资库。师资库阵容强大,既有来自省内外的学者型专家,也有具有丰富业务实务操作技能的专技精英,满足全方位的培训需求。同时,学院开展订单式服务。组建调研团队深入开展培训市场需求调研,依据财经系统的现实需求,大力开展了特色课程研究开发,设计出了满足财经系统迫切需要的主题培训项目,由培训单位选单订制,也可量身订制,满足不同类型、不同层次、不同地域学员的授课需求。

继续教育学院秉持校办学理念,凸显学校"一体两翼"中的"财经+教育"的办学特色,主要面向财政系统、税务系统、金融系统、资产管理和评估系统和会计行业开展短期培训,近年来已成功举办培训班150余期,培训学员3万余人次。如财政部公务员能力建设国际研讨班、河南省财政厅科级干部综合业务专题培训班、新疆哈密市财政干部培训班、内蒙古财政系统党风廉政建设培训班、国家税务总局河南省税务稽查局稽查业务培训班、河南省税务局第一分局全省大企业税收管理人才递进培训班、河南省税务局税收大数据和风险管理高级培训班等(见表5-3)。

开展继续教育是学校承载社会服务职能的重要体现,学院创建的财经继续教育品牌,为河南省财经领域人员的知识更新和技能提升做出了突出贡献,赢得了委托单位的高度赞誉和良好的社会信誉。

表 5-3 继续教育学院财经特色培训一览表

服务系统或行业	培训名称
财政系统	政府会计核算培训班
	财政系统财政法治工作专题培训班
	地方财政融资与债务管理专题培训班
	地方政府产业引导基金管理专题培训班
	财政预算绩效管理培训班
	财税数字化培训班
	财政资金管理风险防范培训班
	财政机关公文与综合文稿写作能力提升培训班
税务系统	税收现代化服务中国式现代化培训班
	涉税法律热点难点问题研讨班
	土地增值税业务培训班
	房地产企业涉税业务专题培训班
	企业所得税专题业务培训班
	智慧税务背景下打击虚开骗税专题培训班
	税收风险管理专题研修班
	深化征管改革下会计准则税会差异培训班
	智慧税务背景下税收稽查专题培训班
	增值税大数据风险分析与防控培训班
会计行业	财务报表分析培训班
	会计基础知识培训班
	企业会计实务培训班
	产业大数据应用及财务分析培训班
	财务共享与智能财务培训班
	企业内部控制信息披露问题分析培训班
	企业涉税审计专题培训班
	财务人员法律风险防范培训班
金融行业	地方金融监管法治建设专题培训班
	中国式现代化金融科技创新与数字金融专题培训班
	商业银行数字化运营专题培训班
	大数据可视化下的金融投资分析培训班

续表 5-3

服务系统或行业	培训名称
资产评估行业	资产评估实务专题培训班
	资产评估准则专题培训班
	企业价值评估培训班
	无形资产评估培训班

3. 打造财经教育培训品牌

学校自 2014 年确立非学历教育培训为继续教育学院的主要职责,立足省内财政系统、税务系统、金融系统、资产管理评估系统和会计行业开展多类型、多层次培训,已具有十余年财税系统在职人员培训经验,已成功举办培训班 200 余期,培训学员 7 万余人。如财政部公务员能力建设国际研讨班、河南省财政厅科级干部综合业务专题培训班、内蒙古自治区财政干部培训班、河南省税务局税收大数据和风险管理高级培训班、河南省税务系统大企业"尖兵计划"风险管理骨干培训班和河南省税务局稽查局专题业务培训班等。税务干部培训成绩显著,为河南省 18 个地市举办过税务干部培训班。以下是学校打造的具有财经品牌特色的培训班(见表 5-4)。

表 5-4 继续教育学院特色品牌培训班

序号	品牌名称
1	商水县财政局中层干部综合能力提升培训班
2	济源财政金融局 2021 年度干部素质提升班(共四期)
3	2021 年度永城市纪检监察干部业务培训班
4	2021 年度神火煤电股份有限公司纪检监察干部业务培训班
5	国家税务总局河南省税务局第一分局业务骨干培训班
6	焦作市税务系统 2020 年副科级领导干部培训班
7	驻马店"平舆 遂平 确山 西平"四县财政局财政干部素质能力提升班
8	继续教育业务能力提升专题研修班
9	河南省税务系统大企业"尖兵计划"风险管理骨干培训班等财政金融系统的教育培训
10	新疆生产建设兵团第十三师新星市幼儿园园长及骨干教师培训
11	"国培计划(2022)"农村骨干教师能力提升培训等特色教育培训

(三)教育科学学院财经素养教育实践案例

学校教育科学学院的前身是河南教育学院教育系,该学院有不少老牌师范专业,培养了很多毕业生,为河南省中小学培养和输送了大量的教师,也为教师教育培训和继续教育做出了大量的贡献。

在教育科学学院的本科专业中,学前教育就是一个应用性实践性很强的专业。学生需要拥有扎实的专业理论知识,还要具备较强的专业技能,其办学亮点、特色的形成与发展受多种因素的制约和影响。如遵循 OBE 教育理念,人才培养方案、培养目标、毕业要求、课程设置不仅适应地方经济社会发展及对人才素质需求,也要符合教育部普通高等学校本科专业类教学质量国家标准,还要符合教育部有关幼儿园教师专业标准、教师教育课程标准以及师范专业认证标准等文件的相关规定,同时还要结合学校办学定位和发展目标以及"一体两翼"办学特色的要求。基于此,学院在本专业的就业领域与岗位、课程设置、实践教学等方面进行了探索实践,以期逐步打造和形成本专业的亮点和特色。

1. "财经+教育"双向互动探索

按照学校"一体两翼"的办学特色要求,结合办学实际,拟围绕"财经+教育"双向互动关系进行探索和实践,旨在为有效提升应用型高校人才培养质量,提高学校办学声誉和社会竞争力,彰显和强化学校办学特色,高质量通过教育部本科教学合格评估,顺利实现学校办学目标,提供理论参考和实践指导。

学院为此制定了基本思路:①制定《河南财政金融学院教育科学学院"财经+教育"双向互动实施方案》,为开展特色探索提供理论依据和实践指导;②整合发挥专业师资队伍和专业优势,深入挖掘心理类学科专业与经济学、管理学学科专业之间的内在逻辑关系,通过梳理归纳凝练两者之间的双向深度融合交叉关系,寻求两者之间点线面融合交叉的内容、途径和方法,以期尝试推进两类学科专业优势的互促互补,并解决两类学科专业融合发展过程中遇到的理论耦合与实践问题。

2. 课程设置具有财经素养教育特色

为实现学校通识教育、创新创业教育、专业教育和特色教育的深度融合,贯彻大类培养、专业培养、差别化培养有机贯通的"四融三通"人才培养模式改革要求,课程设置突出模块化、多元化,结构比例较为科学合理,符合培养目标要求,体现德、智、体、美、劳等全面发展,有利于人文素养、科学素质提高以及实践能力、创新精神的培养,同时满足学生个性化需要。如在"个性教育课程"模块"交叉复合型课程"中专门开设财务管理、项目评估与管理、人力资源管理、中小企业管理等课程。教育科学学院在 2019—2022 级人才培养方案当中的"学校特色课程"模块中专门开设管理学、会计学、金融学、管理心理学、财经通识、财经背景科研探索等课程,在"专业选修课"模块中增设"学前儿童财商教育"。2023—2026 级学前教育专业人才培养方案中,仍然开设专业特色课程"学前儿童财商教育"且作为限选课,同时根据学生意愿开设交叉复合型课程"财经通识""财商训练""管理心理学",为培养具有财经素养的幼儿教师服务。

目前,学院正在集结学校"财经"和"教育"的师资力量编写《学前儿童财商教育》教材,并且准备与之配套的课程资源,在 2024—2025 年秋季开设"儿童财商教育"课程,预计会覆盖所有的学前教育本科专业学生,提升学生的财经素养水平以及财经素养教育教学水平,为学生将来走向工作岗位、将财经素养融入日常教学做好知识储备。

(四)统计与数学学院财经素养教育实践案例

统计与数学学院成立于1985年,其前身为河南教育学院数学系,2014年9月更名为数学与统计学院,2019年9月由原数学与统计学院、计算机系公共数学教研室、财经系统计教研室合并成立统计与数学学院(以下简称数统学院)。数统学院建院以来就有师范背景,长期以来,培育培训了大批的数学教育的人才,为省内基础教育培养了一支能力素质过硬的师资队伍。

学校升本更名后,数统学院利用自身教育教学优势大力发展财经素养教育。学院设置了金融数学专业,是学校首批招生专业。当今科技飞速发展的时代,金融科技、金融产品开发、金融服务等新的技术应用日新月异,为更好地培养金融数学专业学生的应用能力、创新能力、适应工作岗位的职业能力,学院大力开拓校企合作和提高产教融合,打造办学特色,学院以学生专业学习、专业实践、毕业实习等为抓手把校企合作做实、做精、做强。

2023年底,数统学院和中国银河证券股份有限公司确立了合作关系,并在郑东新区龙子湖智慧岛利丰大厦举行了校企合作、产教融合实践教学基地签约揭牌仪式。中国银河证券股份有限公司是中国证券行业领先的综合性金融服务提供商,公司资本规模、盈利水平、业务实力和风险管理能力一直位居行业前列。银河证券表示,校企合作协同育人,将会实现共赢,为行业和社会培育、输送更多具有较强创新创业意识、实践能力的金融方面高素质人才。

中国银河证券郑州智慧岛营业部实践教学基地的建立是该校财经素养教育的一次有益实践,是校企合作共育人才的积极探索。学院根据教学安排,分别选派学生分期分批到银河证券郑州智慧岛营业部见习、实习,银河证券的专家学者也通过银河讲堂、实战大赛等为学生进行教学指导,共同致力于培养较强创新创业精神和实践能力的高素质复合型应用人才。同时,该基地利用寒暑假,协同学院教师和企业专家共同开展"财商教育"活动,服务学校所在的龙子湖地区,举办各类财商活动,开展学生们喜欢的财商讲座,为当地社区和居民提供优质的财经素养教育服务。

学院教师引导本科生在"财经素养"和"财经素养教育"两个方面进行科学研究和论文撰写,鼓励学生参与教师的教研和科研,跟随导师开展和财经素养教育相关的科学研究。

附 "小学生财经素养教育"课程二次开发案例

【课程背景】该内容是四川天府新区第七小学对小学生财经素养丛书三年级《价签里的玄机》进行二次开发的具体案例,结合学校"柒晓吧"对个性化价签的实际需要,由学生提出动议,三年级2班所有老师共同参与共创完成,课程采用长周期分阶段项目式设计。

【课程设计】

第一阶段课程:前置和准备课

课程安排:周末+财经素养课-数学课

任务一:了解生活中的价格

1. 学生活动

(1)提出任务。

1)任务提出:詹老师在积分超市售卖商品的过程中,总是不停地向一批又一批顾客介绍商品的价格,这项工作过于烦琐,于是同学们想要为积分超市的商品制作价签,帮助老师解决问题。

2)问题提出:要想制作积分超市商品价签需要解决哪些问题?

已解决问题:卖哪些商品?

待解决问题:卖多少钱?怎么卖?

(2)生活探究:观察商店、超市、网店的商品价签。

(3)完成记录表:记录5件不同商品的价格,并简要记录自己的发现。

小小调查员记录表

调查地点:　　　　　　　　　　　　　　　　　　　　　记录员:

商品名	商品规格	商品价格	备注(我的发现)

2. 教师指导

(1)任务提炼:为积分超市的商品制作价签。

(2)引导学生思考制作价签需要考虑的问题。

(3)引导学生关注生活中的价签,并进行价格记录,从生活中的价签找经验。

3. 设计意图

（1）参与"儿童城市"的运行是学生们一直以来的心愿，因此将学生发现的问题提炼成驱动任务，就为学生创造了真实、可参与的活动。浓厚的兴趣促进学生的自主学习。

（2）学生对价签特别熟悉，但是学生却难以关注到其中的经济学内涵。因此，让孩子提前在生活中去观察，可以为后期制作价签做铺垫。

（3）观察对于三年级的学生来说有难度，所以教师设计"小小调查员记录表"可以让学生的调查更具有抓手。

任务二：探秘影响价格的因素

1. 学生活动

（1）头脑风暴：小组讨论影响价格的因素。
（2）问题提出：如何定一个合理的价格？
已解决问题：价格与价值的关系。
待解决问题：价格只与价值有关吗？还与哪些因素有关？
（3）通过观看视频发现多变的价格究竟受哪些因素的影响。

（4）课后任务：搜集资料，了解喜欢的物品的制作流程，感受物品背后隐藏的劳动。

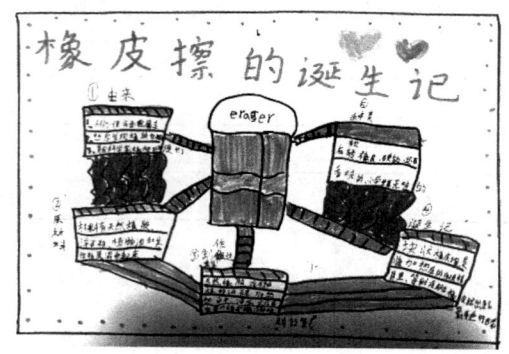
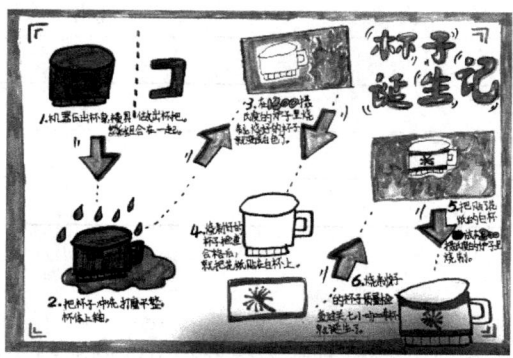

2. 教师指导

(1)引导学生对表格内的数据进行对比,发现隐藏在价签里的价格奥秘。

(2)通过对学生发言的提炼,总结影响价格的因素。

(3)播放视频,引导学生关注多变价格的成因。

(4)鼓励学生完成课后任务——万物启蒙笔记。

3. 设计意图

(1)教师讲授的知识远没有学生自主发现让其印象深刻,因此,在本环节教师引导学生小组合作,通过更多的数据去发现价格的奥秘。

(2)前置学习单上已经有学生的思考,带着思考开展小组讨论会更加有效。

(3)趣味视频代替教师枯燥的讲解,形象化的视频让学生更加清楚其理论知识。

(4)物品背后都有许多人的劳动,但是学生却难以发现,因此鼓励学生绘制万物启蒙笔记,探秘物品背后的劳动,从而更好理解物品的价值和价格。

任务三:合作探究制定价格

1. 学生活动

(1)以小组为单位通过资源包的学习,了解相关物品背后隐藏的劳动价值。

(2)以小组为单位,根据物品定价清单以及其他影响价格的因素综合判断商品适宜的出售价格。

(3)小组汇报,初定价格。

2. 教师指导

(1)引导学生发现物品背后所需要的大量人力物力,让学生产生对物品的爱惜之情。

(2)辅助学生通过计算给商品定价,再次感受物品背后隐藏的劳动价值。

(3)在学生进行定价汇报的过程中,引导学生发现不同小组定价的差异,并且及时组织同学评议,制定出相对合理的价格。

3. 设计意图

由于生活条件的日益进步,学生对物品的爱惜程度不高,特别容易浪费、不珍惜身边的常见物品。因此通过挖掘商品的价格,从而让学生了解不同物品背后的"起源、制作、故事"能唤起孩子们珍惜物品的感情。

第二阶段课程:项目实施

课程安排:美术课

任务:小组合作制作价签

1. 学生活动

(1)问题提出:如何制作价签?

已解决问题:确定售卖商品;价签定价。

待解决问题:如何设计一个醒目的价签。

（2）小组合作观察价签。
（3）总结价签的必要元素和美学依据，并形成标准。
（4）学生按照标准独立设计制作价签。组内讨论形成方案，分工完成一组价签制作。
（5）成果展示：班级分享价签。

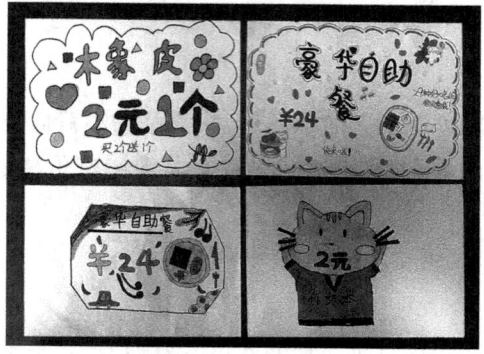

2. 教师指导

（1）鼓励学生自主探讨解决问题的路径。
（2）引导学生仔细观察，对学生的发现进行归纳，对学生遗漏的发现进行补充。
（3）总结价签制作标准：颜色鲜艳、商品清楚、价格醒目。
（4）辅助能力稍弱的小组完成构思、绘图等工作。
（5）总结点评，提出改进建议。

3. 设计意图

（1）解决问题是综合实践活动的重要目标。因此，在绘制价签前，教师引导学生进行思路分析，从而更好地完成任务。
（2）制作价签方法丰富，但是对于三年级的学生而言，需要一些支架引领，因此本环节就让学生通过讨论形成"价签制作标准"，并按照标准设计价签。
（3）综合实践活动锻炼学生综合能力，而演讲能力作为其中一个重要的能力，需要在不断的练习中提升。分享价签环节就旨在提升学生的演讲能力。

第三阶段课程:拓展与深化

课程安排:延时服务+周末+午休

任务:柒小超市特卖会

1. 学生活动

(1)问题提出:如何承办一次超市特卖会?

已解决问题:确定售卖商品;价签制作。

待解决问题:售卖活动;售卖地址;分工。

(2)售卖准备。

1)制订分工计划。

积分超市特卖分工表

小组:

时间	任务	人员	备注

2)按照计划进行前期准备。

(3)售卖活动。

1)制定售卖方案。

2)完成店招陈列等布置。

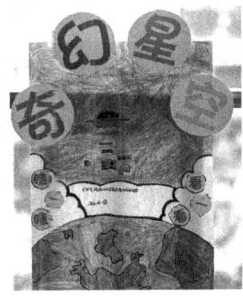

3)20分钟定时售卖。

2. 教师指导

(1)利用问题串引导学生自主学习,思考如何承办一次超市特卖会。
对完成任务困难的小组提供支持。如:分工不合理、协作不当……

（2）与"儿童城市"对接，做好场域支持。记录过程中发现的问题，为后续总结提供事实依据。

3. 设计意图

（1）超市特卖会是由学生组织开展的买卖类活动，除了本身的活动性和财经味，它更是一次对价签制作后的查验。通过活动验证自己的定价以及定价促销策略是否得当。

（2）小组分工表可以作为小组合作的支架，帮助小组开展后续活动。

（3）学生以小组为单位，选择售卖场地，这是对学生综合能力的考验和锻炼。

第四阶段课程：项目总结与复盘反思

课程安排：班会

1. 学生活动

（1）总结复盘。

1）盈亏统计：通过对数量和价格的综合计算，完成组内盈亏表。

2）根据评价表进行组内总结。

（2）评价活动。

1）为最佳卖货小组颁奖、为活动过程中各类表现优秀的团队和个人颁奖。

2）教师总结。

2. 教师指导

(1) 参与各组复盘活动,及时进行针对性指导。

(2) 带领学生完成本次活动评价与复盘。

3. 设计意图

反思可以帮助学生更快成长,因此教师组织小组内复盘和班级内复盘评价,可以帮助孩子总结优点和不足,帮助孩子完成更多的挑战和任务,并且将这次活动习得的能力再次进行梳理、内化。

参考文献

[1] 张男星,岳昌君.《中国财经素养教育标准框架》解读[M].北京:科学出版社,2020.
[2] 张男星,王春春,刘琳,等.财经素养教育论纲[M].北京:中国财政经济出版社,2022.
[3] 戚万学.道德教育的文化使命[M].北京:教育科学出版社,2010.
[4] 马和民.从"仁"到"人":社会化危机及其出路[M].北京:北京师范大学出版社,2006.
[5] 葛兆光.中国思想史(上卷)[M].上海:复旦大学出版社,2001.
[6] 申仁洪.论教育科学:基于文化哲学的批判与建构[M].重庆:重庆大学出版社,2006.
[7] 戈兹曼.千年金融史:金融如何塑造文明,从5000年前到21世纪[M].张亚光,熊金武,译.北京:中信出版社,2017.
[8] 宋承先,许强.现代西方经济学:宏观经济学[M].上海:复旦大学出版社,2005.
[9] 宋承先,许强.现代西方经济学:微观经济学[M].上海:复旦大学出版社,2005.
[10] 国家发展和改革委员会就业收入分配和消费司.中国居民收入分配年度报告(2022)[M].北京:社会科学文献出版社,2023.
[11] 马克思,恩格斯.马克思恩格斯全集[M].北京:人民出版社,2016.
[12] 周若愚.钱约论:货币的契约本质与货币银行学革命[M].北京:中国经济出版社,2016.
[13] 李天栋.货币金融学[M].上海:复旦大学出版社,2020.
[14] 蒋先玲.货币金融学[M].北京:机械工业出版社,2019.
[15] 郎秋洪.邮政储汇业务[M].北京:北京邮电大学出版社,2007.
[16] 肖欣荣.投资学[M].北京:对外经济贸易大学出版社,2021.
[17] 师萍.基础会计学[M].广州:华南理工大学出版社,2019.
[18] 高鸿业.西方经济学(宏观部分)[M].北京:中国人民大学出版社,2016.
[19] OECD. PISA 2015 Results (Volume IV): Students, Financial Literacy[M]. Paris: OECD Publishing, 2017.
[20] DANNS D E. Financial education in U.S. State colleges and universities: establishing and building programs[M]. Cham: Springer, 2016.